金沙智库系列研究
JINSHA THINK TANK

传承与创新

——文创中心建设之文化产业发展

阎星 尹宏 等/著

 四川大学出版社

责任编辑:蒋姗姗
责任校对:罗永平
封面设计:墨创文化
责任印制:王 炜

图书在版编目(CIP)数据

传承与创新：文创中心建设之文化产业发展 / 阎星
等著. 一成都：四川大学出版社，2018.1
　ISBN 978－7－5690－1584－3

　　Ⅰ.①传…　Ⅱ.①阎…　Ⅲ.①文化产业－产业发展－
研究－成都　Ⅳ.①G127.711

中国版本图书馆 CIP 数据核字（2018）第 017970 号

书名　**传承与创新**
　　　——文创中心建设之文化产业发展
　　　CHUANCHENG YU CHUANGXIN
　　　——WENCHUANG ZHONGXIN JIANSHE ZHI WENHUA CHANYE FAZHAN

著　者　阎 星 尹 宏 等
出　版　四川大学出版社
地　址　成都市一环路南一段 24 号 (610065)
发　行　四川大学出版社
书　号　ISBN 978－7－5690－1584－3
印　刷　成都国图广告印务有限公司
成品尺寸　170 mm×240 mm
印　张　16
字　数　298 千字
版　次　2018 年 9 月第 1 版
印　次　2021 年 1 月第 2 次印刷
定　价　98.00 元

◆读者邮购本书，请与本社发行科联系。
　电话：(028)85408408/(028)85401670/
　(028)85408023　邮政编码：610065
◆本社图书如有印装质量问题，请
　寄回出版社调换。
◆网址：http://www.scupress.net

前　言

　　文化的传承与创新是一个历久弥新的话题，发展文化产业是实现文化传承与创新的有效途径。党的十九大报告指出：要坚定文化自信，推动社会主义文化繁荣兴盛。中国特色社会主义进入新时代，我国社会主要矛盾发生转变，要满足人民日益增长的美好生活需要，文化产业被寄予厚望，它担负着提升人民群众的文化获得感，扩大中华文化的全球影响力，转换经济发展动能的历史重任。2016年，我国文化产业增加值超过3万亿，GDP占比突破4％。在产业规模快速扩张的同时，优质文化供给仍然不足，人们日益强烈的文化渴求与精神食粮的相对贫乏形成反差，文化发展不充分不平衡的问题十分突出。要实现以文化产业发展促进文化传承与创新，促进中华优秀传统文化的创造性转化和创新性发展，迫切需要哲学社会科学更好地发挥作用。

　　2016年，国家《成渝城市群发展规划》首次将"文创中心"作为成都建设国家中心城市的核心功能之一。成都市第十三次党代会提出"发展天府文化""增强文创中心功能"，推动天府文化创造性转化、创新性发展。作为古蜀文明的重要发祥地，成都文化根脉厚重博大，文化活力革故鼎新，历史文化与现代文明交相辉映，是西部地区国家文化建设布局最为密集的城市。建设文创中心是新时代国家整合西部文化资源、培育经济发展新动能、促进西部地区文化协调发展、对接国际文化竞争与文化分工的重要战略部署。服务国家文化战略、体现国家文化意志、代表国家文化形象、引领区域文化发展，对成都文化产业高质量发展提出了新的要求。

　　为了加强对文化产业发展规律和趋势的研究，找准成都推动文化产业加快发展的政策设定基点，为建设全国重要的文创中心提供理论指导和科学参考，在成都市文化产业发展专项资金的支持下，成都市社会科学院于2016年启动了《建设西部文创中心背景下成都文化产业发展策略与路径》课题的研究工作。本书是在这一课题研究成果的基础上深化拓展而成的。

　　本书分析了城市文化、文化产业与文创中心的内在联系，阐释了"文创中心"的内涵和特征，系统梳理了成都文化产业的现状和存在的问题，借鉴国内外先进城市经验，从发展模式、产业结构、空间集聚、文化市场、文化消费、文化贸易、文创人才、产业政策和文化治理九个方面探讨了成都文化产业发展的现实策略和路径选择。文创中心是以文化产业为主要支撑的增长极和创新极，蕴含丰富的物质文化资源、丰厚的精神文化底蕴和独特的文化符号系统，是文化产业和文化消费的中心区域、文化创新和知识创造的中心地带，在一定的空间尺度内形成集聚和扩散效应。作为西部地区的超大城市，成都以文化产业发展促进文化传承创新的实践，在全国具有典型意义和样本意义。本书可以为关注西部地区文化发展、现代城市文化建设、文化产业转型升级的政府部门、研究机构、高校师生和企业提供相关信息，有助于观察我国文化发展的区域现状和关键问题。

以文化产业发展促进文化传承创新，既是一个抽象的文化活动过程，也是一个复杂的经济活动过程，加之文创中心是一个全新的规划概念，其内涵具有动态性和丰富性，在一定程度上增大了理论研究的难度，同时也为本书的探索留下了空间。完成书稿撰写既是一项十分艰巨的工作，又是一个集体学习的过程。我们希望通过新思路和新视角的尝试，构建基于产业生态的多维分析框架，表达对文化产业发展前沿问题的认识。尽管我们有如此的期待，并投入了大量的精力进行研究和写作，但由于能力水平和资料数据的局限，这些目标的达成可能还不尽如人意，阐释和论述还存在诸多不足，恳请各位专家和广大读者批评指正。

课题组

2017 年 12 月

目　录

第一章　文创中心建设与城市文化产业发展

文创中心建设具有鲜明的时代背景，既突出了差异化城市功能定位的新方向，又顺应了世界城市经济转型和包容性发展的新趋势。本章通过梳理与文创中心相关的城市文化功能及产业等概念，从文化、经济和空间三个维度剖析文创中心的内涵，从文化影响力、文化凝聚力和文化创造力三个视角概括文创中心的主要功能，并对文创中心建设、城市文化以及文化产业发展之间的逻辑关系进行理论阐释，为后文研究成都建设全国重要的文创中心和发展文化产业提供理论支撑。

一、文创中心建设的时代背景

文创中心是一个文化经济增长极的概念，是文化及相关活动在地理空间上聚集而自发形成的具有经济自组织功能的极核，在一定的经济区域范围内发挥集聚效应和扩散效应。与经济中心的传统概念相比，文创中心以文化领域的相关活动为支撑，不仅蕴含丰富的物质文化资源、丰厚的精神文化底蕴、独具特色的文化符号和文化景观，而且是文化产业和文化消费的中心区域，是文化创新和知识创造的中心地带。文创中心建设的时代背景包括三方面内容：

第一，从城市功能定位的视角看，文创中心建设突出了差异化的城市功能定位的新方向。在全球化浪潮的冲击下，城市经济变得越来越单一，多数城市的生产、贸易和金融模式都趋于雷同，在基于经济中心的功能定位上举步维艰。[①] 而以城市文化和文化产业为主要支撑的文创中心定位，赋予城市独特的经济内涵和社会价值，为城市的差异化发展道路指明了全新方位。

除传统的生产要素外，文创中心定位高度强调文化作为城市无形资产的重要作用。文化以资本为载体，以知识生产的方式实现城市文化个性化和多元化

---

① "世界城市文化报告"出炉 [J]. 城市观察, 2012, (5)：188–189.

的价值，不仅为城市的差异化竞争战略提供充分的要素保障，而且通过凸显城市文化内涵，使城市的要素吸纳能力大幅提升。更为重要的是，文创中心建设强调文化经济极核在区域范围内的增长极功能，通过政府主导，在更大的空间尺度下整合文化相关要素并实现优化配置，有助于提高文化要素密度。这正如文化地理学研究所示，城市特有的文化属性越被浓缩于城市经济地理环境中，城市的文化软实力就越能有效提升。①

第二，从城市经济转型的视角看，文创中心建设适应了世界城市产业升级和可持续发展的新趋势，以创新创意为特征的文化创造力成为城市转型发展的高端竞争力。随着城市规模的扩张以及资源环境约束的加强，世界各城市都在积极寻求新的经济发展模式和增长新动力。文创中心作为差异化的城市功能定位，高度强调文化资源、文化创意与科技创新的融合互动，既突破了传统工业经济对资源环境承载力的过度依赖，又在凸显独特性和匹配消费升级中激发了城市增长的巨大潜能，通过提高城市经济的文化含量以及城市文化的经济价值，有效推动产业结构转型升级，并实现城市可持续发展。

实践中，世界各地著名城市均在发展议程中将文化及文化产业发展作为重要内容之一。据《2015 世界城市文化报告》显示，在英国伦敦和法国巴黎等城市，文化产业不断开辟出新的经济增长点；即使在经济困难时期，文化产业仍保持着强劲的增长态势，为城市创造出众多工作岗位和经济价值②；文化旅游对城市经济发展更显示出卓越贡献，以英国伦敦为例，五分之四的外来游客表示，到伦敦旅游的主要原因是对伦敦文化的向往。③

新加坡的文化建设是驱动经济转型的另一成功案例。在优先发展经济并取得巨大成就后，新加坡转而把文化作为推动经济发展的新动力。新加坡政府在 1989 年发布的《国家艺术发展报告书》中，将文化艺术的作用提炼为"赋予国家个性、提高生活质量、加强社会凝聚力、为旅游和娱乐业服务"四项；在 2002 年公布的"创意产业发展战略"中，将艺术、经济及科技相结合，确定了文艺复兴城市、全球文化和商业设计中心、世界媒体城等战略目标。④ 在文化建设的一系列重大战略举措下，新加坡成功实现了经济发展转型，以文化创造力为支撑，在国际竞争中保持了强劲的竞争力。

---

① 艾伦·斯科特. 城市文化经济学 [M]. 北京：中国人民大学出版社，2010.
② 杰夕. 用数字考量城市文化实力 [N]. 中国文化报，2013－11－14（010）.
③ 春蕾.《2015 世界城市文化报告》指出"独特性与消费力是文化创新动力" [EB/OL].（2015－12－04）. http：//www.cbbr.com.cn/article/90870.html.
④ 雷鸣强. 新加坡文化建设的科学之道值得借鉴 [EB/OL].（2013－01－29）. http：//www.ce.cn/culture/gd/201301/29/t20130129_24074956.shtml.

第三，从城市社会转型的视角看，文创中心建设顺应了世界城市包容性发展的新趋势。在城市的国际化进程中，城市人口结构日趋复杂化，因文化冲突导致的城市社会问题日益凸显，社会平稳运行面临重大考验。对此，联合国人居署将"包容性城市"作为世界城市发展的新目标，提出通过经济、社会、政治和文化四方面的相互关联和促进，提高移民融合过程中的文化认同，从而实现城市的包容性发展。显然，以城市文化、文化产业及公共服务为支撑的文创中心建设，正是实现这一目标的有效战略选择。文创中心强调对城市传统文化的保护传承，以及对现代文明的创新创意发展，关注外来文化与本地文化的有机结合，因此能够将城市各类人群聚集在文化包容发展的浪潮中，提高城市移民的认同感；同时，文创中心还强调公共文化服务的广覆盖，注重社会文化生活的开放性与多样性，因此有利于提高城市移民的归属感，增强城市的吸引力和宜居性，从而有效缓解社会的"碎片化"问题和矛盾，实现城市包容性发展。

二、文创中心的内涵和主要功能

（一）与文创中心相关的概念

要准确刻画文创中心的内涵，首先需要梳理与之相关的城市文化功能和产业的重要概念。在功能定位方面，文创中心属于国家中心城市背景下的城市文化功能定位，与之紧密相关的概念包括国家历史文化名城，以及全球视野下的创意城市；在产业层面，相关概念涉及城市文化、文化产业、创意产业、文化事业等。

1. 国家历史文化名城

历史文化名城的官方表述最早出现在 1982 年的《中华人民共和国文物保护法》中，该法是为了加强对文物的保护和继承中华民族优秀的历史文化遗产而制定。在对"不可移动文物"的保护条款中，该法提出，"保存文物特别丰富并且具有重大历史价值或者革命纪念意义的城市，由国务院核定公布为历史文化名城"，即国家历史文化名城。

从政策要求看，国家历史文化名城强调城市悠久的历史、丰富的文化遗存以及重要的历史文化价值，因此法律法规的重点在于保护和规划。包括《文物保护法》《历史文化名城保护规划规范》（GB50357—2005）以及《历史文化名城名镇名村保护条例》等在内的法律或政策文件，是指导历史文化名城的申报、批准、规划、保护工作的基础。

对于申报成功的国家历史文化名城，国务院对其规划和保护工作提出了一致要求，即根据《历史文化名城名镇名村保护条例》①，正确处理城市建设与保护历史文化遗产的关系，编制历史文化名城保护规划并纳入城市总体规划中，规划和建设要重视保护城市格局等②。

从数量上看，国务院先后在 1982 年、1986 年和 1994 年核定公布了三批国家历史文化名城，共计 99 座；从 2001 年开始又单独批复增补。截至 2016 年 12 月，国务院共增补 33 座城市，使国家历史文化名城达到 132 座（琼山并入海口市，但分开计算）。这些城市在行政等级上既包括"市"级，也包括"县"或"区"级。例如，成都市于 1982 年被国务院核定为第一批国家历史文化名城，属于成都区县级别的都江堰市则于 1994 年被核定为第三批国家历史文化名城。

2. 创意城市

创意城市的概念最早由学术界提出。20 世纪 90 年代，西方学者针对城市衰退等危机，从城市发展未来的视角推动了一系列关于创意城市的研究。Charles Landry（2000）③ 认为，只有通过创意的方法（超越传统的思维方法）才能解决大都市发展面临的严峻问题。Hospers（2003）④ 根据经济与城市发展进程将创意城市划分为四类，即技术创新型城市（以新技术发展或技术革命为特征）、文化智力型城市（以文化艺术创新为特征）、文化技术型城市（将文化与新技术相结合）和技术组织型城市（在政府主导下与市场主体展开创意合作），并认为文化技术型城市是 21 世纪创意城市的发展趋势。Florida（2003）⑤ 认为构建创意城市的关键要素是技术、人才和包容度。

在我国，研究者们高度关注创意产业及创意城市的研究。创意形成创意产业，创意产业构筑创意城市，创意城市又萌生新的创意。⑥ 创意城市的独特之处在于创造性思维和创新性方法，良好的创意环境是其核心要素⑦，人力资本投入和自主创新能力提升是其主要增长动力，文化产业高度发达是其主要经济

---

① 国务院. 历史文化名城名镇名村保护条例（国令第 524 号），2008 年 4 月 22 日.
② 国务院. 国务院关于同意将湖南省永州市列为国家历史文化名城的批复（国函〔2016〕205 号），2016 年 12 月 16 日.
③ Charles Landry. The Creative City：A Toolkit for Urban Innovations [M]. London：Earthscan Publications，2000.
④ Gert-Jan Hospers. Creative Cities：Breeding Places in the Knowledge Economy [J]. Knowledge，Technology & Policy，2003，16（3）：143−162.
⑤ Richard Florida. The Rise of creative Class [M]. New York：Basic Publications，2002.
⑥ 汤培源，顾朝林. 创意城市综述 [J]. 城市规划学刊，2007，（03）：14−19.
⑦ 黄琳，张京成，刘利永. 中国创意城市发展的困境与出路 [J]. 中国软科学，2009，（S2）：35−39.

特征①。在我国城市发展转型中，创意城市作为创意人才和创意经济的空间载体，是实现传统城市再造、提高城市竞争力的有效模式。②

在全球范围的实践中，最具影响力的是联合国教科文组织在 2004 年成立的"创意城市网络"（Creative Cities Network），其宗旨在于促进创意城市之间的合作，使创意和文化产业成为地区发展战略的核心。该网络将创意领域划分为七类，即文学、电影、音乐、手工艺与民间艺术、设计、媒体艺术和美食。③ 截至 2018 年 5 月，目前全球有 72 个国家共 180 座城市成为该网络成员。在我国，成员城市共 8 个（见表 1—1），创意领域包括手工艺与民间艺术、设计和美食。

表 1—1 联合国教科文组织"创意城市网络"里的中国城市

创意领域	创意城市
手工艺与民间艺术	杭州、景德镇、苏州
设计	上海、北京、深圳
美食	成都、顺德

资料来源：联合国教科文组织，创意城市网络，http：//zh. unesco. org/creative—cities/。

3. 城市文化

根据联合国教科文组织《世界文化多样性宣言》，"文化是某一社会或社会群体所具有的一整套独特的精神、物质、智力和情感特征；除艺术和文学外，还包括生活方式、聚居方式、价值体系、传统和信仰。"④ 在时空演进过程中，城市文化通过各种物质形态载体和非物质的意识形态载体得以保留、记忆和传承，并以其独特性影响到人们生产生活的方方面面。⑤ 因此，城市文化既是发展的方式，推动和维持经济增长，又是发展的成果，赋予人类生存的意义。⑥ 城市文化的内涵可从社会属性、经济属性和地理属性三方面来理解。

在社会属性上，城市文化表现为历史文化资源和以人文精神为代表的文化

① 巩艳芬，魏希柱. 中国创意城市发展的战略方法研究 [J]. 哈尔滨工业大学学报（社会科学版），2010，(6)：94—95.
② 黄阳，吕庆华. 西方城市公共空间发展对我国创意城市营造的启示 [J]. 经济地理，2011，(08)：1283—1288.
③ 联合国教科文组织. 创意城市网络 [EB/OL]. http：//zh. unesco. org/creative—cities/.
④ UNESCO. UNESCO Universal Declaration on Cultural Diversity [R]. Paris：UNESCO，2001.
⑤ 何序君，陈沧杰. 城市规划视角下的城市文化建设研究述评及展望 [J]. 规划师，2012，(10)：96—100.
⑥ UNESCO—UIS. The 2009 UNESCO Framework for Cultural Statistics (FCS) [R]. Montreal：UNESCO Institute for Statistics，2009.

特质。城市以其独有的历史背景和人文传统留下难以抹去的文化烙印，越是历史悠久的城市，其文化积淀越深厚，城市个性越鲜明。这决定了人们的行为方式和精神特征，折射出市民的价值共识。

在经济属性上，城市文化是一种重要的无形资产，具有稀缺性，对城市发展具有无法替代的作用。当经济发展到一定程度后，城市文化通过与其他生产要素的融合，成为经济增长的新动力和国民素质提高的重要来源。特别是随着知识经济时代的到来，城市文化开始以产业形态发展，以文化产业为支撑的休闲、文化和创意经济成为城市经济转型的新引擎。① 城市文化越来越多地表达着城市的软实力，助力城市寻求竞争地位，实现可持续发展。②

在地理属性上，城市文化表现在承载特定文化内涵的空间形态上。③ 传统的历史文化遗产，以及城市空间和场所构成的城市建成遗产，都通过既定的地理分布而使城市表达出丰富的历史和人文意义。然而，随着城市化进程的加快，国内许多城市在大规模拆旧建新中导致地域历史文化的灭失，新城建设中的同质化现象日益严重。④ 因此，如何保留或还原城市文化的地理风貌，成为当前城市规划和建设的头等大事。

4. 文化产业和创意产业

在理论界，学者们对文化产业及创意产业的概念并未达成共识，而是从不同角度加以描述。⑤ 文化产业最早被表述为凭借现代科技手段大规模地复制、传播和消费文化产品的工业体系。⑥ 联合国教科文组织将文化产业定义为按照工业标准生产、再生产、储存以及分配文化产品和服务的一系列活动。

随着研究者们对文化产业中具有创造性部分的关注，创意产业的概念被提出。联合国贸易与发展会议（UNCTAD）认为，创意产业从版权和创意内容的销售中创造价值，而文化产业通过文字、视觉和表演艺术从本地文化背景中创造创意内容。⑦ 约翰·哈特利（2007）认为，创意产业以新知识经济中的新媒体技术发展为背景，实现创意艺术（个人才能）和文化工业（大规模）在概

---

① 张景秋. 城市文化与城市精神：规划中的辩证统一 [J]. 规划师，2008，(11)：10—13.

② Miles S H, Paddison R. Introduction：The Rise and Rise of Culture－led Urban Regeneration [J]. Urban Studies, 2005, 42 (5)：833—839.

③ 陈虹. 试谈文化空间的概念与内涵 [J]. 文物世界，2006，(1)：44—46.

④ 黄怡，吴长福，谢振宇. 城市更新中地方文化资本的激活——以山东省滕州市接官巷历史街区更新改造规划为例 [J]. 城市规划学刊，2015，(02)：110—118.

⑤ 凯夫斯. 创意产业经济学 [M]. 北京：新华出版社，2004.

⑥ 蔡荣生，王勇. 国内外发展文化创意产业的政策研究 [J]. 中国软科学，2009，(8)：77—84.

⑦ 高红岩. 文化创意产业的政策创新内涵研究 [J]. 中国软科学，2010，(06)：80—86.

念和实践层面的融合。① Howkins（2001）更是将创意产业的范围扩展为版权、专利、商标和设计产业四个部门。②

在统计分类上，《2009 年联合国教科文组织文化统计框架》是当前世界各国理解文化产业内涵及其分类的重要标准，它突破了 1986 年文化统计框架在正规和静态文化概念上的局限，充分考虑了文化领域出现的与新技术、非物质遗产、演变中的文化实践和政策相关的新概念。文化领域被划分为文化和自然遗产、表演和庆祝活动、视觉艺术和手工艺、书籍和报刊、音像和交互媒体、设计和创意服务六大类（见附录 1）。在该框架下，文化产业（Cultural Industries）即为创意产业（Creative Industries），对应了文化部门的商业维度。③

我国国家统计局《文化及相关产业分类（2012）》中的标准保持了与国际标准的一致性，没有区分文化产业和创意产业。该标准将文化及相关产业定义为"为社会公众提供文化产品和文化相关产品的生产活动的集合"，类别中除传统文化产业外，还涵盖了文化创意（建筑设计服务和专业设计服务）、文化新业态（数字内容服务中的数字动漫制作和游戏设计制作等）、软件设计服务（多媒体软件和动漫游戏软件开发）等内容（见附录 2）④。本研究采用国家统计局的分类标准，主要立足文化产业的广度（不同产业门类）和深度（包括生产、流通和消费在内的价值链长度）两个视角进行分析。

在地方产业政策中，我国各级地方政府为了在文化产业中突出创意经济的重要性，普遍采用文化创意产业的表述。例如，北京在 2008 年率先制定了《北京市文化创意产业分类标准》，目前执行的地方标准是《文化创意及相关产业分类》（DB11/T763-2015），相关政策文件还包括《北京市文化创意产业发展指导目录（2016 年版）》《北京市"十三五"时期文化创意产业发展规划》等；上海先后发布了《上海创意产业"十一五"发展规划》《上海市文化创意产业发展"十二五"规划》《上海创意与设计产业发展"十三五"规划》等；在西部地区，成都先后发布了《成都市文化创意产业发展规划（2009—2012）》《成都市文化创意和设计服务与相关产业融合发展行动计划（2014—2020）》等。

5. 文化事业

文化事业是中国特色社会主义事业的重要组成部分，有广义和狭义之分。

---

① 约翰·哈特利. 创意产业读本 [M]. 曹书乐，等译. 北京：清华大学出版社，2007.
② Howkins. The Creative Economy：How People Make from Ideas [M]. Allen Lane：The Penguin Press，2001.
③ UNESCO-UIS. The 2009 UNESCO Framework for Cultural Statistics（FCS）[R]. Montreal：UNESCO Institute for Statistics，2009.
④ 国家统计局. 文化及相关产业分类（2012）[EB/OL].（2012-07-31）. http：//www. stats. gov. cn/tjsj/tjbz/201207/t20120731_8672. html.

广义的文化事业体现社会主义精神文明的各种文化形态的发展和建设，包括科学、教育、文学、艺术、卫生、体育、新闻、出版、广播、影视、戏剧、文物、节庆、网络文化、旅游文化、民俗文化、对外文化交流、宗教等，也包括制定文化政策及文化发展战略，从事各种文化形态的建设活动等；狭义的文化事业与文化产业相对应，指学术理论研究、思想道德建设、公共文化服务、文学艺术创作、新闻传媒、文化创新、民族文化保护、对外文化交流、人才队伍建设、文化发展保障措施等。① 公共文化服务属于文化事业的一部分，是政府公共服务的重要内容，其目的在于保障公民的基本文化生活权利，服务内容包括提供公共文化服务设施、资源和服务，以及人才、资金、技术和政策保障机制等。

文化事业和文化产业之间既有区别，又存在联系。二者之间的区别在于：第一，在性质上，文化事业具有公益性和公共性，对应文化的社会维度；文化产业具有经营性和市场性，对应文化的经济维度。第二，在服务对象和内容上，文化事业满足公众的基本文化需求，文化产业满足公众的多样性文化需求。第三，在统计口径上，根据《文化及相关产业分类（2012）》，文化产业指经营性文化单位的集合，文化事业指公益性文化单位的集合。第四，在关联性上，文化事业与文化产业可以相互促进。一方面，文化事业的繁荣为文化产业发展营造良好的文化氛围，并培育潜在的消费群体，公众通过不断参与文化社会活动，将衍生出对多元文化的消费需求。另一方面，文化产业的发展会提高文化事业的广泛度，部分文化产品和服务将成为文化事业的覆盖内容。②

（二）文创中心的内涵

区域经济学认为，区域空间结构由点、线（网络）、面（域面）三个基本要素构成。③ 其中，点即人口和产业集聚地，是因经济活动的内聚力而极化形成的中心，是整个空间系统的增长极。④ 对于文化活动集聚地而言，区域、文化和经济之间彼此共生：文化具有鲜明的区域特征，并根植于经济之中，而经济也根植于文化之中；区域特有的文化属性和经济秩序越浓缩于地理环境中，就越凸显区域的文化软实力，使其文化产业能跻身更广阔的国内国际市场。⑤ 这些研究成果对于解构文创中心的内涵提供了重要的理论依据。

本研究的文创中心，是以文化产业为主要支撑的增长极，具有文化维度、经

---

① 奚洁人. 科学发展观百科辞典 [M]. 上海：上海辞书出版社，2007.
② 辛向阳. 准确把握文化事业与文化产业的辩证关系 [N]. 中国青年报，2012-01-04（02）.
③ 杜肯堂，戴士根. 区域经济管理学 [M]. 北京：高等教育出版社，2004.
④ 邓宏兵. 区域经济学 [M]. 北京：科学出版社，2008.
⑤ 艾伦·斯科特. 城市文化经济学 [M]. 北京：中国人民大学出版社，2010.

济维度和空间维度。它是文化及相关活动在地理空间上聚集而自发形成的具有经济自组织功能的极核，不仅蕴含丰富的物质文化资源、丰厚的精神文化底蕴、独具特色的文化符号和文化景观，而且是文化产业和文化消费的中心区域，是文化创新和知识创造的中心地带，在经济区域范围内具有集聚效应和扩散效应。

在城市空间尺度下，文创中心是一个新兴城市的功能定位，与国家历史文化名城、创意城市等已有定位存在显著差别。国家历史文化名城以城市悠久的历史、丰富的文化遗存以及重要的历史文化价值为基础，强调文化资源保护和文化传承，因此属于资源导向型城市功能定位。联合国教科文组织发起的创意城市网络，在认定创意城市时仅强调某一领域的文化创造性（包括文学、电影、音乐、手工艺与民间艺术、设计、媒体艺术、美食七个领域），因此创意城市的功能定位缺乏一定的广度。比较而言，文创中心是一个多维度的城市功能定位，涵盖了上述两类定位的功能范围，而且在文化元素之外，突出强调了文化产业和文化消费的中心地位，以及文化创意的引领作用。

图1-1展示了文创中心内涵的多维视角，下面从三个维度加以详细解构。

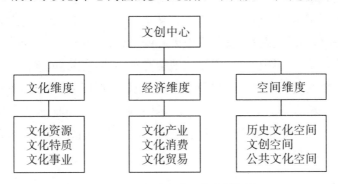

图1-1　文创中心内涵的多维视角

1. 文创中心的文化维度

文创中心的文化维度反映了城市文化社会属性的提升，表现为城市文化资源丰富且保护传承有序，文化特质体现新时代人文精神，以及文化事业繁荣三方面。

在文化资源上，文创中心具有体现城市历史进程和独特地域特征的文化形态，这突出表现在历史悠久的文物遗迹、建筑街坊等物质形态以及非物质文化遗产上。文创中心通过将文化遗产的保护传承与现代化建设相结合，将景观风貌特色凸显与城市功能完善相结合，既传承了传统文化，又展现出城市文化的新时代风貌[1]；既提升了城市的整体品质，又满足了城市文化的多元化需求。

---

[1]　何序君，陈沧杰．城市规划视角下的城市文化建设研究述评及展望［J］．规划师，2012，(10)：96—100.

在文化特质上，文创中心具有强健且富有朝气的文化精神和氛围，这极大增强了城市的集聚力，有助于在更大的空间尺度下吸引文化相关的创新要素，为文化创新创造活动和产业融合发展营造良好的环境。

在文化事业上，文创中心具有丰富的文化参与等社会活动，公共文化服务实现广覆盖和高效能。这不仅可激发人们参与文化社会活动的热情，满足人们对文化相关的美好生活的向往，而且通过与文化产业的深度融合和互动，为城市发展提供充分的文化活力。

2. 文创中心的经济维度

文创中心的经济维度反映了城市文化经济属性的提升，表现为文化经济活动高度活跃，文化在生产、交换和消费各环节的创造性转化和创新性发展实现突破，文化产业、文化消费和文化贸易在区域范围内奠定中心地位。

在文化产业上，文创中心不仅在产业广度（不同产业门类）和产业深度（价值链长度）上实现全方位覆盖，形成了结构合理、门类齐全的现代文化产业体系，而且以文化创意和科技创新为引领，通过推动互联网等高新技术的运用，有效实现了文化产业与文化事业、文化产业不同门类、文化产业与相关产业的深度融合，极大提升了文化产业中心的增长极功能。

在文化消费上，顺应文化需求在消费升级中快速提高的态势，文创中心通过对城市传统文化的保护传承以及对现代文明的创新创意发展，不仅满足了城市居民和外来游客对差异化文化产品和服务的需求，而且通过文化贸易和交流，满足了国内外其他地区快速增长的多元化文化需求，成为区域范围内的文化消费中心，并最终通过文化消费的乘数效应，拉动城市走出一条差异化的城市发展路径。

在文化贸易上，文化贸易与文化产业和文化消费相匹配，文创中心具有统一开放、竞争有序、监管有力的现代文化市场体系。这既包括统一开放、形态多样的文化产品市场（包括传统的有形市场和无形的、基于互联网的新兴市场），也包括统一开放、配置高效的文化要素市场。完备的市场平台使文创中心成为区域文化贸易中心。

3. 文创中心的空间维度

文创中心的空间维度反映了城市文化地理属性的提升，表现为历史文化空间保留完整、文创空间布局合理、公共文化空间塑造有序，整体城市景观凸显地域文化特色。

在历史文化空间上，文创中心将历史文化资源和遗存视为构成城市特征的关键因素，在城市规划中强调城市文化元素，以新居和古迹并存的共赢观念塑造历史文化空间，从而凸显个性化的城市形象。

在文创空间上，文创中心在文化产业布局中充分挖掘文化资源和创新要素的比较优势，以重大文化项目为支撑推动文化产业要素集中、企业集聚，最终基于文化内涵和主导业态形成了一批差异化的文化产业集聚区和特色文化产业集群，产业集聚效应提高。

在公共文化空间上，文创中心拥有体现城市文化内涵的大型公共文化设施和体现城市形象的城市景观设计。文化创意被广泛运用在城市公共文化空间及景观风貌的建造中，使文创中心在城市面貌改善的同时，也营造出良好的文化创新氛围，使创意设计、文化元素真正融入城市空间塑造及城市居民社会活动中。

（三）文创中心的主要功能

在多维度视角下，文创中心作为文化经济增长极，在城市、区域、国家乃至世界范围内发挥文化凝聚力、文化创造力和文化影响力三大功能，这共同构成了城市参与竞争的文化软实力（见图1-2）。在国家中心城市建设背景下，文创中心这三大功能体现在国家层面上。

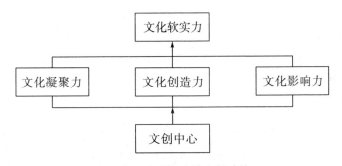

图1-2　文创中心的主要功能

1. 文创中心的文化凝聚力

文创中心的文化凝聚力，是指富有新时代气息的城市精神和文化氛围，为文创中心发展带来了文化共识，促使其形成自我强化的正反馈效应。

随着经济社会的发展，人们在工作和生活的区位选择中更多关注城市的人文环境，因此城市精神面貌是否积极向上，社会文化氛围是否具有开放性、包容性和多元性，成为企业和家庭决策的重要影响因素。文创中心所形成的富有新时代气息和地域特色的人文精神和文化氛围，指引了城市居民的价值取向、思维方式和生活习惯，不仅是支撑城市生产生活的强大精神动力，而且在发展中通过凝聚意志、增进共识和提振精神，对文化凝聚力将起到进一步强化的作用。

2. 文创中心的文化创造力

文创中心的文化创造力表现在两方面，一是文化资源高度聚集带来巨大的增长潜力，二是文化产业创新创造带来以产业广度和产业深度为主线的融合发展呈现加速态势。

在文化资源聚集上，文创中心的文化创造力通过影响经济资源的空间配置方向而发挥作用。根据区域经济学的优位效益原理，经济资源会在极化效应作用下向着优势区位寻优推移。[①] 文创中心作为文化经济增长极，以其鲜明的文化特色、发达而完善的文化产业链以及有序的文化空间形态，对文化要素在内的各类生产要素、文化企业以及文化消费者形成巨大的吸引力，因此有利于提高文化资源聚集密度，发挥巨大的资源整合能力，释放城市增长潜能，并推动文创中心成为更大空间尺度下的文化生产和消费中心。

在文化创新创造上，文创中心实现了对文化生产、交换、消费各环节的创造性转化和创新性发展。首先，文创中心强调对传统文化的现代转化，通过将传统文化资源的开发利用与人们对文化相关的美好生活的向往相结合，在创造性转化中挖掘和提升传统文化的经济价值。其次，文创中心还以文化创意、科技创新为引领，高度强调文化产业在产品、技术、业态、模式及管理等方面的创新性，推动文化产业实现创新驱动型发展，从而充分激发全社会的文化创造活力。最后，在以文化产业广度和深度为主线的融合发展上，文化产业发展空间被极大拓展，城市经济和社会转型升级被注入充足的文化活力，文创中心的文化软实力得以大幅提升。

3. 文创中心的文化影响力

文创中心的文化影响力表现在两方面，一是通过丰富而有效的对外文化交流和文化社会活动参与，彰显城市的文化影响力，二是通过文化贸易等文化输出活动，推动文创中心的文化品牌在城市以外的区域、国家乃至全球发挥示范效应。

在对外文化交流和传播上，文创中心通过搭建互利共赢的包括城市政府、企业在内的多主体的文化交流平台，以政府为主导、市场为主体举办节庆会展等大型文化交流活动，使思想文化和价值观念得以广泛传播，有助于持续提升文化节庆会展品牌和城市文化品牌的影响力。同时，文创中心通过建立广泛覆盖的传播体系，加大城市文化传播的广度和深度，将独具特色的文化产品品牌、文化节庆会展品牌以及城市品牌推向国内外，使文创中心的文化影响力大幅提升。

---

① 杜肯堂，戴士根. 区域经济管理学［M］. 北京：高等教育出版社，2004.

在文化贸易上，文创中心通过建立完善的要素市场和文化产品市场体系，一方面吸引高质量生产要素的集聚，另一方面实现文化产品在更广阔的市场范围内自由流动，使城市的文化产品品牌、文化节庆会展品牌以及综合性的城市品牌得到更多认可，推动文创中心在区域、全国乃至全球发挥品牌示范效应，彰显文化影响力。在国家中心城市建设背景下，文创中心不仅具有地域文化特色，更集中体现一个国家整体的文化面貌及精神，代表了一个国家的文化形象。因此，文创中心不仅是对外展示交流的窗口，也代表国家参与国际文化合作和竞争。

三、文创中心建设、城市文化及文化产业发展的关系

基于上述对文创中心、城市文化以及文化产业相关概念和内涵的分析，我们将三者之间的关系描绘在图1-3中。

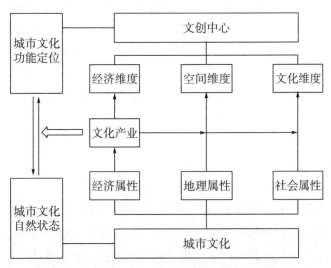

图1-3　文创中心、城市文化和文化产业间的关系

首先，从城市文化与其他两个概念的总体关系看，正如联合国教科文组织的研究成果所示，城市文化不仅是发展的方式，即推动和维持经济增长的方式，也是发展的成果。① 一方面，城市文化是文化产业及文创中心的根基所在。城市文化的三个基本属性（经济属性、地理属性和社会属性）反映了一个

①　UNESCO-UIS. The 2009 UNESCO Framework for Cultural Statistics (FCS)［R］. Montreal: UNESCO Institute for Statistics，2009.

城市的文化随历史演进而沉淀下来的自然形态，分别表现为城市的文化经济活动、城市风貌以及历史文化资源、人文精神等，是城市个性的综合体现。这一个性化文化特征构成了城市文化产业和文创中心进行差异化定位和发展的重要基础。另一方面，文化产业和文创中心反作用于城市文化。随着文化产业的发展壮大以及文创中心建设的推进，城市文化的经济和社会功能得以提升，这反过来会传承城市历史文化，塑造更积极向上的人文精神，并通过丰富文化供给，使城市文化获得发展。

其次，从三者的内在结构关系看，城市文化和文创中心在内涵上存在着一对一的指向关系，而文化产业是建立这一关系的重要通道。如图1-3所示，基于特定的分析时点，城市文化的三个属性（经济属性、地理属性和社会属性）综合反映"此时的城市文化是什么"。与之相对应，文创中心的三个维度（经济维度、空间维度和文化维度）则分别从城市规划和建设视角反映"未来的城市文化功能应该是什么"，是对城市文化的三个属性在功能上的要求。在这一功能发现和提升过程中，文化产业是根植城市文化、建设文创中心的重要通道。

发展文化产业，不仅是满足人们多样化精神文化需求、提高生活品质和幸福感的重要途径，还是推动城市特色文化实现创造性转化和创新性发展的重要载体，更是推动城市文化走向区外，形成文化竞争力，提升文化软实力的重要渠道。因此，尽管文化产业在图1-3中只反映了城市文化和文创中心在经济层面的指向关系，但文化产业的发展同样也助力实现另外两个层面的功能发现和提升，即地域特色文化凸显、文化事业繁荣、历史文化空间保留完整、文创空间布局合理、公共文化空间塑造有序。

再次，从文化产业发展对文创中心建设的支撑作用看，基于文创中心定位，文创要素应充分渗透到其他产业发展中，城市文化产业不再是一个孤立的产业，而是与其他产业相互融合、互动发展，为建成文创中心提供强大的产业支撑。这具体表现在：文化产业在城市经济中发挥重要支撑作用，城市成为文化产品生产和消费中心；文化产业在区域范围内发挥标杆作用和示范效应，参与区域、全国乃至全球文化产业分工，并承担重要功能。

最后，从文创中心建设对文化产业发展的促进作用看，文创中心建设是政府主导的重大战略规划和行动，因此有助于形成共识，通过顶层设计来提升文化产业在城市经济发展中的战略地位。同时，政府的相关配套政策可发挥积极的引导作用和保障功能，通过合理的产业发展和空间布局谋划，促进文创优势区位的形成，从而基于更大的空间尺度整合文化资源，加速文化产业与其他产业的融合互动，推动文化产业快速发展壮大。

第二章　成都建设全国重要文创中心的战略选择

成都对建设全国重要文创中心进行科学合理的战略选择，需要一个完整的战略管理过程，这包括战略输入、战略行动和战略产出三个重要环节。其中，战略输入是对战略输入要素内、外部环境两方面进行分析，以确定战略目标；战略行动是对战略任务的具体落实，包括战略规划和实施；战略产出是通过有效的战略分析和行动，最终获得战略竞争力。由于内外部环境是持续变化的，因此战略管理过程应保持一定的灵活性以适应这些变化。①

本章对成都建设全国重要文创中心的内、外部环境进行深入分析，进而提出战略目标和路径选择。其中，内部环境分析侧重文创中心的三个维度，主要对成都的建设基础和条件进行分析。外部环境分析侧重城市间的比较和经验借鉴，主要对相关城市的文化产业规模、文化企业和产业集聚区建设、城市文化功能定位以及文化产业规划重点等内容进行比较研究，并对国内领先城市的成功经验予以借鉴。

一、成都建设全国重要文创中心的基础和条件

（一）城市文化功能定位的跃升

城市功能是指城市在一个地区或国家所承担的政治、经济、文化等方面的作用。本研究的城市文化功能定位，主要是分析城市文化在该城市所在区域或国家所承担的经济、文化等功能及其空间形态的规划。这表明城市文化的功能既可以体现在文化方面，也可以体现在经济方面；既可以作用于城市内部，也可以作用于城市的外部区域范围。回顾成都的城市文化功能定位，主要经历了国家历史文化名城、创意城市以及文创中心三个阶段的跃升（见图2-1）。

---

① 希特，等著. 战略管理：竞争与全球化（概念）（原书第11版）［M］. 焦豪，等译. 北京：机械工业出版社，2016.

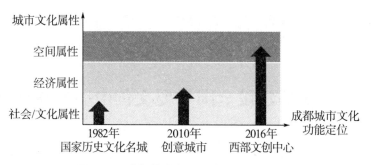

图 2-1　成都的城市文化功能定位的演变

如图 2-1 所示，成都早在 1982 年就被国务院核定为第一批国家历史文化名城。成都自古就是西南地区的政治、经济和文化中心，物质文化遗产和非物质文化遗产丰富。因此，国家历史文化名城这一文化功能定位，侧重通过城市保护和规划，突出成都历史文化遗产的内涵与价值，基本不涉及文化的经济功能延伸。

2010 年，成都被联合国教科文组织认定为"创意城市网络"成员城市，成为继深圳、上海之后我国第三个加入该网络的创意城市，这使成都的城市功能定位走向了国际化。2014 年，成都成功举办了第八届创意城市网络年会。自此，成都充分利用这一国际平台，促进与独特文化体验特别是美食文化体验相关的生产与消费能力的培养，在彰显城市文化谱系、交流知识经验并发展创意产业等方面取得了显著成效。但是，创意城市的定位仅侧重于创意产业的发展，对传统文化的保护传承、公共文化服务以及产业及城市空间形态缺乏全盘规划。

2016 年，国家发改委与住建部在发布的《成渝城市群发展规划》（发改规划〔2016〕910 号）中，首次提出成都建设西部文创中心目标。该规划在"提升成都核心功能"中提出，"以建设国家中心城市为目标，增强成都西部地区重要的经济中心、科技中心、文创中心、对外交往中心和综合交通枢纽功能"。为此，成都以国家中心城市建设为契机，高度重视并全面推动全国重要文创中心建设，以提升与国家中心城市相适应的软实力。

以此为支撑，2017 年中国共产党成都市第十三次代表大会对"增强西部文创中心功能"进行了总体部署，即"弘扬中华民族优秀文化，传承巴蜀文明，发展天府文化，塑造城市精神，丰富文化供给"等。显然，成都建设全国重要文创中心，不仅有助于突出成都深厚的天府文化内涵，发挥成都在全国特有的区位优势，而且通过合理规划和科学布局，有助于提高文化产业规模化、集约化和专业化水平，增强文化产业核心竞争力，提高成都文化产业在西部地区乃至全国的集聚力和辐射力，并最终作为中国西部的代表，塑造独特的国家文化形象并参与国际性的文化合作与竞争，加强与"一带一路"沿线国家和地区的文化交流。为此，成都的文创中心建设行动，不是一个单纯的城市或区域战略，而是一个全国性乃至全球性战略。

（二）天府文化保护传承有序

1. 历史文化遗产

成都是具有四千多年文明发展史和两千多年城市发展史的国家历史文化名城，一直是西南地区的政治、经济、文化中心。成都的历史文化积淀深厚，从古蜀文明起就显示出独具魅力的鲜明个性特征，具有唯一性、多样性和不可替代性。世界独有的大熊猫生态文化、古老神秘的金沙古蜀文化、灿烂雄奇的都江堰水文化、脍炙人口的三国文化、风流典雅的诗歌文化、源远流长的宗教文化、各具风情的古镇文化、独树一帜的休闲文化，以及各种民间演艺、节庆和川菜等民俗文化，构成了成都得天独厚的文化资源宝库。保留至今的都江堰水利工程、武侯祠、杜甫草堂、金沙遗址、文殊院、青羊宫等一批国内外知名的历史遗存，以及城市周边的一批历史古镇，是成都历史文化的重要遗存，也是城市文态的重要载体。据全国文物普查数据显示，成都现有各级文保单位500余处，其中世界文化遗产1处，国家文物保护单位100处，省级文物保护单位114处。

2. 天府人文精神

成都平原被誉为"天府之国"，是古蜀文明的重要发祥地。"天府之国"涵育千年的"天府文化"是中华优秀传统文化的重要构成。从文化内涵上看，"天府文化"是一个复合性概念，不仅囊括其时空范围内的各种文化门类，同时也统摄不同主题和层次的历史文化和现代文明。[①]

"创新创造、优雅时尚、乐观包容、友善公益"是成都市第十三次党代会对悠久而深厚的"天府文化"所提炼的精神特质。[②] 其中，"创新创造"是天府人文精神历史前进、文化发展的内生动力，"优雅时尚"体现了天府文化作为地域文化的先进性及示范性，"乐观包容"是天府文化向上而达观、开放而兼容的文化态度，"友善公益"是天府文化友爱善良、兼济天下的文化温度。成都所具有的这一天府人文精神，是具有开放性和发展性的独特地域文化，既在国内外城市文化营销中凸显了鲜明的个性，又形成了内容丰富且富有魅力的

① 冯婵. 天府文化的历史本源与气质神韵 [N]. 成都日报，2017-06-07 (07).
② 范锐平. 深化改革开放，聚力创新发展，为建设全面体现新发展理念的国家中心城市而奋斗——在中国共产党成都市第十三次代表大会上的报告 [N]. 成都日报，2017-05-02 (1).

文化品牌，对提高成都与国家中心城市相匹配的文化软实力、扩大成都对外文化影响力提供了坚实的基础。①

（三）公共文化服务水平提升

在文化遗产保护上，成都通过对古蜀文化遗址、历史文化建筑、古镇及街区、现代文明遗址等物质文化遗产和非物质文化遗产的保护及活化利用，深入挖掘蕴含其中的文化内涵和精神价值，并在保护中重视城市整体风貌的保护和合理利用。

在公共文化服务上，成都建成了一批大型公共文化服务设施，完善了各级各类公共文化服务设施网络，并将一批富有地域特质、彰显天府文化的经典元素和标志符号融入城市规划建设和公共空间，推进了城市品位提升和形象升级。公共文化服务通过标准化、均等化、社会化和数字化发展，管理水平和使用效率大幅提升，全国首批公共文化服务示范城市建设得以进一步深化。

在城市文化交流上，成都通过举办国际非遗节、中国网络视听大会、中国国际版权博览会、成都创意设计周等重要文化创意节会，在文化展示之外，成功搭建文化创意领域的交易合作平台，极大促进了文化消费的增长。2017 年，成都成功举办第六届"中国成都国际非物质文化遗产节"，共吸引 112 个国家和地区参与及 1100 个非遗项目参展，非遗产品销售和意向订单总额达 8100 多万元，直接参与各项节会活动的游客和群众达 300 多万。② 自 2014 年开始，成都每两年举办一次"成都创意设计周"活动，通过创意设计产业展览会、创意设计头脑风暴、大师设计成都等文化创意活动，极大地推动了成都文化创意和设计服务发展，全面提升了"成都创"的国际化水平和影响力。

（四）创新要素富集

在创新人才方面，成都自古就是一座人才荟萃的名城。近年来，文化创意产业领域涌现出众多在国内外有影响力的知名人士，尤其在当代艺术、创意设计、文学创作等领域聚集了越来越多的高端创意人才。更为重要的是，成都市内高校云集，在蓉普通高校 56 所，许多高校开设了艺术、设计、动漫游戏等相关专业，形成了多层次的教育培训体系，为文化创意产业发展提供了充足的人才资源。

在创新技术方面，成都的科技资源丰富，国家级科技活动机构和研发平台众多。近年来，成都通过建设科技创新孵化载体，健全科技创新服务体系，完

---

① 冯婵.增强西部文创中心功能：以"天府文化"为内核提升成都文化软实力［N］.成都日报，2017－05－24（07）.

② 谢礼恒.非遗非常安逸［N］.成都商报，2017－06－19（05）.

善科技资源的市场化配置机制，初步构建了以企业为主体的区域创新体系。据《2016 年成都市国民经济和社会发展统计公报》显示，2016 年成都专利申请数达 98251 项，其中发明专利申请数 39500 项，居中西部城市第一位。

在创新环境方面，成都是我国建设创新型国家战略布局的重点城市，先后获批国家首批创新型试点城市、国家首批现代服务业创新发展试点城市、首个国家知识产权工作示范城市、首个国家版权示范城市，并被纳入国家游戏动漫产业、数字新媒体技术产业化的战略布局。成都高新区是全国首批 6 家创建"世界一流高科技园区"试点园区之一，在全国逾 140 个国家级高新区中位列第三，仅次于北京中关村和上海张江国家自主创新示范区。① 此外，成都还高度重视文化产权市场的建立和完善，为文化要素的自由流动提供条件。2010 年，成都文化产权交易所成立，成为西部第一家、全国第三家文化产权交易所；2014 年，成都国际版权交易中心成立，成为西部首家版权交易中心；2017 年 1 月，成都文交所艺术品交易中心线上交易平台正式启动。② 在市场监管环境方面，成都市文化市场综合执法总队于2015 年印发《成都市文化市场守法经营信用评级管理实施办法（试行）》，成都市1.2 万家文化市场经营主体已全部纳入信用评级体系，并建立了与成都信用网的互联互通机制，这将对规范成都市文化市场起到重要的作用。综合而言，成都良好的创新环境为文化产业发展提供了良好的氛围。

（五）文化产业发展基础良好

1. 文化产业快速发展

近年来，成都陆续出台一系列支持文化产业发展的规划和政策，如《成都市文化创意产业发展规划（2009—2012）》《成都市文化创意和设计服务与相关产业融合发展行动计划（2014—2020）》等，为文化产业发展提供了充分的保障。为此，成都文化产业在"十二五"期间实现了 17.1% 的年均增长率，超过成都全市经济的整体增速。但从总体规模看，2015 年成都实现文化产业增加值 497.5 亿元，占当年 GDP 的 4.61%，尚未成为城市经济的支柱性产业。

在传统文化产业之外，成都大力推动文化与科技的融合，使重点产业文态凸显。目前，成都被誉为"全国动漫游戏第四城"，相关从业人员超过 10 万人，聚集相关产业企业近 1400 家，涌现出数字天空、尼毕鲁等众多本土动漫

---

① 四川在线．成都高新区 2016 年报发布　综合排名升至全国第三 [EB/OL]．（2017－02－05）．http：//www.cdht.gov.cn/xwzxgxyw/75924.jhtml．

② 西部首家．成都国际版权交易中心今日正式授牌启动 [EB/OL]．（2015－09－20）．http：//scnews.newssc.org/system/20150920/000602405.htm．

游戏企业，营业收入年均增长超过 30%。成都工业设计业发展初具规模，已有工业设计专业性公司 100 余家，各级工业设计中心 32 家，形成了以西部智谷为聚集区的多层次、多方位发展格局。2015 年，成都市共有国家级产业园区（基地）8 家、省级产业园区（基地）21 家、市级文化产业园区（基地）15 家，已初步形成以园区化、楼宇化为载体，以重大产业项目为带动，以骨干企业为支撑，影视传媒、文博旅游、创意设计、演艺娱乐、文学与艺术品原创、动漫游戏和出版发行等行业加快发展的文化产业新格局。①

2. 文化消费稳步增长

成都文化消费总量呈现逐年增长的态势，显示出极强的文化消费潜力，这使成都在 2016 年成为文化部公布的第一批国家文化消费试点城市。如图 2－2 显示，成都居民文化消费支出由 2002 年的 74.2 亿元增加到 2014 年的 299 亿元，年均增速达 12.3%②。2015 年，成都文化休闲娱乐类消费增长 22.3%，比上年增加 6.9 个百分点。

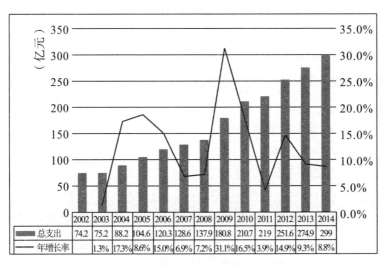

	2002	2003	2004	2005	2006	2007	2008	2009	2010	2011	2012	2013	2014
总支出	74.2	75.2	88.2	104.6	120.3	128.6	137.9	180.8	210.7	219	251.6	274.9	299
年增长率		1.3%	17.3%	8.6%	15.0%	6.9%	7.2%	31.1%	16.5%	3.9%	14.9%	9.3%	8.8%

图 2－2　2002－2014 年成都居民文化消费支出

资料来源：眭海霞等（2016）。

3. 区位优势凸显

在区位条件上，随着综合交通网络的建设以及国家"一带一路"和长江经

---

① 中共成都市委宣传部，成都市文化广电新闻出版局．成都市"十三五"文化产业发展规划［EB/OL］．（2017－07－06）．http：//www.chengdu wen hua.gov.cn/htm/detail－199533.html.
② 眭海霞，陈俊江．文化消费如何成为新的经济增长点：以成都为例［J］．开放导报，2016，(3)：88－92.

济带发展战略的实施，成都的区位优势日益凸显。一方面，成都处于丝绸之路经济带和海上丝绸之路的覆盖区域，是"一带一路"倡仪向西推进的枢纽和重要支撑点。另一方面，成都是成渝城市群的重要一核，是我国西部内陆地区最大的城市，是长江经济带西端最大的端点城市，也是长江上游最为重要的综合交通枢纽。随着近年来成都西部航空枢纽、西南地区铁路枢纽的建设和完善，双流国际机场实现直飞全球五大洲，成都蓉欧快铁成为西部通往欧洲最快的陆上货运通道，成都作为中国内陆开放型经济高地正在逐步形成，极大提升了成都的区位优势。[①]

（六）城市文化空间形态优化

城市文化空间形态体现在历史文化空间、文创空间以及公共文化空间三方面。经过多年的发展，成都的城市文化空间形态日趋完善。

在历史文化空间上，成都文化产业在中心城区（城市一圈层）形成了以特色文化遗产为基础、以重大项目为支撑的特色产业集聚区。这包括：展现古蜀文化的金沙遗址博物馆，体现三国文化和民俗文化且被国家文化部授予"国家文化产业示范基地"的锦里，以及展现非遗文化的成都国际非遗博览园等。在成都周边区市县（城市二、三圈层），众多古镇在 2011 年被捆绑为天府古镇联盟，并根据各自特点进行差异化定位和品牌宣传，联盟古镇的数量从最初的 8 个发展到 24 个，集聚成效显著。其中，平乐等 5 个古镇被授予中国历史文化名镇，街子等 4 个古镇被评为"国家 4A 级景区"，安仁等 6 个古镇被评为"全国环境优美小城镇"，黄龙溪古镇被评为"中国民间文化遗产旅游示范区"。[②]

在文创空间上，文化创意产业集聚区包括以创意设计为特色的红星路 35 号和西村创意产业园，被科技部授予"数字娱乐产业化基地"的成都数字娱乐软件园，获得四川省及成都市"文化产业示范基地"荣誉称号的蓝顶艺术区，被评为"中国创意产业最佳园区"的浓园国际艺术村等。

在公共文化空间上，截至 2017 年 2 月，成都全市已注册登记博物馆 150 个，馆藏文物涵盖自然、人文、历史、考古、艺术、设计等多种类别，独具地域文化特色。其中，国有博物馆 48 个，民办博物馆 102 个，城市博物馆总数稳居中西部第一，民营博物馆数量居全国第一。博物馆已成为成都民间投资的热点领域，成都为此顺应市场趋势，出台了民办博物馆发展规划，提出创建全国民办

---

① 戴宾. 国家中心城市：成都城市发展的新起点 [J]. 先锋, 2017, (01): 26—27.
② 郭薇. 统一形象, 统一服务标准, 天府古镇旅游联盟正式成立 [N]. 成都日报, 2011-09-27.

博物馆示范城市。在基层文化建设方面，截至 2015 年底，成都市共有文化站 315 个（其中乡镇文化站 206 个），举办展览 1474 次，组织文艺活动 11939 次。①

二、城市比较和经验借鉴

成都既是国家中心城市，又是副省级城市。因此在以下的城市比较分析和经验借鉴中，范围包括国家中心城市和副省级城市。截至 2017 年底，全国共有 8 个国家中心城市和 15 个副省级城市。除成都以外，其他 7 个国家中心城市分别是北京、天津、上海、广州、重庆、武汉和郑州，其中的广州和武汉也是副省级城市。其他的 12 个副省级城市分别是深圳、南京、沈阳、西安、济南、杭州、哈尔滨、长春、大连、青岛、厦门和宁波。此外，虽然长沙既不属于国家中心城市，也不属于副省级城市，但因文创产业发达，也被纳入比较范围。因此，比较城市的总数为 21 个。

（一）文化产业规模的比较

表 2-1 反映了比较城市的文化产业规模及"十三五"时期的增长目标值。在副省级城市中，沈阳、济南、长春三个城市因数据缺失而未列入表中。数据显示，在这些比较城市中，文化产业在发展规模上存在着巨大差距。

表 2-1　城市文化产业规模及"十三五"时期增长目标值

比较城市		2015 年		"十二五"时期年均增长率（%）	2020 年目标值	
		产业增加值（亿元）	占 GDP 比重（%）		产业增加值（亿元）	占 GDP 比重（%）
国家中心城市	北京	3072.3*	13.4%	12.6%	—	15.0%
	上海	3028.4*	12.1%	12.6%	—	13.0%
	广州	933.0	5.2%	12.2%	1660	6.0%
	天津	>780.0	4.7%	>20.0%	—	6.5%
	重庆	540.0	3.4%	17.8%	>1000	4.0%
	成都	497.5	4.6%	17.1%	>1000	6.0%
	武汉	409.3	3.8%	—	1000	5.0%
	郑州	281.0	3.8%	—	—	10.0%

---

① 四川省统计局、国家统计局四川调查总队. 四川省统计年鉴－2016［M］. 北京：中国统计出版社，2017.

续表2-1

比较城市		2015 年		"十二五"时期年均增长率（%）	2020 年目标值	
		产业增加值（亿元）	占 GDP 比重（%）		产业增加值（亿元）	占 GDP 比重（%）
部分副省级城市	深圳	1021.2	5.8%	—	—	—
		1757.1*	10.0%	19.3%	2800	10.8%
	杭州	855.0	22.3%	—	—	—
		2232.1*	22.2%	16.8%	—	26.0%
	南京	590.0	6.1%	—	>1100	8.0%
	宁波	565.1	7.1%	13.5%	—	8.0%
	青岛	557.3	6.0%	—	—	10.0%
	哈尔滨	370.0	6.4%	23.0%	700	9.0%
	厦门	320.0	8.0%	—	1500	8.0%
	大连	268.2	3.5%	15.0%	—	5.0%
	西安	—	—	—	—	>8%
其他	长沙	744.0	9.1%	—	—	10.0%
全国		27235.0	4.0%	—	—	—

注：1. * 表示文化创意产业增加值，根据地方统计标准得出。其中，北京的统计标准为《文化创意及相关产业分类》地方标准，上海的统计标准为《上海市文化创意产业分类目录（2013）》，杭州的统计标准为《杭州市文化创意产业统计测算制度》，深圳的统计标准为《深圳战略性新兴产业统计方法制度》。其他城市的数据为文化产业增加值，根据国家《文化及相关产业分类（2012）》统计口径和《文化及相关产业增加值核算方法》得出。

2. 全国数据来源于《中国文化及相关产业统计年鉴 2015》，城市数据来源于各城市文化相关规划或研究报告，具体包括《北京市"十三五"时期文化创意产业发展规划》《上海创意与设计产业发展"十三五"规划》《广州市文化广电新闻出版事业发展第十三个五年规划》《广州市文化创意产业发展报告（2016）》《天津市文化广播影视"十三五"规划》《重庆市文化发展"十三五"规划》《成都市"十三五"文化产业发展规划》《武汉市文化产业发展"十三五"规划》《郑州市"十三五"文化事业产业发展规划》《深圳市文化发展"十三五"规划》《杭州市文化创意产业发展"十三五"规划》《南京市"十三五"服务业发展规划》《宁波市"十三五"文化产业发展规划》《2016 年青岛文化产业发展报告》《青岛市文化广电新闻出版局"十三五"时期文化发展规划》《哈尔滨市文化产业发展规划（2016—2020 年）》《厦门市"十三五"战略性新兴产业发展规划》《大连市文化发展"十三五"规划》《西安市国民经济和社会发展第十三个五年规划纲要》和《长沙市国民经济和社会发展第十三个五年规划》等。其中，成都市 2015 年文化产业增加值及其比重数据根据实际情况进行了修正。

北京、上海、杭州、深圳四个城市，依托发达的经济基础以及联合国教科文组织"创意城市网络"的国际化平台，在传统文化产业之外，通过发布文化创意产业专项规划或政策，出台文化创意产业统计地方标准大力发展以创意经济为代表的新兴文化产业。表 2-1 的数据显示，2015 年这四个城市的文化创意产业增加值均在千亿元规模以上，占 GDP 的比重均超过 10%。特别值得关注的是，杭州虽然不是一线城市，但其文化创意产业增加值已超过 2200 亿元，位列全国第三；占 GDP 的比重高达 22.2%，位列全国第一。《杭州市文化创意产业发展"十三五"规划》更是将 2020 年的产业增加值占比确定为 26%。显然，成都虽同为联合国教科文组织"创意城市网络"的成员城市，但创意经济在产业规模上还远远滞后。

除上述四个城市外，根据国家《文化及相关产业分类（2012）》统计口径和《文化及相关产业增加值核算方法》计算标准，2015 年文化产业增加值最高的城市是广州，超过 900 亿元。天津和长沙紧随其后，文化产业规模在 700~800 亿元之间。位列其后的是南京、宁波、青岛、重庆四个城市，文化产业增加值在 500~600 亿元之间。成都的文化产业增加值接近 500 亿元，仅比武汉等五个城市的产业规模大，在比较城市中排名靠后。

数据显示，成都市的文化产业在"十二五"时期保持了快速增长，年均增长率达 17.1%，但 2015 年文化产业增加值占 GDP 的比重仅 4.6%，离成为城市支柱性产业还有一定的距离。从表 2-1 对 17 个城市（西安无产业现状数据，因此被排除）的横向对比看，2015 年成都文化产业增加值及其比重在比较城市中的排名均为第 12 位，形势不容乐观。总之尽管成都的文化产业规模在西部地区名列前茅，但和东中部地区的同类城市相比，与文创中心定位相匹配的文化产业规模仍然偏小，有待大幅提升。

从表 2-1 中还可看出，成都、重庆和西安是西部文化产业发展领先的城市。从成都和重庆的关系看，成都和重庆的文化产业规模相当，经济社会人文联系密切。为此，如何在《成渝城市群发展规划》的指引下，进一步加快文化领域的川渝合作步伐并深化合作内容，以达到该规划中的"世界级文化旅游目的地"的建设目标，是成都建设国家重要文创中心要解决的关键问题之一。

从成都和西安的关系看，虽然西安的现状数据缺乏，但其文化产业发展目标明确，预示着强劲的发展潜力。根据《西安市国民经济和社会发展第十三个五年规划纲要》的目标，2020 年全市文化产业增加值占 GDP 比重计划达到 8% 以上。考虑到西安悠久的历史文化基础和巨大的发展潜力，成都如何基于差异化的定位，与西安展开有效的合作与竞争，以建设《成渝城市群发展规划》中的"有历史记忆、文化脉络、地域风貌、民族特点的美丽城市"，是成都建设国家重要文创中心要解决的另一关键问题。

（二）国家层面文化相关布局的比较

1. 优化文化布局的国家举措

文化产业及公共服务的发展离不开政府政策的大力引导和支持。为优化全国的文化布局，文化部、财政部、科技部等先后启动了国家文化产业示范基地、国家级文化产业示范（试验）园区、国家公共文化服务体系示范区、国家级文化和科技融合示范基地等布局工作。具体内容如下：

国家文化产业示范基地建设。这里的示范基地是指由文化部命名、主要提供文化产品和服务、在全国同行业中具有引领和辐射作用的优秀企业。为培育市场主体，文化部于2004年启动了国家文化产业示范基地的认定工作。截至2017年底，全国共命名了六个批次超过300个企业成为国家文化产业示范基地。在政策的大力引导和支持下，这些企业逐步成长为具有一定规模、较强市场竞争力和品牌知名度的骨干文化企业，在发展产业和繁荣市场方面发挥了重要作用。

国家级文化产业示范（试验）园区建设。为推动文化产业资源开发，加速文化企业和行业集聚及相关产业链汇聚，对区域文化及相关产业发展发挥示范、带动作用，文化部在2007年启动了第一批国家级文化产业示范园区的认定工作。[①] 截至2017年底，全国共命名了五个批次共10家国家级文化产业示范园区。对尚未具备国家级文化产业示范园区条件、但有发展前景的文化产业园区，文化部在2011年又启动了国家级文化产业试验园区的认定工作。截至2017年底，全国共命名了三个批次总计12家国家级文化产业试验园区。经过多年的建设，这些国家级文化产业示范（试验）园区的产业规模化、集聚化、专业化水平大幅提升，已经成为我国文化产业发展的重要集聚地。

国家公共文化服务体系示范区创建。文化部和财政部在2010年启动了国家公共文化服务体系示范区（项目）创建工作，并于2011年公布了首批名单。截至2017年底，全国共公布了三批次总计90个示范区，这对推动公共文化服务体系建设科学发展发挥了典型的示范、影响和带动作用。

国家级文化和科技融合示范基地认定。为推动文化与科技的融合，科技部、中宣部、文化部等部门以国家高新技术园区、国家可持续发展实验区为依托，在2012年开展了首批国家级文化和科技融合示范基地的认定工作，包括北京中关村在内的16家基地被认定。2013年，第二批共18家基地被认定。2014年，科技部等有关部门开展了对示范基地的评价工作。

国家文化消费试点城市认定。为了从文化消费层面拉动文化产业发展，文化部和财政部在2015年实施了"拉动城乡居民文化消费试点项目"，并以此为基础，于2016年在全国范围内开展引导城乡居民扩大文化消费试点工作。

---

① 文化部办公厅. 国家级文化产业示范园区管理办法（试行）［EB/OL］. http：//www.gov.cn/zwgk/2010—07/26/content_1664333.htm.

2016—2017 年，第一批试点城市名单分两次公布，全国范围内共有 45 个城市被确定为国家文化消费试点城市。[①]

国家级文博创意产业园区建设。为推动文博创意产品开发，国家文物局和地方政府共建国家级文博创意产业园区，国家文物局协调相关部委优化政策供给，地方政府组织落实园区的产业规划、配套政策和企业引进，推广政府和社会资本合作模式，探索社会资本进入文博创意产业的渠道。[②]

2. 国家层面文化相关布局在城市间的比较

表 2-2 反映了上述国家层面的文化相关布局在城市之间的差别。

表 2-2　国家层面的文化相关布局

比较城市		国家文化产业示范基地	国家级文化产业示范园区	国家级文化产业试验园区	国家公共文化服务体系示范区	国家级文化和科技融合示范基地	国家文化消费试点城市	国家级文博创意产业园区
国家中心城市	北京	26	—	—	3	1	√	—
	上海	16	1	—	3	1	√	—
	广州	7	—	—	—	1	√	—
	天津	10	—	—	2	1	√	—
	重庆	7	—	—	3	1	√	—
	成都	7	1	—	1	1	√	√
	武汉	6	—	1	—	1	√	—
	郑州	4	—	—	—	—	√	—
部分副省级城市	深圳	11	1	—	1	1	√	—
	长春	9	—	1	1	1	√	—
	哈尔滨	6	—	—	2	1	√	—
	杭州	8	—	—	—	1	√	—
	沈阳	4	1	—	1	1	√	—
	南京	4	—	1	1	1	√	—
	西安	6	—	—	1	1	√	—
	宁波	4	—	—	1	1	√	—
	厦门	4	—	1	1	1	—	—
	大连	4	—	—	1	1	—	—
	青岛	1	—	—	1	1	√	—
	济南	1	—	—	—	—	√	—
其他	长沙	8	1	1	1	1	√	—

注：1. 以上数据根据文化部、科技部、财政部、国家文物局等部门公布的名单整理得到。

　　2. 表中，数字代表相关布局在城市的数量；"√"表示该城市是相关类别的城市；"—"表示无相关布局。

---

① 首批第二次国家文化消费试点城市名单发布 [N]. 中国文化报，2017-02-24 (07).

② 国家文物局与成都市人民政府签订战略合作协议 [EB/OL]. (2016-09-17). http://www.ccrnews.com.cn/index.php/Index/content/id/61951.html.

从国家文化产业示范基地的认定数量看，排名前三的城市分别是北京、上海和深圳，基地数量分别是 26、16 和 11 个，表明优秀文化企业基数大、基础好，这对城市文化产业发展形成了有力的支撑。天津、长春、杭州、长沙四个城市的示范基地数在 8~10 个之间。成都和广州、重庆的示范基地数相等，均为 7 个。在 21 个比较城市中，成都排名第 8 位，处于中上水平。但是，这一指标仅反映了各城市所申请认定的国家文化产业示范基地的数量，并未反映基地的经济规模，更无法揭示示范基地之外的优秀文化企业的发展情况。例如，2015 年杭州虽仅有 8 个国家文化产业示范基地，但全市营业收入超过亿元的文创企业达 424 家，其中超 50 亿元的有 10 家，共有 23 家文创企业上市，42 家挂牌新三板。^① 因此，要进行城市间文化企业的比较，还需要更详细的微观数据。

从国家级文化产业示范（试验）园区的认定看，成都和上海、深圳、沈阳、西安、长沙 6 个城市被文化部认定为国家级文化产业示范园区，其中成都和上海是国家中心城市中仅有的两个国家级文化产业示范园区；武汉、长春、南京、厦门和长沙 5 个城市被认定为国家级文化产业试验园区。长沙是比较城市中唯一具有两类园区的城市。总体来看，这两类文化产业聚集区的分布较分散，表明政府政策对区域文化特色的代表性和示范性的综合考量。以成都为例，2012 年，成都青羊绿舟文化产业园区被文化部命名为第四批国家级文化产业示范园区。该示范园区以成都市青羊区行政区域范围内的国际非物质文化遗产博览园和创意设计聚集区为核心区域，同时整合了外围区域的宽窄巷子、文殊坊、琴台路等一系列特色文化产业基地，并以永久落户四川的"非遗节"为重点文化产业项目支撑，突出巴蜀文化、天府文化这一特色文化产业发展。

从国家公共文化服务体系示范区的创建看，在 21 个比较城市中，除广州等 6 个城市外，其余城市均有覆盖。北京、上海、天津、重庆作为直辖市，创建了 2~3 个国家公共文化服务体系示范区；成都和大部分比较城市一样，仅创建了 1 个示范区。从国家级文化和科技融合示范基地以及国家文化消费试点城市的认定看，比较城市基本被覆盖。

从公共文化服务、文化与科技融合以及文化消费这三个各有侧重的国家级文化布局的成果看，成都的表现都非常突出。成都于 2011 年成为首批国家公共文化服务体系示范区，于 2012 年成为首批国家级文化和科技融合示范基地，并于 2016 年率先进入第一批国家文化消费试点城市名单。更为突出的是，成

① 杭州市人民政府办公厅. 杭州市文化创意产业发展"十三五"规划（杭政办函〔2017〕45 号），2017 年 6 月 19 日.

都是唯一一个由国家文物局启动的国家级文博创意产业园区的建设城市。这表明成都在全国文化产业、文化公共服务以及文化消费发展中具有良好的示范、带动和辐射作用，也为成都建设全国重要文创中心奠定了坚实的基础。

（三）城市文化功能定位的比较

比较21个城市当前的文化功能定位可知，在国家历史文化名城的认定上，除深圳、大连和厦门外，其余18个城市均为国家历史文化名城。在联合国教科文组织的"创意城市网络"中，仅有北京、上海、深圳、杭州和成都被认定为创意城市。此外，表2-3进一步比较了这21个城市在"十三五"相关规划中对城市文化功能定位的表述。

表2-3　关于城市文化功能定位的规划内容

比较城市		对城市文化功能定位的规划表述
国家中心城市	北京	全国文化中心，具有国际影响力的文化创新、运营、交易、体验中心和最具活力的文化创意名城
	上海	设计之都、时尚之都、品牌之都，联合创意城市网络重要节点城市，社会主义现代化国际文化大都市
	广州	岭南文化中心，世界文化名城
	天津	文化繁荣、社会文明的魅力人文之都
	重庆	与城乡统筹的国家中心城市相适应的文化强市
	成都	全国重要文创中心，世界文化名城
	武汉	与国家中心城市地位相匹配的文化中心城市
	郑州	河南文化高地，现代文化产业创新发展示范区，华夏历史文明传承创新核心城市，"一带一路"文化枢纽城市
其他副省级城市	深圳	图书馆之城、钢琴之城、设计之都，国际文化创意先锋城市，与现代化、国际化、创新型城市相匹配的文化强市
	杭州	具有国际影响力的全国文化创意中心
	南京	全国重要文化创意中心
	宁波	创意设计高地，文化智造基地，文化休闲胜地
	青岛	国际文化创意名城
	哈尔滨	特色国际文化旅游聚集区、东北亚文化时尚之都，冰雪胜地、音乐名城、时尚之都
	厦门	全国重要的文化产品及服务出口基地，全国文化产业发展示范城市
	大连	在东北地区具有领先地位、在国内具有一流水准、在国际具有较大影响力的文化强市，现代文化名城
	沈阳	历史文化名城，多元开放的"文化城市"
	西安	具有强劲竞争力的全国文化产业基地，国家级文化产业示范城市，全国一流的现代文化产业高地
	济南	区域文化强市
	长春	东北亚现代文化名城

比较城市	对城市文化功能定位的规划表述
长沙	全国文化创意中心，世界媒体艺术之都，国际雕塑文化之城，具有湘湘特质的文化名城

注：资料摘自各城市相关规划，具体包括《北京市"十三五"时期文化创意产业发展规划》《上海创意与设计产业发展"十三五"规划》《上海市文化创意产业发展三年行动计划（2016—2018年）》《广州市文化广电新闻出版事业发展第十三个五年规划》《天津市国民经济和社会发展第十三个五年规划》《重庆市文化发展"十三五"规划》《成都市"十三五"文化产业发展规划》《武汉市文化发展"十三五"规划》《郑州市"十三五"文化事业产业发展规划》《深圳市文化发展"十三五"规划》《杭州市文化创意产业发展"十三五"规划》《南京市国民经济和社会发展第十三个五年规划纲要》《宁波市"十三五"文化产业发展规划》《青岛市文化广电新闻出版局"十三五"时期文化发展规划》《哈尔滨市文化产业发展规划（2016—2020年）》《厦门市国民经济和社会发展第十三个五年规划纲要》《大连市文化发展"十三五"规划》《沈阳市国民经济和社会发展第十三个五年规划纲要》《西安市国民经济和社会发展第十三个五年规划纲要》《济南市国民经济和社会发展第十三个五年规划纲要》《长春市国民经济和社会发展第十三个五年规划纲要》《长沙市国民经济和社会发展第十三个五年规划》等。

从表中可以看出，规划中对城市文化功能定位的表述，与成都的"文创中心"相类似的包括"文化中心"和"文化创意中心"，相关城市包括北京、广州、杭州、南京和长沙。

在国家中心城市中，北京作为首都，自然是"全国文化中心"，这正如《北京市"十三五"时期加强全国文化中心建设规划》所述："加强首都全国文化中心建设，是落实首都城市战略定位、加快建设国际一流和谐宜居之都、推动社会主义文化大发展大繁荣的重大战略举措"。广州虽也为国家中心城市，但其城市文化功能定位突出了区域性特点，"岭南文化中心"的定位反映了广州立足岭南区域、发掘岭南文化内涵、彰显岭南文化特色的定位特征。

在其他副省级城市中，杭州、南京和长沙的城市文化功能定位均包含"全国文化创意中心"，以全国为引领和带动范围，但具体内容各不相同。杭州以其雄厚的文创产业实力为基础，将其城市文化功能定位为"具有国际影响力的全国文化创意中心"。正如表2-1所示，2015年杭州文化创意产业增加值超过2200亿元，位居全国第三，占GDP比重超过22%，位居全国第一。因此，这一定位不仅明确了杭州的文化创意产业在全国的地位，而且也与杭州的国际化战略相匹配，为在更高平台上整合资源并实现跨越发展提供产业支持。与杭州不同的是，南京的定位是"全国重要文化创意中心"，长沙的定位是"全国文化创意中心"，均只对其文化创意产业的影响力在全国范围进行了强调。

对比而言，成都是唯一一个进行此类定位的西部城市。成都关于"全国重要文创中心"的定位，与广州的"岭南文化中心"类似，具有显著的地域特色，这充分反映了成都依托西部中心城市的发展基础和有利条件，力图在西部文创领域发挥引领、辐射和带动作用，并力争在全国文创领域发挥重要作用。

同时，成都关于"全国重要文创中心"的定位表述，也高度强调了创意经济的突出作用。对此，我们将成都与其他几个城市进行比较。考虑到北京、杭州和广州在全国的领先性，我们仅比较成都和长沙、南京的差距。如表 2-1 所示，成都在 2015 年实现文化产业增加值 497.5 亿元，占 GDP 的比重为 4.6％，2020 年的目标占比为 6％。南京和长沙的文化产业增加值在 2015 年分别为 590 亿元和 744 亿元，占 GDP 的比重分别为 6.1％和 9.1％，2020 年的目标占比分别为 8％和 10％。显然，成都的文化产业和长沙、南京相比，存在较大的差距，这说明成都未来在全国范围内进行文化创意领域的竞争，还需要加倍努力。但另一方面，考虑到目前区域经济发展的不平衡性，成都作为西部领先城市，目前的产业规模对于建设全国重要文创中心而言，仍提供了坚实的基础。更为重要的是，成都依托西部特色文化进行差异化定位和错位竞争，具有跨越式发展的巨大潜力。同时，虽然这些比较城市所确定的文化功能辐射范围不同，但作为领先城市，其相似定位下的战略举措，为成都建设全国重要文创中心提供良好的借鉴。综上，成都建设全国重要文创中心，挑战与机遇并存。

从西部城市间的竞争环境看，重庆和西安在城市文化功能定位上更多立足于自身资源和条件，并未过多强调区域联动性，这为成都立足西部、走向全国的定位提供了良好的契机。如何充分整合西部地区的特色文化资源，构建区域文化产业协调发展机制，是成都建设全国重要文创中心的一大挑战。

（四）文化产业发展方向的比较

通过搜集和整理 21 个比较城市在十三五时期的相关规划，我们对各城市的文化产业发展重点进行了汇总（见附录3），内容主要从重点产业、空间布局和发展模式三方面来呈现。从汇总情况看，与国家规划相一致，所有城市都在发展模式中强调创新驱动、跨界融合、品牌打造，这成为当前城市文化产业发展的共识。有所不同的是各城市的重点产业选择和空间布局规划。结合对表 2-3 的分析结论，我们主要将成都与具有相似定位的城市进行比较，这包括北京、广州、杭州、南京和长沙五个城市。

北京在规划中明确了"高精尖"文创产业体系（传统行业、优势行业、新兴业态），并在空间布局中提出产业差异化、特色化、集聚化发展、以及京津冀区域协同联动发展。

广州将重点产业确定为文化创意、文化旅游休闲、文化会展、文化装备、动漫游戏，强调沿珠江的文化产业带建设对集聚发展的作用，同时提出品牌建设中应突出浓郁的岭南文化特色。

杭州确定了八大重点行业（信息服务、设计服务、现代传媒、动漫游戏、文化休闲旅游、艺术品、教育培训、文化会展），并在产业融合、产城融合之外提出主城区优势行业与县（市）块状经济的融合，强调产业园区从"要素集聚、企业集群"向"创客空间、创意社区（小镇）"转变。

南京将产业重点确定为以文化创意和设计服务业为主，包括文化软件服务、建筑设计服务、专业设计服务和广告服务等。

长沙将影视传媒、新闻出版、演艺娱乐、创意设计、动漫游戏确定为特色文化产业，并强调大型品牌文化平台和节会建设。

成都确定了优势产业（信息、传媒、会展、创意设计）和特色产业（音乐、艺术品原创及演艺、非物质文化遗产生产性保护、广告、文化设备用品及服务）。

比较而言，这些城市规划的重点产业范围各有侧重，但也存在一定的交叉。因此在实践中基于产业链和价值链进行合理分工大有可为。在全国文化领域创新创业日趋活跃、文化产业发展势头良好的大背景下，成都能否以全国重要文创中心建设为契机，整合文化资源，集聚创新要素，突出产业特色，并在区域范围内形成合理分工，发挥区域整体优势，决定了此轮竞争的成败。

（五）文创中心城市建设的启示

通过上述对国家中心城市以及副省级城市的比较研究可知，成都与北京、广州、杭州、南京、长沙等城市的文化功能定位相仿。虽然成都的文化产业规模存在差距，但成都的文化产业在改革创新、示范试点方面并未落后。无论是国家文化产业示范基地、国家级文化产业示范园区、国家公共文化服务体系示范区、国家级文化和科技融合示范基地，还是国家文化消费试点城市，成都在先行先试上进行了一系列探索并积累了丰富的经验，这都预示着成都未来的文创产业发展潜力巨大。

从城市文化功能定位的比较来看，成都关于全国重要文创中心的定位符合其国家中心城市的建设要求，也为成都未来经济转型升级指明了明确的方向。但是，要建成名副其实的全国重要文创中心，成都还需要在文化建设上着力顶层设计，创新体制机制，优化要素配置，加强交流合作，促进产业融合。

国内外实践表明，当城市的文化产业政策忽略了本地历史、社会和文化身份、以及规模等因素时，各地的产业政策就会出现相互模仿和复制，城市间产业发展就难以协调，以至于文化产业发展中出现既缺乏文化又缺乏创意元素的严重问题。① 因此，对于成都建设文创中心而言，结合特色文化资源和市场发展潜力进行文化产业的差异化定位和错位竞争，才是发挥成都比较优势和竞争优势的重中之重。

三、成都建设全国重要文创中心的战略目标和路径

当前，我国经济发展进入新常态，区域一体化进程加快，城市转型发展加速。成都现阶段的发展特征表现在：城市定位从区域中心城市向国家中心城市迈进，发展动力从要素驱动向创新驱动转换，产业体系从传统产业主导向新兴产业引领转型，城市治理从传统管理向现代治理转变。② 以此为背景，基于上述内、外部环境分析，我们提出成都建设全国重要文创中心的战略目标和路径选择。

（一）战略目标

根据第一章的理论分析，文创中心是一个多维度的城市文化功能定位。为此，以文创中心的三个维度为基础，成都建设全国重要文创中心的总体战略目标如下：

重塑文化地理，推动成都传统文化与现代文明交相辉映，历史文脉与文化创造相得益彰，天府文化和城市精神充分彰显，文明程度和市民素质极大提升，文化事业和文创产业发展水平进入全国第一方阵，推动文化与三次产业深度融合，全面提升城市文化影响力、凝聚力和创造力，形成人文魅力享誉世界、文化人才充分汇聚、文创产业实力突出、精品力作不断涌现、创新创造活力强劲的发展新格局，全国重要文创中心功能全面增强。

成都建设全国重要文创中心的具体战略目标包括以下三个方面。

1. 文化维度：建设巴蜀文明传承创新区

发挥成都作为全国十大古都和国家历史文化名城的独特优势，高品质打造"大熊猫文化""金沙文化""青城山—都江堰"三大国际文化品牌，厚化"三

---

① 高红岩. 文化创意产业的政策创新内涵研究 [J]. 中国软科学，2010，(06)：80-86+105.
② 范锐平. 深化改革开放，聚力创新发展，为建设全面体现新发展理念的国家中心城市而奋斗——在中国共产党成都市第十三次代表大会上的报告 [N]. 成都日报，2017-05-02 (1).

国文化""诗歌文化""丝路文化""酒文化"等特色文化品牌。[①] 加强对成都平原史前文化遗址、金沙遗址等古蜀文化遗址的发掘保护；提升对历史文化街区、古镇、古村落、古建筑等文化遗迹的保护利用；传承成都民风民俗，留住天府文化的根脉和记忆，保护非物质文化遗产，持续办好中国成都国际非物质文化遗产节。

2. 经济维度：建设全国文化创意产业中心

以细分产业门类为基础，建设全国文化创意产业中心的具体目标包括：(1) 建设现代传媒之都、互联网影视产业重镇和中国网络视听内容产业生产中心；(2) 建设绿色环保设计之城、中国创意设计之都；(3) 建设国际时尚之都、世界女鞋之都；(4) 建设中国音乐之都、西部演艺中心、世界非遗之都；(5) 建设具有国际影响力的世界旅游目的地、中国博物馆之都；(6) 打造中国动漫之都、中国软件名城、世界软件产业重要制造基地；(7) 建设国际会展名城、广告创意之都；(8) 建设中国书香第一城、西部文创人才高地。

3. 空间维度：建设蜀风雅韵的历史文化名城

优化城市文化形态，将一批富有地域特质、彰显天府文化的经典元素和标志符号融入城市规划建设和公共空间，让历史风貌创造性地融入现代社会，推进城市品位提升和业态升级，打造文化景观体系。坚持系统耦合、多元相融、差异协同、品质至上的理念，顺应"山水田林路湖"自然肌理，萃取古蜀文化、三国文化、大熊猫文化、芙蓉文化等特色文化精华，结合名胜古迹、历史人文、特色街区等特色文化资源，打造一批具有浓郁地域特征和时代特点的城市景观轴、市域绿道、城市绿廊和慢行系统，形成"绿满蓉城、花重锦官、水润天府"多层次文化景观体系，厚植城市自然人文环境软实力。

（二）成都建设全国重要文创中心的战略路径

1. 文化维度：传承历史文化，发展大众文化，彰显天府文化特色

立足本土，对接国际，全方位整合文化资源。充分依托成都作为国家重要中心城市的地位，发挥成都作为全国重要经济中心的既有优势，在文化经济活动中发展天府文化，彰显天府文化特色。既大力保护历史文化遗产，传承优秀历史文化传统，又充分依托成都作为国家重要中心城市的地位，以及建设西部对外交往中心和国际性综合交通通信枢纽城市的时机，开放包容地引进、吸收

---

① 母涛，曾登地，梅春艳. 成都市文化创意产业发展对策与建议［J］. 新闻研究导刊，2017，8（09）：288-291.

创新文化，赋予传统文化新的时代色彩，实现本土文化与外来文化的交流、融合和发展。

挖掘个性，特色发展。加强城市文化传承保护，提升城市规划建设的文化独特品质，挖掘巴蜀文化核心价值，将成都文化元素、文创产业要素融入城市规划、城市建设和城市环境中。结合不同区域的特点，形成中心城区与周边区域差异化定位、错位发展。丰富文化社会活动，完善公共文化设施网络，提升文化公共服务水平，发展喜闻乐见的大众文化，提高城市文化的吸引力。

2. 经济维度：夯实产业基础，在融合发展中形成大产业、大消费、大市场

以政府为主导、市场为主体，根据成都文化产业的发展基础、未来潜力和市场竞争格局，确定差异化、特色性的文化产业重点发展方向，通过在产业广度和深度两方面的融合发展，着力夯实文化产业基础，为形成消费中心和贸易中心提供产业支撑。在中观层面，要推进产业园区建设，培育企业集群，形成产业集聚，并突出文化品牌。依托成都青羊绿舟文化产业园区，充分发挥国家级文化产业示范园区在品牌打造、资源整合等方面的优势，建设具有国际品质、彰显巴蜀标识的历史文化名城与现代文化创意产业发展融合区、创新创业与创客集聚区、现代服务业示范区，促进和带动全市文化产业与相关产业融合发展。在微观层面，要扶持中小企业，支持骨干企业，培育龙头企业。

在文化消费上，积极推进国家文化消费试点城市建设，通过文化事业的大发展，培育市民对多元化文化的需求。同时，加大文化贸易平台建设，为文化产业和服务的供需双方提供桥梁作用。要紧抓"一带一路"、成都自贸试验区建设、长江上游经济带开发的战略机遇，引导和鼓励企业"走出去、引进来"，整合城市对外宣传、文化交流、旅游营销、商务推广、美食推介、投资促进、友城合作等资源，积极开展国际文化合作交流和对外文化贸易。

3. 空间维度：协调三类空间形态，城市景观凸显地域文化特色

以城市规划部门为主导，确保历史文化空间、文创空间和公共文化空间的协调统一。提升规划文化品位，将天府文化融入城市园林、建筑设施、公共艺术的规划设计，精心打造一批历史文化街区、文创空间、文创社区（小镇），加快推进成都时尚中心、成都音乐厅、成都演艺中心、天府国际文化中心等文创地标建设，优化城市文化形态，促进城市有机更新。

第三章　成都文化产业发展历程、
现状评价与主要任务

　　成都是西部内陆特大城市，国家在西部地区文化布局最为密集的城市。数千年城址不变、城名不改，历史积淀深厚，文化资源得天独厚，在要素结构、市场环境、消费偏好等方面，发展文化产业都有着与沿海城市不同的特色。本章重点回顾了改革开放以来成都文化产业的发展历程，对取得的主要成就进行了梳理，分析存在的主要问题，认为成都文化产业发展水平滞后于城市经济发展水平，与文创中心的定位还不相适应。未来，成都文化产业发展应坚持"传承与创新"双轮驱动，在传承的基础上开拓创新，以创新的方式引导传承，从推动天府文化繁荣发展和加快供给侧结构性改革两个方面，全面提升文化产业发展的质量和效益。

一、成都文化产业发展历程

　　成都是国家首批历史文化名城，联合国教科文组织"创意城市网络"成员，正在建设中国文创中心城市。2000 年以来，随着文化体制改革的逐步展开，文化生产力得到解放和发展，激发人民群众的精神文化需求日益增长，文化产业逐步成为城市文化建设的重要力量。

　　(一) 起步阶段：从文化事业到文化产业 (1998—2002 年)

　　由于文化产业具有意识形态属性和经济属性，我国的文化产业发展始于自上而下的文化体制改革，成都文化产业发展总体上也是沿着这一主线推进。2000 年，党的十五届五中全会通过《中共中央关于制定国民经济和社会发展第十个五年计划的建议》，首次正式使用"文化产业"概念，提出了完善文化产业政策，加强文化市场建设和管理，推动文化产业发展的任务和要求。这一概念的提出，不仅反映了党和国家对精神产品生产规律认识的深化，也是中国特色社会主义文化发展的内在要求。发展文化产业的重要目标就是要在文化建设中引入产业机制，实现文化的自我积累和长期稳定发展，形成文化发展中独立的扩大再生产机制①。在这一宏观背景下，成都文化产业开始自发萌芽。

1. 文化事业单位探索产业发展路子

伴随着经济体制从计划到市场的转换，一方面，文化建设可持续发展的需求日益迫切，在成都文化建设实践过程中，文化生产逐步显现出产业属性，文化产业开始在城市经济中显露头角。另一方面，在文化体制改革初期，具有经营性质的国有文化单位，初步尝试面向市场开展经营性文化服务，探索形成自我造血功能。例如，为了处理好博物馆事业与文博产业、文物保护与利用的关系，成都武侯祠博物馆启动了锦里古街的建设，力求促进文化事业和文化产业发展，追求社会效益和经济效益的统一。

2. 市场力量主导的文化创意空间集聚

在报刊、音像、电影、电视等文化行业还处于文化事业体制的时期，成都就吸引了艺术创意人群的关注，相继兴起了一批民间艺术创意聚落。例如，90年代末，在成都中心城区的西南边缘，出现了浓园、天艺村（老蓝顶）等若干民间艺术聚落，聚集了程丛林、梁时民、林跃、周春芽、何多苓等当代艺术大师，形成年轻的美术爱好者自由交流的场所，滋养着早期的艺术创作人才。

总体来看，这一阶段成都文化产业具有幼稚产业的特征，发展路径为"自下而上"的探索性实践。以文化事业单位内部经营活动探索和民间文化活动自发的空间集聚为主要标志，文化产业尚未上升到城市文化发展战略的高度，缺乏相对完整的文化产业统计数据，政府大包大揽的文化事业发展模式尚未突破，发展文化产业还未上升到"自觉"的高度。从全市文化部门所属文化行业的发展情况来看，呈现快速发展的势头，2000年文化系统各行业总产值为1.33亿元，实现利润960.3万元；2001年总产值为1.57亿元，实现利润1793.9万元；2002年总产值为1.8亿元，实现利润855.7万元，为文化产业发展奠定了基础。

（二）加速阶段：以体制改革释放产业活力（2003—2007年）

文化体制改革是我国文化产业发展的初始动力。2003年，党的十六大提出，要根据社会主义精神文明建设的特点和规律，适应社会主义市场经济发展的要求，推进文化体制改革。2005年，中共中央、国务院下发《关于深化文

---

① 江蓝生，谢绳武.2001—2002年：中国文化产业发展报告［M］.北京：社会科学文献出版社，2002.67—73.

化体制改革的若干意见》，文化部下发《关于支持和促进文化产业发展的若干意见》。此后，成都着力推动文化体制改革和文化产业发展。在发展方式转变、经济结构调整和统筹城乡综合配套改革试验区建设的背景下，启动多个领域的文化体制改革，以体制机制创新解放文化生产力。作为文化体制改革试点城市，成都文化产业在改革中萌动发展。

1. 发展文化产业成为城市自觉

2004 年 4 月李长春同志到四川视察后，明确四川作为全国文化体制改革"不是试点的综合改革试点省份"。作为全省改革的重点城市，成都市委、市政府出台了《关于加快文化体制改革和文化产业发展的实施意见》（成委发〔2004〕54 号），成立了由市委、市政府主要领导牵头的成都市文化体制改革和文化产业发展领导小组，建立了文化体制改革领导体制和工作机制。同年，成都市设立市级文化产业专项资金，印发《市级文化产业专项资金管理办法》，加大财政支持文化产业发展的力度，标志着成都对文化产业战略地位认识的深化，文化产业发展从自发阶段进入到自觉发展的阶段。2007 年，成都市委办公厅、市政府办公厅印发了《成都市"十一五"时期文化发展规划纲要》（成委办〔2007〕7 号）（以下简称《规划纲要》），明确提出要努力壮大文化产业，增强文化产业发展实力，使文化产业成为城市新的经济增长点和支柱产业的发展目标。《规划纲要》明确了传媒业、文化旅游业、演艺娱乐业、数字娱乐业、文化会展业、体育休闲业、广告业、创意设计业等作为成都文化产业发展的重点领域，提出了培育文化市场主体、健全各类文化市场等发展任务。

2. 一批骨干市场主体初步形成

这一阶段，成都加快培育大型文化企业（集团），壮大市场主体。一是探索推进经营性文化事业单位转企改制，2003 年底，组建成都演艺（集团）公司，实行企业化运作，经过 2 年多市场化改革，国有股份成功退出，成为自主经营、自负盈亏、自我发展的股份制企业。二是整合传媒资源，2006 年组建成都传媒集团，探索传媒业运行管理新机制，实行党委领导、政府管理、行业自律、依法经营的企业化管理方式，按照"集约经营"原则，对媒体资源和多元化产业资源进行整合，推动新闻事业和文化产业的发展。三是整合重组文化旅游资源，2007 年成立成都文旅集团，按照"发展大旅游、形成大产业、组建大集团"的思路，深化文化旅游体制改革，优化文化旅游资源配置，推动文化旅游产业发展。四是培育民营文化企业，积极引导社会力量参与文化建设，支持和鼓励本土民营博物馆、艺术聚落机构、广告企业、咨询策划企业的发展，逐步形成社会多元投资、多种所有制共同发展的文化产业格局。

3. 文化产业城市特色初显

一是文博旅游。这一时期，成都依托良好的文博事业基础，大力支持民办博物馆发展，探索文化博览与旅游业相互结合，带动城乡统筹一体化。2004年，锦里古街正式开街，在全国率先探索文博事业与旅游业相结合的街区模式。2005年，恢复举办以三国文化为主题的"武侯祠大庙会"，带动文化消费。建川博物馆聚落、许燎源现代设计艺术博物馆等先后被列为成都市重点文化项目。在都市近郊打造"三圣花乡"，创新乡村文化旅游发展模式。2007年，成都金沙遗址博物馆正式开馆。二是文化会展。为推动非物质文化遗产保护事业，2007年，首届"成都国际非物质文化遗产节"举办，成为国务院正式批准的第四个国家级文化节会品牌。"非遗节"定点在成都举办，成为代表国家参与联合国教科文组织倡导的保护非物质文化遗产的重要国际性平台。三是数字娱乐。先后出台《关于发展成都数字娱乐产业、建设成都数字娱乐产业基地的实施意见》及《关于鼓励成都市数字娱乐产业发展的实施细则》《数字娱乐产业发展规划（2005—2014）》等一系列引导性文件，重点推动动漫、游戏、影音、数字出版、数字教育发展。选址高新技术产业开发区打造数字娱乐基地，建成全国面积最大的数字娱乐软件园。

4. 文化产业统计制度正式建立

2004年，国家统计局下发《关于印发〈文化及相关产业分类〉的通知》，从统计角度对文化及相关产业进行了界定，规范了统计口径。成都迅速响应，同年建立了成都市文化产业统计制度，将文化产业统计监测纳入日常工作体系，使用规范的统计数据反映城市文化产业发展情况。2004年，成都文化产业增加值65.81亿元，占地方生产总值的3%。全市有文化产业活动单位5391个，个体经营户18967个，其中行政事业性单位538个。文化产业从业人员15.21万人，占全市城镇就业人数的2.6%。

这一阶段，成都文化产业显现出先导产业特征，发展路径为明显的"自上而下"的行政推动，从自发阶段进入自觉阶段。产业发展动力在很大程度上依赖于文化体制机制改革，大量国有文化资本投入市场，壮大了市场主体，同时部分市场化程度较高的行业开始吸引社会资本进入。通过文化体制改革培育市场主体，推动建立文化产业体系和文化市场体系，盘活存量、发展增量，并以增量拉动发展，逐步建规立制、构建成形，极大地释放了文化生产力，成为城市经济新的增长点。2004—2007年，成都文化产业增加值从65.81亿元增长到108.38亿元，年均增速超过城市经济整体增速，增加值占地方生产总值的比重由3%上升到3.3%，文化产业对全市经济增长的贡献率达到3.9%，社会效益和经济效益明显。从产业结构来看，2007 年，文化服务业增加值占到文化产业增加值的 78.6％，形成绝对优势。其中，消费性文化服务行业得到较快发展，生产性文化服务行业发展相对滞后。文化休闲娱乐服务、出版发行和版权服务业以及以广告会展服务为主的其他文化服务业的增加值位居前三位，文化艺术服务，文化用品设备及相关文化产品的生产和广播、电视电影服务 3 个类别的增加值增长速度高于文化产业平均增速。

（三）转型升级阶段：文化产业创新发展（2008 年至今）

这一阶段是自上而下和自下而上相结合的创新发展时期，传统业态转型升级，新兴文化业态蓬勃发展，文化产业发展方式逐步转变。2008 年，外有国际金融危机，内有"5·12"大地震，给成都造成巨大冲击，但城市经济仍然实现了平稳较快发展，当年成都市实现地区生产总值 3900.98 亿元，比上年增长 12.1％，文化产业在城市经济中的地位和贡献进一步提升，2010 年，成都被联合国教科文组织批准加入全球创意城市网络；2015 年，《成渝城市群规划》明确成都要建设文创中心，成为成都建设国家中心城市的重要功能。

1. 发展文化产业成为践行新发展理念迫切需要

城市经济连续 20 余年的高速增长，带来一系列城市问题，发展文化产业成为转变发展方式的内生需求。2001—2008 年，成都人均 GDP 从 1773 美元上升到 4446 美元，三次产业比例关系由 8.8∶45.3∶45.9 调整为 6.9∶46.6∶46.5，第三产业增加值占 GDP 的比重接近 50％，成都从工业化中期向工业化后期迈进，基本形成了以工业和服务业为主导的产业结构，经济实力大为增强。进入这一时期，成都制造业发展和城市扩张导致土地成本上升，环境污染形势严峻，旧城改造和城市更新的任务十分艰巨。转变经济发展方式，实现经济结构和产业结构升级，成为城市可持续发展的内在需要。文化产业是服务经济的重要组成部分，既包含生产性服务业，又包含消费性服务业，不仅促进传统制造业升级，而且带动现代服务业发展，从而加快城市主导功能从生产中心向服务中心、创新中心转型。

2. 确立文化产业成为支柱性产业的目标

在城市经济进入新常态的背景下，经济增速逐步放缓，发展动力转换，培育和发展新的经济增长点成为必由之路。2009 年，成都市将文化创意产业列为全市重点发展的战略性新兴产业之一。2011 年 12 月，中共成都市委九届九次全会通过了《关于深化文化体制改革加快建设文化强市的意见》，明确 2020 年文化产业成为国民经济支柱性产业的发展目标。与此同时，充分发挥规划在文化产业发展中的引导作用，2008 年发布《成都市服务业发展规划（2009—2012）》，首次将文化创意产业列为重点发展的先导产业。2009 年发布专项规划《成都市文化创意产业发展规划》，2010 年发布《成都市数字新媒体产业发展规划》，2012 年发布《成都市文化产业发展"十二五"规划》，引导文化产业结构优化和合理布局。2016 年发布《成都市国民经济和社会发展第十三个五年规划纲要》，将文化创意产业列为重点发展的生活性服务业。2017 年发布《成都市文化产业发展"十三五"规划》。通过持续的规划引领，立足实际、把握前沿、突出特色，探索构建具有成都特色的现代文化产业体系，引导文化产业结构升级，优化文化产业全域空间布局，持续推动文化产业发展。

表 3-1　2007—2017 年成都市文化产业相关规划列表

时间	规划名称	重点领域	空间布局
2007	成都市"十一五"时期文化发展规划纲要	传媒业、文化旅游业、演艺娱乐业、数字娱乐业、文化会展业、体育休闲业、广告业、创意设计业	形成"一片、三带、两圈层"的空间布局。"一片"即中心城区都市文化产业片；"三带"即城东、城南副中心复合型文化产业带，城西文化旅游、休闲度假产业带；"两圈层"即近郊文化地产、休闲旅游产业圈层和远郊自然生态、文化旅游圈层
2009	成都市文化创意产业发展规划（2009—2012）	传媒业、文博旅游、创意设计、演艺娱乐、文学与艺术品原创、动漫游戏、出版发行	形成"四片两区一带多点"的空间布局。"四片"即红星路片区、红光楼片区、红牌楼片区、浣花片区；"两区"即南部新区、东部新城；"一带"即"198"文化创意产业重点发展带
2010	成都市数字新媒体产业发展规划	网络游戏、手机游戏、视频游戏	以成都高新区为载体，构建数字游戏动漫产业聚集区
2012	成都市文化产业发展"十二五"规划	传媒业、文博旅游、创意设计、演艺娱乐、文学与艺术品原创、动漫游戏、出版发行	形成"一极七区多园"的空间布局。"一极"即成都东村文化创意产业增长极，"七区"即高新区、锦江区、成华区、双流县、青羊区、都江堰市、大邑县；"多园"即一批特色文化产业园
2017	成都市文化产业发展"十三五"规划	传媒业、会展业、创意设计业、音乐产业、艺术品原创及演艺产业、非物质文化遗产生产性保护、广告产业	形成"双核、两带、三板块"的空间布局。"双核"即中心城区和天府新区，"两带"即岷江流域文化产业带、沱江流域文化产业带；"三板块"即龙门山脉、龙泉山脉、邛崃山脉特色文化产业带

资料来源：成都市人民政府门户网站，http://www.chengdu.gov.cn/。

3. 文化创意产业集聚区特色发展

近年来，成都文化创意产业逐步形成楼宇化、园区化、街区化的集聚发展模式，以文创园区、文创街区、人文景观和公共文化设施为支撑，初步形成了城市文创空间形态的雏形。一是楼宇经济模式，依托中心城区闲置楼宇聚集文化创意产业，形成了红星路35号广告产业园、明堂创意产业园、少城视听等创意园区；二是工业遗存保护利用模式，依托旧厂房、旧仓库探索工业遗存保护和文化创意产业相结合，形成了"东郊记忆"、321音乐产业园、中国艺库、峨影·1958等文创聚集区；三是文化科技融合模式，依托高新技术产业区，探索文化创意产业集聚方式，形成了天府软件园、西部智谷等文化科技园区；四是特色村镇模式，依托城市近郊或远郊生态资源、农业资源，探索聚集文化创意产业，形成蓝顶艺术中心、浓园国际艺术村、明月国际陶艺村等文创集聚区。

4. 文化产业发展环境逐步优化

一是文化产业发展的政策保障加强。在加强规划引领的基础上，成都逐步优化文化产业发展的政策体系，针对民办博物馆、实体书店等文化行业，加强文化产业发展的政策保障；二是深化文化产业发展动态的统计监测。2016年，成都市出台《文化创意产业统计实施方案》，对文化创意产业的发展动态进行常态性监测，推进文化产业统计制度的改革创新；三是建设文化产业展示交易平台。持续举办中国成都国际非物质文化遗产节，并成为永久性会址，搭建国际性、国家级品牌文化节会平台。先后承办了第五届中国国际版权博览会（2014）、第七届博物馆及相关产品与技术博览会（2016）等国家大型文化品牌活动，培育成都大庙会、金沙太阳节、草堂人日、成都国际熊猫灯会、成都创意设计周等城市文化品牌节会，搭建常态化的文化创意展示、交易、交流平台，持续营造良好的城市文化氛围。

这一阶段，成都文化产业显现出支柱性产业的特征，改革创新、转型升级的步伐加快，步入政府、市场、社会的共同作用的发展阶段。文化产业发展动力在很大程度上依赖于文化投资，大量社会资本参与文化产业发展。经过前期文化体制改革、社会动员和市场培育，成都在规划引导、政策扶持和企业培育等方面的主动性、自信心显著加强。以2009年提出发展文化创意产业为重要信号，发展文化产业的理念更为成熟，市场在资源配置中发挥积极作用，更加重视文化产业提升城市生活品质的价值和作用。2008—2016年，成都文化产业增加值从116.19亿元增长到633.6亿元，占全市地区生产总值的比重从3%增加到5.2%。文化产业增加值增速在2010年达到峰值之后逐步回落，但年均增速仍高于城市经济整体增速。2016年，全市从事文化创意产业活动的法人单位共有15444个，实现营业收入2614.2亿元，文化产业成为城市经济的支柱产业。

二、成都文化产业发展现状评价

（一）发展成效

经过十余年的文化改革发展，成都文化产业在产业规模、产业结构、空间集聚、政策创新等方面走在中西部前沿，在全国产生了较大的影响力和较好的示范效应。

1. 规模结构：文化产业在城市经济中的地位日趋突出，行业结构不断优化

自成都市建立文化产业统计制度以来，数据表明，全市文化产业快速发展，整体实力得到较快提升，文化产业增加值年均增速超过全市 GDP 增速，文化产业在城市经济转型中发挥着越来越重要的作用。从统计数据来看，2004—2016 年，成都文化产业增加值从 65.81 亿元增长到 633.6 亿元，营业收入从 232.54 亿元增长到 2614.2 亿元，产业总量扩大近 10 倍，文化产业在城市经济的支柱性作用逐步增强。从事文化产业活动的法人单位从 5391 个增长到 15444 个，文化产业从业人员从 15.21 万人增长到 46.4 万人，市场主体和从业人员数量扩大近 3 倍，就业吸纳能力领先其他服务行业。

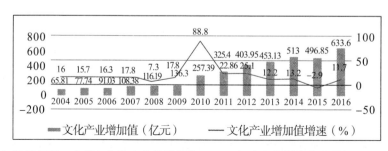

资料来源：成都市文化产业统计报告（2016 年为文化创意产业数据）。

图 3-1　2004—2016 年成都文化产业增加值及增速变动趋势

从行业构成来看，以特色业态和新兴业态为支撑的现代文化产业体系初步形成，产业结构逐步优化。一是影视传媒业稳步增长。"十二五"期间，广播影视产业增加值年均增速超过 5.5％，2015 年实现增加值 46.59 亿元。截至2015 年，全市电影院达 116 家，银幕达 719 张。2016 年票房收入达 14.51 亿元，位居全国第六。二是文博旅游业发展迅猛。目前，已注册的各类博物馆、纪念馆 150 座，数量位居全国第一。武侯祠博物馆、杜甫草堂博物馆、金沙遗址博物馆已成为我市文化旅游的重要支点。2015 年，三大博物馆共接待了658.87 万人次，总收入达 2.24 亿元。都江堰、街子古镇、平乐古镇、安仁古

镇、洛带古镇等主要文化旅游景点共接待 4440.36 万人次，总收入达 168.51亿元。三是创意设计业快速发展。成都拥有工业设计专业性公司 100 余家，各级工业设计中心 58 家，在新产品研发中，70％规模以上的工业企业设有工业设计机构，聚集了丙火、许燎源、黑蚁设计、洛可可、嘉兰图设计等一批具有全国影响力的创意设计机构。成都持续举办"成都创意设计周"，搭建常态化的设计主题会展交易平台。四是音乐与演艺娱乐业持续繁荣。成都市域大专院校每年培养音乐及相关专业人才 2.2 万人。2015 年，成都音乐市场总收入 199.5 亿元，同比增长 13％。其中，演出、音乐唱片制品、音乐版权、数字音乐、音乐图书等核心产业总收入 124.8 亿元。"十二五"期间，成都举办室外音乐会、中国创客音乐会等各类演出上千场，引入大型商业演唱会 200 多场，票房收入达 10 亿元，是中国演艺票房第四城。五是文学与艺术品业健康发展。成都聚集了许多网络文学创作者，国内知名的网络文学 IP 资源实现影视转化，是全国网络文学重镇。成都原创艺术家数量位居全国第二，艺术作品内容丰富、形式多样、数量众多、知名度高，形成了成都画院、蓝顶艺术中心、浓园国际艺术村、西村创意产业园和东村国际艺术城等原创艺术聚集平台，全市共有 100 多家画廊。六是动漫游戏业持续领先。成都是首批国家级文化和科技融合示范基地之一。2015 年成都动漫游戏业产值接近 130 亿元，连续三年年增长率超过 30％。目前，成都拥有 600 余家数字新媒体企业，在虚拟仿真、3D引擎、音效合成、动画渲染、系统测试和图像处理等核心领域拥有技术优势。七是出版发行行业稳步提升。截至 2015 年，全市共有各类新闻出版单位 4611家，其中出版单位 33 家、印刷单位 1132 家、发行单位 3446 家。

2. 市场主体：文化体制改革深化，骨干市场主体健康成长

一方面，作为全国文化体制改革试点城市，成都积极探索文化体制机制的创新，推动文化事业单位改革，培育国有文化市场主体。国有文化集团成都传媒集团、成都文旅集团、成都艺术剧院公司健康发展。2016 年，成都传媒集团资产规模达到 128.89 亿元，实现总收入 29.37 亿元，利税 3.6 亿，总体经济规模连续 5 年位居全国新闻报刊出版集团前 3 位。成都文旅集团公司旗下各景区景点共接待游客近 2500 万人次，实现营业收入约 19 亿元，集团公司控股的成都文旅股份公司 2015年底在新三板成功挂牌，被确定为四川省首批重点文化企业。成都艺术剧院公司代表成都参与全球演艺交流，已成为成都文化"走出去"的主力。

另一方面，非公经济成为文化产业发展的重要主体。2016 年，成都从事文化创意产业活动的法人单位有 15444 个，其中 90％是中小微企业，主要集中在动漫游戏、创意设计、数字内容、演艺娱乐等市场化程度较高的文化行

业，民营企业是主体。改制之后的成都演艺（集团）公司，成为自主经营、自负盈亏、自我发展的股份制企业。蓝顶艺术中心、浓园国际艺术村、西村创意产业园等园区聚集绘画、书法、摄影、广告设计、音乐等艺术家工作室和各类艺术机构400余个。此外，作为"全国动漫游戏第四城"，不仅外来企业实力强劲，成都本土企业发展态势良好。成都高新区聚集的数字内容企业中，营业收入过10亿元企业2家，5亿元企业3家，过亿元企业9家，创业板上市企业1家。成都在移动游戏领域与全球几乎同时起步，有2家成都本土游戏企业进入APPLE（苹果）IOS收入前100名。数字天空、尼毕鲁、迅游科技等本土动漫游戏企业营业收入年均增长超过30%，2016年共实现营业收入12.0亿元，创造增加值4.4亿元；外来企业育碧软件、金山数字、金山互动、腾讯科技共实现营业收入48.5亿元，创造增加值46.6亿元。

3. 空间布局：文化产业集聚发展水平提升，行业示范效应突出

经过十余年的演进，集聚发展成为成都文化产业发展的主导模式。文化产业创客空间发展活跃，文化产业新业态不断涌现，位居全国领先地位。截至目前，成都已形成国家级文化产业示范园区（基地）8家，省级文化产业示范园区（基地）22家，市级文化产业示范园区（基地）15家，一批骨干文创企业快速成长，文化产业的规模化、集约化、专业化水平显著提升。在动漫游戏、广告业、音乐产业、文化双创、版权保护等领域，形成了全国领先的行业示范效应，若干文化创意集聚区和文创企业被文化部、科技部、新闻出版总署、国家工商行政总局、国家版权局纳入国家布局。

表3-2 纳入国家布局的成都文创企业和集聚区

类 别	名 称	获批时间
国家新闻出版总署	国家网络游戏动漫产业发展（成都）基地	2004
科技部	国家数字媒体技术产业化（成都）基地	2005
文化部	国家动漫游戏产业振兴（成都）基地	
国家文化产业示范基地（文化部）	成都武侯祠锦里旅游文化经营管理公司	2004
	四川建川实业集团	
	成都市三圣花乡景区	2006
	成都市兴文投资发展有限公司	
	成都洛带客家文化产业开发有限责任公司	2008
	成都演艺集团有限公司	
	成都传媒文化投资有限公司	2010

类　别	名　称	获批时间
国家级文化产业示范园区（文化部）	四川成都青羊绿舟文化产业园区	2012
国家文化科技融合示范基地（科技部）	国家文化科技融合示范（成都）基地	2012
国家音乐产业基地（国家新闻出版总署）	成都音乐产业基地（东郊记忆）	2013
国家级广告产业园（国家工商总局）	成都红星路35号广告创意产业园	2012
国家级众创空间（科技部）	天府软件园创业场 明堂青年文化创意中心 成都游戏工场 8号平台·成都创业沙龙	2015
全国版权示范园区（基地）（国家版权局）	中国艺库文化产业园	2016
全国版权示范单位（国家版权局）	成都音像出版社有限责任公司	

4. 发展模式：跨界融合日趋深入，文化产业引领城市经济转型

文化与相关产业的融合发展是成都文化产业发展的突出特征之一。经过十余年的发展，城市经济呈现出较为鲜明"创意"产业化和产业"创意化"特征，中心城区的文化创意集聚区，远郊区的古镇旅游、创意农业，成为城市经济活力和张力的重要承载。

一是文化与科技融合形成示范。2012年，成都获批为首批国家文化科技融合示范基地。依托高新技术开发区，重点发展数字内容产业和数字创意产业，增强文化产业领域科技实力和自主创新能力。截至2016年，成都高新区已聚集600余家数字内容企业，初步形成以游戏产品研发为核心，涵盖发行、运营、渠道等多个领域的产业链条。其中，网络游戏产业聚集企业300余家，从业人员约1.3万人，51家规模以上游戏企业实现营业收入120.5亿元，同

比增长 43.5%。数字内容产业链向游戏翻译、技术测试、电子竞技、美术与广告设计、音乐及动画制作延伸，数字创意新业态、数字创意技术、创意 IP、数字消费蓬勃发展，为城市经济转型蓄积了新的动能。

二是文化与旅游融合形成特色。成都依托丰厚的历史积淀，借力城市旅游市场优势，以历史文化遗产保护利用为核心，丰富城市景观的文化内涵，形成一批国家 A 级旅游景区，文化旅游融合的品牌影响力不断提升。依托历史文化保护片区、重点文物保护单位等在地文化资源，打造特色文化街区，通过文态定位、形态复建、业态植入，将保护利用与产业再造相结合，实现城市更新、遗产保护、产业发展的有机统一；依托远郊古镇历史文化资源，发展特色文化旅游，打造"天府古镇"系列品牌。通过保护利用历史文化遗产，突出地域文化特色，完善旅游基础服务设施，带动城乡一体化发展；依托旧厂房改建创意载体，彰显工业文明，形成集文化创意产业和市民公共文化空间为一体的都市休闲游憩空间。2015 年，都江堰、街子古镇、平乐古镇、安仁古镇、洛带古镇等主要文化旅游景点共接待 4440.36 万人次，总收入达 168.51 亿元。

表 3-3 成都文化旅游代表产品

类别	名称	定位	时间	备注
街区	锦里	三国文化	2004	全国十大城市商业步行街
	宽窄巷子	市井文化	2008	中国特色商业步行街、四川省历史文化名街
	文殊坊	都市禅林	2010	
	铁像寺水街	都市休闲	2013	
古镇	安仁古镇	文博旅游	2009	中国博物馆小镇、中国文物保护示范小镇、国家 AAAA 级旅游景区
	街子古镇	历史文化	2010	国家 AAAA 级旅游景区
	新场古镇	历史文化	2012	中国历史文化名镇、国家 AAAA 级旅游景区
	平乐古镇	历史文化	2011	中国历史文化名镇
	五凤古镇	历史文化	2013	国家 AAAA 级旅游景区
	白鹿镇	中法文化	2014	国家 AAAA 级旅游景区
	黄龙溪古镇	历史文化	2009	国家 AAAA 级旅游景区、四川省历史文化名镇
公共空间	东郊记忆	工业遗产	2011	国家 AAAA 级旅游景区

三是文化与商业融合创新。成都是西部地区的商业中心和消费中心，在推动旧城更新改造和商业载体转型升级的进程中，注重将历史文化元素与城市现代商业发展相结合，在引领城市产业升级的同时，形成历史文化传承的新名

片。2015年，位于成都锦江区商业中心地带，毗邻千年古刹大慈寺的开放式、街区式综合体"远洋太古里"正式运营，定位为具有全球指标性的城市文化商业新地标。项目保留周边重要的历史建筑物，延续区域历史文化价值，在商业形态上兼具古韵与新风，在生活方式上融合快与慢的全体验，在业态和品牌布局上为消费者带来了全新的时尚消费体验，创造了城市商业发展新模式。

四是文化与城市建设深度融合。成都将保护城市文化根脉和历史发展年轮，彰显城市现代文化魅力，作为提升与国家中心城市相适应的文化软实力的重要途径。以城市街区和建筑特色打造为重点，在规划建设中充分融入古蜀文化、丝路文化、三国文化、大熊猫文化、水文化等地域文化元素，建成一批承载文化记忆、富有时代特色的历史文化街区、建筑群落和文化景观，让市民"记得住乡愁"。此外，在中心城区布局成都博物馆新馆、四川省图书馆、四川省美术馆、四川科技馆、天府大剧院、城市音乐厅等大型公共文化设施，打造城市公共文化功能性空间。

5. 发展动力：文化产业发展动力转换，西部文化消费中心地位确立

随着经济的发展和居民收入水平的提高，城市消费结构升级，成都城镇居民文化消费成为居民消费中增长最快的部分，居民具有适度超前的文化消费意识，对高品质文化产品需求不断增长，网络文化消费快速扩张，城乡群众文化消费层次和水平都达到新的高度，文化产业发展从投资驱动向消费驱动转换。节假日休闲娱乐，城市图书、音像制品销售，演艺娱乐以及古玩收藏品市场等繁荣兴旺，是西部地区名副其实的文化消费中心。2016年，成都正式获批为国家首批文化消费试点城市。2005年至2015年，成都城镇居民人均文化消费支出从1228元提高到2485元，增长了2倍。2015、2016年，成都连续两年入选"中国十大数字阅读城市"并位居榜首，体验性实体书店全国领先，聚集了方所、言几又、西西弗等全国知名品牌书店，具有一定规模的书城和购书中心数十家。2017年城市电影票房超过17亿元，稳居中国电影票房第五大票仓，演艺娱乐市场发展势头非常强劲，被誉为中国演艺票房第四城。

6. 发展环境：产业政策配套日趋完善，产业发展环境良好

近年来，成都市相继出台了一系列促进文化产业发展的规划及政策措施，产业政策配套日趋完善，在特色优势行业培育、园区发展、资金扶持、要素供给、消费促进和统计监测等方面，搭建起了综合性的文化经济政策体系，努力破解发展难题。2004—2015年，市级文化产业专项资金从3000万元增长到2.23亿元，"十二五"期间共计投入财政资金9.5亿元，支持引导200多个文化产业项目建设。每年市级文化产业发展专项资金投入不低于2亿元，从多个

方面加大对产业发展重点环节的扶持，以财政补贴、贷款贴息、担保补助、绩效奖励等方式，鼓励和引导社会资本投资文化产业，推动形成多元投资的产业发展格局。成都出台有针对性的激励政策，引导特色优势行业发展，弥补发展要素短板，扶持生活性文化消费服务。此外，积极搭建文化产业展示、交易、服务和技术支撑平台，与高校、企业和社会团体合作共同搭建文化产业人才培训平台，形成了文化产业发展的良好氛围。

表 3-4　成都市促进文化产业发展相关政策文件

时间	相关政策文件
2004	《中共成都市委关于加快文化体制改革和文化产业发展的实施意见》（成委发［2004］54 号）
2010	《关于促进民办博物馆加快发展的意见》（成委发［22］号）
2011	《关于加快工业设计产业发展的意见（试行）》（成办发［2011］92 号）
	《中共成都市委关于深化文化体制改革加快建设文化强市的意见》（成委发 2011［23］号）
2012	《关于优化资源配置推进重大产业化项目实施的意见》（成办函［2012］48 号）
2014	《成都市文化创意和设计服务与相关产业融合发展行动计划（2014—2020）》（成办发〔2014］46 号）
	《成都市实体书店扶持奖励办法（试行）》（成办函〔2014］199 号）
	《文化产业担保资金池实施意见》
2015	《成都市深入推进文化金融合作的实施意见》
2016	《市财政局市委宣传部市文广新局关于印发〈成都市市级文化产业发展专项资金管理办法〉的通知》（成财教〔2016］180 号）
	《成都市支持音乐产业发展的意见》（成府发〔2016］20 号）
	《成都市文化创意产业统计实施方案》（成办函〔2016］162 号）

（二）存在不足

成都文化产业在经历了依靠行政力量和国有经济推动的发展阶段，区域引领和示范效应初步形成。随着环境和条件的变化，文化产业发展的主要矛盾转向规模、效率、质量等竞争力问题。

1. 规模竞争力：文化产业总量相对较小，与文创中心的地位不相称

与国内发达城市相比，成都文化产业总量较小，尚未确立支柱产业的地位，文化产业增速在经济新常态下出现回落，对城市经济发展的支撑和带动作用有限。2015 年，成都文化产业增加值在地区生产总值中的占比在 8 个国家中心城市中排名第 4 位，文化产业增加值在 15 个副省级城市中排名第 7 位，

文化产业总体实力尚未进入全国第一方阵。缺少国家级、世界级文化创意品牌，以及百亿级、千亿级的文化创意企业，网络文化产业等新型文化业态所占比重较小。成都文化产业整体实力与文创中心的地位不相匹配，与城市经济实力、资源优势、市场优势不相适应。

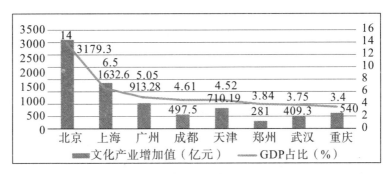

图 3-2　2015 年国家中心城市文化产业增加值及 GDP 占比

资料来源：各地公开发布的文化产业统计信息，以及文化产业发展"十三五"规划、文化创意产业发展"十三五"规划。

注：北京为文化创意产业统计数据。

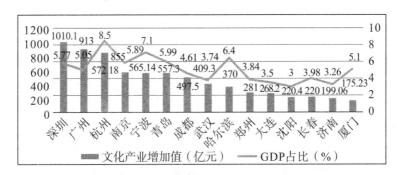

图 3-3　2015 年副省级城市文化产业增加值及 GDP 占比

资料来源：各地公开发布的文化产业统计信息，以及文化产业发展"十三五"规划、文化创意产业发展"十三五"规划。

注：长春市文化产业增加值为估算值。

2. **市场竞争力：文化资源利用效率较低，创新驱动力不强**

在市场经济条件下，城市文化的传播和影响程度，在一定程度上取决于其产业化和市场化的能力。成都文化资源丰富，历史积淀深厚，聚集了许多国内外知名的文化名人、文学家、艺术家，文化产品实现能力较强。但是，成都文化产品和服务在国内的市场占有率不高，文化需求旺盛与文化供给相对贫乏形成反差，文化产品供给不足与供给过剩并存，需求下降与需求外移的挑战加剧。文化产品和服务的国际贸易竞争力不强，品牌国际化和营销能力薄弱，在分工中处于价值链低端。究其原因，高技术含量、高原创性的内容精品少，文化创作生产原创力不足，关键核心技术的开发与应用、商业模式创新相对滞后，文化资源优势尚未转化为产业优势。在新的技术条件下，部分传统文化企业仍然徘徊在转型与创新的临界点，新兴文化企业发展面临着资金、人才、技术等诸多困难。优质供给、中高端供给短缺，高层次、高雅性文化消费不足，文化市场存在低端供给、过剩供给、低俗供给和呆滞供给，从而造成对有效供给的挤占，无法满足城乡群众日益升级的文化消费需求。

3. 企业竞争力：本土企业竞争力较弱，支撑和带动作用不强

成都文化创意企业在整体实力、综合效益、盈利能力、品牌价值等方面，与国内发达城市存在较大差距。在新三板、创业板上市的成都本地文化创意企业少，参与资本市场直接融资的能力不强。2017年第九届"全国文化企业30强"中，北京、上海、重庆、深圳、杭州、西安、青岛等地均有多家文化企业上榜，成都市域仅有省属四川新华发行集团有限公司1家入围。究其原因，一方面，骨干文化企业的带动作用不强。成都仅在传媒、文化旅游领域建立了大型国有文化集团，但跨地区、跨行业发展的能力较弱。改制文化企业的市场竞争力依然较弱，面临可持续发展的挑战。特别是在文化创意和设计服务、文化信息传输服务、音乐、演艺等新兴领域，年产值过亿元的企业较少，缺乏在国内外具有行业资源整合能力的领军企业。另一方面，小微文化企业的创新创意能力较弱。本地数字内容、数字创意企业虽然数量较多，自主知识产权丰富，但缺乏具有鲜明地域特色和个性风格的品牌产品，商业模式创新能力较弱，高成长性的潜力企业较少。鉴定评估、经纪代理等文化中介机构数量有限，服务专业化水平不高，难以满足市场需求。

4. 贸易竞争力：对外文化出口增长缓慢，国际市场有待拓展

在国家"一带一路"倡议、构建全方位对外开放新格局的背景下，建设文创中心要求成都文化产业具有较强国际竞争力。目前，成都尚未纳入国家对外文化贸易基地布局，对外文化宣传和对外文化交流仍然是文化"走出去"的主要形式，对外文化出口额占全市对外服务贸易总额的比重较小。商务部、中宣部、财政部、文化部新闻出版广电总局公布的《2015—2016年国家对外文化出口重点企业目录》中，全国有389家文化企业入围，成都仅有5家文化科技企业列入。究其原因，一方面，成都从事对外文化贸易的企业数量不多，文化出口形式、海外营销渠道单一，本土企业对国际文化市场缺乏了解，开拓国际文化市场的动力和经验不足。另一方面，商务、文化部门推动对外文化贸易的意识不强，对外文化贸易家底不清、思路不明、统计制度缺失。如果说对外文化宣传和交流是单向的文化传播，对外文化贸易则通过文化产品在输出国与输入国之间产生了双向互动，是文化"走出去"的主体形式。因此，相对于沿海发达城市，成都发展对外文化贸易更具紧迫性。

　　5. 环境竞争力：文化市场滞后于产业发展，政策亟待完善创新

　　市场在文化资源配置中的积极作用尚待激发，文化产业促进政策效率有待提升。主要表现在：一方面，成都文化要素市场发育相对滞后，文化产权交易所的信息汇聚、价值评估、价格发现功能不强，小微文化企业的融资增信投入有限，众筹、众包、众帮、众扶"四众"平台发展滞后。文化企业资产证券化进度缓慢，文化资本配置能力不强。行业组织在产业发展中的作用不充分。另一方面，政策体系有待完善创新，成都虽然出台了文化产业相关规划和政策，但大多停留在宏观、中观层面，且较为分散、缺乏配套衔接，导致政策意图难以实现。对文化企业新产品研发、媒体融合、技术升级的政策支持缺乏连续性，文创人才缺乏认定标准，人才政策难以真正惠及文创人才，产业发展政策和行业促进政策有待创新。

　　6. 人才竞争力：文化创意人才结构性矛盾突出，知识产权保护力度不够

　　成都市域高校大多开设了艺术、影视传媒、创意设计、动漫游戏等专业，还设有音乐高校、文化产业职业学院等专业院校，文化创意技能型、专业性人才供给较为充足，而创新创意能力强、经营管理经验丰富的高端人才供给不足，人才结构性矛盾一直是制约产业发展的重要因素。究其原因，高校培养的人才以普通人才和高层次研究人才为主，人才培养与企业需求不相匹配。且由于学科设置的制约，文化创意人才不懂科技，科技人才缺乏文化素养，原创能力受到极大制约，与产业发展的实际需求不相适应。特别是内容创意人才，既熟悉文化创意又掌握现代科技的复合型人才，以及精通对外文化贸易的专业翻译人才、国际营销人才、版权贸易人才、专业经纪人队伍等高端人才紧缺。

三、建设文创中心背景下成都文化产业发展的战略任务

　　建设文创中心是在我国宏观经济进入"新常态"的背景下，国家整合西部文化资源、优化国家文化布局、促进西部开发开放的战略部署，意在西部地区形成高品质文化空间和创新创意极核。成都是西部地区承载国家文化职能最为密集的城市，建设文创中心意味着成都文化发展更具中心性、创造性、开放性和示范性，担负国家文化发展使命，体现国家文化意志，代表国家文化形象，引领区域文化发展的战略任务。

建设文创中心对成都文化产业发展提出了新的要求：一是践行国家文化发展战略；二是聚集区域文化创新要素，提升文化创意产业竞争力；三是加快文化产业供给侧改革，全面提升质量和效益；四是辐射带动区域文化产业发展，积极参与全球文创经济竞争。在此背景下，必须转变发展思路，增强创新意识，调整发展举措，聚焦突出问题和明显短板，在关键领域和薄弱环节取得突破，实现成都文化产业的新发展。

（一）成都文化产业发展面临的新机遇

发展文化产业是提供丰富的精神食粮、满足人民群众日益增长的精神文化需求的重要途径。文化产业以文化创新为核心，就业吸纳能力强，资源消耗少、环境胁迫性弱，是城市经济高质量发展亟待培育壮大的新动能。当前，成都开启建设全面体现新发展理念的城市，文化产业发展面临新的机遇。

1. 产业跨界融合为文化产业扩张打开新空间

产业融合理论认为，技术进步、市场需求是产业融合的驱动力量。在新一轮技术革命大背景下，随着数字技术、互联网技术等通用性技术的普及，越界叠加、功能互补、业态新生、价值链接成为产业融合的共性特征。大数据、云计算、虚拟技术、人工智能等新一代信息技术改变了文化生产组织方式和经营模式，文化创意占据价值链的高端，通过知识产权向三次产业渗透，实现资源要素跨界重新配置，提升产业附加值。在资源环境约束下的产业内涵式升级背景下，文化产业与其他产业之间相互渗透、交叉、重组，产业框架重构，衍生出众多前所未有的新业态、新业务和新的商业模式。以IP为核心在游戏、文学、音乐、影视、动漫等领域横向跨界成为常态，"文化+高新技术""文化+制造业""文化+商业""文化+旅游""文化+金融"的纵向跨界趋势日益明显，文化产业进入国民经济大循环，成为推动传统产业转型升级、加快供给侧改革的新动能，实现了文化经营活动范围的拓展，文化产业发展进入快速扩张期。

2. 消费结构升级为文化产业供给侧改革注入新动力

消费结构升级，表现为各类消费支出在消费总支出中的结构升级和层次提高。消费结构升级的演进带动了产业结构的升级，消费升级需求正在成为我国经济增长的重要动力之一。进入新时代，居民消费正由生存型、温饱型向发展型、享受型转变，个性化、多样化、品质化消费需求渐成主流，以符号审美、情感体验、价值认同为核心的文化消费进入规模扩大和水平提升的加速期。"文化工业"支撑的标准化、大众化文化消费，正在向"创意产业"支撑的差异化、分众化文化消费演进。个性化定制、精准化营销、网络化共享等消费行为，为文化产业发展提供新思路、新模式，驱动文化产业供给侧结构性改革。"去"低端供给、无效供给，"扩"优质供给、中高端供给，"提"质量、效益、效率成为文化产业结构升级的主线。这就意味着，基于现代传播手段的内容产业（如 VR/AR、直播、网剧、弹幕等）、基于共性技术的数字创意产业（创意设计、数字出版、数字装备）、基于品质生活的文化服务业（文博、演艺、休闲等），在文化产业体系中将占据越来越重要的地位。

3. 创新创业为文化产业汇聚核心要素提供新路径

文化产业是一种特殊的文化形态和经济形态，生产和提供精神产品，具有创造性、知识性、传播性，满足人们的精神文化需求。文化产业的核心要素是人力资本，就业吸纳能力强，是大众创业、万众创新最活跃的领域之一。文化双创具有轻资产（智力、创意、知识）、低成本特点，创业的资本、固定资产投入门槛不高。众创空间、创客工场等新型柔性空间为创新创业人才提供聚集载体，基于互联网的专业化、便利化平台为分散的文化双创者提供信息交流、在线交易服务，大大降低了创新创业初始成本，项目研发、孵化以及市场信息搜寻成本，创造众多直接和间接的就业机会，为文化产业凝聚人力资本和创意资产，提高要素供给质量和效率创造了有利条件。

4. 城市定位提升对文化产业高质量发展提出新要求

2015 年，国家定位成都文创中心的城市功能，旨在整合西部地区文化资源、优化全国文化布局、加快西部开发开放。成都地处"一带一路"和长江经济带的交汇处，全面创新改革试验区建设、中国（四川）自由贸易区建设、天府新区建设等多项国家战略叠加，是全方位对外开放中向西开放的前沿，对文化产业发展质量提出了新的要求。发展文化产业不仅能促进城市经济绿色增长，而且具有弘扬中华优秀文化、凝聚和提升城市形象的独特作用，是树立新开放观、提高城市国际化程度不可替代的推动力量。当前，成都已经开启建设全面体现新发展理念城市的新征程，建设国家中心城市、高品质和谐宜居生活城市、世界城市的"三步走"目标，要求文化产业增强链接全球产业链、供应链、价值链、创新链、人才链的能力，在更高层次参与文化经济竞争，在天府文化"走出去"中发挥主体作用。成都整合全球文化资源，扩大成都文化产品和服务出口，文化企业对外投资合作、拓展海外文化市场的空间更为广阔。

（二）成都文化产业发展的思路、目标和原则

1. 发展思路

围绕建设全面体现新发展理念城市的奋斗目标，立足全国重要的文创中心的功能定位，遵循创新、协调、绿色、开放、共享的发展理念，坚持传承、创新双轮驱动，在传承的基础上开拓创新，以创新的方式引导传承，全面提升文化产业发展质量和效益。推动天府文化繁荣发展，以供给侧结构性改革为主线，坚持"集群发展、跨界融合、品牌引领"，以规模结构、需求市场、要素环境的调整和优化为主动方向，实现文化资源的创造性转化、创新性发展，将文化资源优势转化为文化市场优势；提高供给体系质量和效率，巩固和提升文化产业在城市经济中的支柱作用。全面增强城市文化凝聚力、文化创造力、文化生产力、文化辐射力，把成都建成文创要素集聚、文化创新活跃、文化英才荟萃、文化市场繁荣、文化生活多彩的全国文化创意产业中心，为增强文创中心功能提供强有力的支撑。

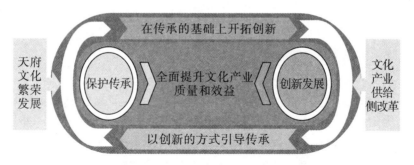

图3—4　建设文创中心背景下文化产业发展思路

2. 发展目标

支柱性产业地位巩固和提升。文化产业增加值年均增速高于地区生产总值增速，文化产业对城市经济的贡献度明显提升。"十三五"末文化产业增加值占地区生产总值的比重超过8％，文化产业成为城市经济的支柱性产业，形成与文创中心相匹配的文化供给能力。

现代文化产业体系特色鲜明。音乐、文博、设计、动漫、影视等优势文化行业成为文化产业营业收入的重要支撑，数字内容产业和创意设计、文化信息服务等新型业态增加值占比超过60％。培育一批在国内外具有较强竞争力的骨干文化企业，进入资本市场直接融资能力显著增强，特色文化产业和新兴业态发展国内领先、国际一流。

文创空间布局优化品质提升。形成一批特色鲜明的新型文创聚集区，文创楼宇、文创园区、文创街区、文创小镇和文化众创空间等载体的文化产业集聚的主要载体，线上线下融合、生产消费融合、文化科技融合、产城融合发展特色鲜明，文创要素供给结构和层次明显优化，文化产业集群化发展效益和效率显著提升。

文创美誉度和品牌效应彰显。巩固和提升中国（成都）国际非物质文化遗产节、成都创意设计周等品牌文化节会在国内外的影响力。在文学、音乐、创意设计、数字创意等领域，培育更多进入国家层面的文化产业示范（园区）基地、重点文化企业、品牌文化产品和文化创意名家，提高国际国内对成都文创的辨识度、认可度和美誉度，全国文化创意产业名城效应彰显。

文化对外输出能力增强。创建国家对外文化贸易保税区，培育一批对外文化贸易骨干企业，文化对外投资和特色文创产品出口份额稳步扩大，对外文化贸易在全市服务贸易中的比重显著提升，建成西部内陆文化"走出去"的重要基地和主要口岸。

3. 发展原则

人民中心，价值引领。坚持以人民为中心的创作生产导向，遵循文化发展规律和市场规律，始终把社会效益放在首位。以社会主义核心价值观为引领，繁荣发展"创新创造、优雅时尚、乐观包容、友善公益"的天府文化，促进文化资源创造性转化和创新性利用，不断提升群众的获得感和幸福感。

改革创新，释放活力。破除制约产业发展的思维定式和制度束缚，破解要素配置的结构性问题，推动文化产品、技术、业态、模式创新，扩大优质供给，创造新的文化消费热点，提高便利化、精细化、品质化水平，优化文化产业生态，激发文化创造活力。

跨界融合，转型升级。推进"文化＋""互联网＋"战略，以文化创意和设计服务引领文化产业与制造业、旅游业、商业、农业等相关产业的交叉渗透，促进文化产业与城市发展深度融合，巩固传统行业优势，培育新兴业态，促进文化产业转型升级。

开放带动，拓展市场。发挥文化产业融入"一带一路"的先发和带动作用，努力扩大对外文化贸易，增强全球资源利用和配置能力，推动天府文化"走出去"。以成都经济区、成渝城市群为重点，加强区域文化产业竞争合作，辐射带动周边区域文化产业发展，拓展国内外文化市场空间。

（三）成都推动文化产业发展的战略任务

1.繁荣发展天府文化

（1）发掘天府文化资源，奠定文化传承基础。城市文化产业的发展必须依托地域特色文化资源，根植于当地文脉的文化产品，具有生命力和持续发展的动力，才能形成有效的传承体系。文化产业集文化的传承和发展于一体，文化传承是文化资源转化利用的基础，文化发展是文化传承的时代要求。成都文化产业的发展首先要明确传承什么文化、如何传承文化。

一是系统梳理天府文化资源的内涵和外延。进一步研究、解读、拓展、塑造天府文化的丰富内涵，深入阐释"创新创造、优雅时尚、乐观包容、友善公益"的天府文化。作为全国首批历史文化名城，成都文化资源丰富，地域特色鲜明，具有唯一性、多样性和不可替代性。世界独有的"大熊猫"生态文化、古老神秘的"金沙"古蜀文化，灿烂雄奇的都江堰水文化，脍炙人口的三国文化，风流典雅的诗歌文化，源远流长的宗教文化，各具风情的古镇文化，独树一帜的休闲文化，以及各种民间演艺、节庆和川菜等民俗文化，构成了成都得天独厚的天府文化资源宝库。要系统开展古籍文献整理出版，加强天府文化相关历史文献材料、历史文化名人资源、文化艺术样式的保护整理，学术性研究和普及推广，挖掘成都故事、民风民俗、非物质文化遗产，开展对天府文化历史渊源、演进脉络、基本走向、时代风尚研究，推出一批高质量高水平的天府文化学术成果，保护好特有的历史记忆、文化记忆、精神记忆。

二是科学评估天府文化资源开发利用价值。成都是中国唯一的三千年城址不变，两千五百年城名不改的历史文化名城，文化资源得天独厚。在系统梳理天府文化资源的基础上，要从文化价值、历史价值、社会价值和经济价值等方面对天府文化资源价值进行科学评估。组织国内高校研究机构的知名专家学者，对天府文化资源的科学性和艺术性、社会效用、传承能力、发展预期等潜在价值进行研判，从对天府文化内涵的认同度、审美取向、民众参与、产品开发创新等现实价值进行研判，明确天府文化资源产业转化的重点和方向。在此基础上，深入挖掘其独特文化内涵，提炼天府文化代表性元素，开发天府文化独立 IP 并进行版权转化和产业化运营。

（2）定位天府文化特质，厚植文化传承根基。成都是古蜀文明的重要发源地，长江上游古文明中心。悠久而独立的文化始源，灿烂而多彩的城市历史，使成都文化具有鲜明的地域特质，孕育积淀出思想开明、生活乐观、悠长厚重、独具魅力的天府文化特质，深刻影响了成都的城市风格和气质。

一是温婉包容，豁达开放。成都因水而生，自古就是人居乐土，有着海纳百川般的宽广胸怀，多元文化在这个城市交织融合。成都自古就是一座移民城市，有着兼收并蓄的胸怀和眼界。成都地处长江上游地区，是南方丝绸之路的起点，古代丝绸之路重要的贸易商品提供地和消费地，从地理上打破了蜀地的封闭状态，注入开放交流的意识。现代成都地处"一带一路"和长江经济带的交汇点，是欧亚大陆桥上的枢纽城市，截至 2016 年吸引了 278 家世界 500 强企业落户，正在成为国际新移民城市。

二是悠然平和，安逸自在。成都自古崇尚"道法自然、顺势而为"的理念，成都人不好勇、不逞强，做事有条不紊，内心不疾不徐，以和为贵，怡然自得，追求品质，是一座善于品味生活，富有生活情趣的城市。"尚滋味，乐嬉游"的成都民俗古已有之，至今依然，尤其是以休闲、美食文化为特色的成都生活方式更是声名远扬。成都既有历史悠久的老茶馆，也有商业、艺术、时尚交融的现代市井空间，都是市民生活中必不可少的交往休息场所。

三是敢为人先，创新求变。作为古蜀文明的核心区，成都自古就有崇尚智慧创新的人文传统，在历史上创造了多个中国之最、世界之最。建于秦代的世界文化遗产都江堰，以无坝引水、自流灌溉成为世界古代水利史上的创举，是全世界年代最久、唯一留存的水利枢纽工程。成都是我国本土宗教道教的发祥地，至今仍是全国乃至全世界道教的重镇之一；成都也是世界上最早的纸币"交子"的诞生地，中国织锦的最早产地，对世界纺织文化做出了极大贡献。当今，成都又被称为国家"大众创业、万众创新"的西部重镇，正在建设国家创新型城市。

四是崇文重教，浪漫情怀。成都自古兴学办教、儒风流布，有着深厚的教育传统和文化精神。西汉时的太守文翁在成都首创地方官学，开全国文庙和地方官办学之先河。成都是地方志的故乡，西晋常璩所撰《华阳国志》是我国现存最早、体例最完备的地方志。"天下诗人皆入蜀""自古文宗出巴蜀"，历史上司马相如、杨雄、李白、杜甫、薛涛、"三苏"、杨慎、郭沫若、李劼人、巴金等众多文化名人都相继融入成都，成为华夏文明的战略大后方。而今，星罗棋布的文创空间和新兴文艺书店，更是象征着成都文化创造力的繁荣和勃兴。

五是诚实守信，友善公益。成都是因"市"而生的"自由都市"，以"货贿山积，市张列肆"著称。成都人善经营，懂管理，敢为善成，独特的商业文化和创业文化延续至今。西汉时期成都是全国著名的商业性"五都"之一，唐宋时期已是全国最繁华的都市之一，有"扬一益二"之说，如今更是我国西部地区举足轻重的经济中心。千年不衰的工商业历史见证了成都人创造财富的勤劳与智慧，映射出这座西部商业重镇的灿烂辉煌。

（3）打造天府文化载体，构建文化传承体系。文化传承离不开可视化、可辨识、可体验的物理载体和虚拟载体。

一是丰富历史文化载体。文化遗址作为人类共同的文明策源地，连接着历史与现代，是一个城市文化传承的重要标志物，城市"灵魂"所在。成都文博资源富集，人文环境别具一格，现有各级文保单位 500 余处，其中世界文化遗产 1 处，国家文物保护单位 100 处，省级文物保护单位 114 处。丰富历史文化载体，要加强古蜀文化遗址、工业文明遗址、历史文化街区、名人故里、古镇、古村落、古建筑等文化遗产和非物质文化遗产的保护利用，深入挖掘蕴含其中的文化内涵和精神价值，传承并展示城市地域文化。

二是搭建文化博览平台。完善艺术馆、博物馆、展览馆等文物保护体系。成都博物馆数量排名全国副省级城市第一位，平均每 9.7 万人拥有 1 座博物馆。其中，国有博物馆 45 座，非国有博物馆 99 座；一级博物馆 4 家，二级博物馆 2 家，三级博物馆 7 家；非国有博物馆数量位居全国城市第一位，基本形成了以武侯祠博物馆、杜甫草堂博物馆、金沙遗址博物馆为龙头的国有博物馆展示体系，以安仁·中国博物馆小镇、洛带博物馆聚落以及青城山博物馆村落为代表的非国有博物馆组团聚集发展格局，馆藏文物涵盖自然、人文、历史、考古、艺术、设计等多种类别，独具地域文化特色。数量众多、全域布局的博物馆、纪念馆，是打造天府文化传承、展示与交流平台的重要载体。

三是再现隐性文化资源。对历史事件、名人趣事、历史地名、典故传说、城乡庙会、传统行业、民间信仰、节令传统、特色街道等要分类整理和保护开发，以不同的媒介和载体予以保存或展现，适应当代语境，符合现代人审美需求，活化传统文化，构建具有参与性、体验性、标志性的传统文化展现系统。实施传统工艺振兴行动，依托各级传承平台，开设群众性的文化教育课程，推进成都技艺、成都民俗、成都戏曲、成都美食等传统文化在融入生产生活中实现保护、传承和创新发展。

（4）丰富天府文化空间，优化文化传承布局。习近平总书记在中央城市工作会议上指出，文化是城市发展的驱动力量之一，要保护弘扬中华优秀传统文化，延续城市历史文脉，保护好前人留下的文化遗产。这就要求保持和发扬城市优秀的规划传统，通过创意设计融入时代元素，构筑独具特色的城市形态与空间结构，凸显山河地利和人文特色，对外树立形象，对内凝聚人心。

一是打造标志性文化空间。一方面，保留和升级传统文化地标。通过历史景观标识导示体系建设，历史标志性建筑与街区复原，遗址公园建设等多种方式，对具有历史文化底蕴的遗存、遗迹和旧址进行置换、维修和开发，形成一批特色历史文化空间、街区和建筑。另一方面，建设新型功能性文化空间。以文创产业园区、文创商业街区为重点，规划建设一批传承历史文化底蕴，体现时代精神，具有全球影响力的功能性文化空间，以标志性文化建筑、公共文化设施及文化景观等为支撑，彰显鲜明的城市文化符号。

二是加强城市设计的创意融入。注重城市公共空间的审美创意，将一批彰显天府文化的经典元素和标志符号融入城市园林、建筑设施、公共艺术的规划设计。推进成都时尚中心、成都音乐厅、成都演艺中心、天府国际文化中心等文化地标建设，打造天府文化创意展示和国际传播空间，提升城市品质品位，强化城市天际线和色彩设计，凸显建筑文化特色，制定城市形态及建筑立面设计导则，加强对重要地段建筑物、城市标志性建筑物以及大型公共项目实施文化评估。

三是打造城市文化景观体系。坚持系统耦合、多元相融、差异协同、品质至上的理念，顺应"山水田林路湖"自然肌理，结合名胜古迹、历史人文、特色街区等特色文化资源，打造一批具有浓郁地域特征和时代特点的城市景观轴、市域绿道、城市绿廊和慢行系统，形成"绿满蓉城、花重锦官、水润天府"多层次文化景观体系。

（5）提升天府文化知名度，拓展文化传承渠道。以城市文化品牌为支撑，城际文化交流为导入，让城市文化能够被感知，传播独特的城市形象，提高大众对天府文化的认可度。

一是构建天府文化品牌体系。品牌是给拥有者带来溢价、产生增值的一种无形资产①。城市文化品牌是在城市传播自身形象的过程中，城市风格与个性、城市形象与实力的统一②。塑造成都文化品牌，突出城市文化个性，要从文化资源、创意要素、文创产品、旅游吸引物、城市事件入手，凝聚和体现天府文化精神价值，实施城市文化名人创新工程、文化地标培植工程、优质 IP 转化工程，构建对内具有凝聚力、对外具有辐射力的城市文化品牌体系。

二是构建多元的全球文化交流平台。面向国内外开展各种文化交流活动，吸引各类国际会议、文化艺术展览、国际赛事及其他国际节会活动。提升中国（成都）国际非物质文化遗产节、成都创意设计周、中国国际版权博览会、中国网络视听大会等品牌文化活动的国际知名度和影响力，结合西部对外交往中

---

① 陈乐，蒋海君，蒋俊杰．品牌资本［M］．北京：中国时代经济出版社，2002．
② 曹世燕．城市文化品牌的内涵及打造途径［J］．大家，2012（5）：17．

心建设，打造成都参与世界文化交流和文化产品展示的交易平台。

三是加强多层次世界文化互动交流。利用丝绸文化发源地和南方丝绸之路起点的地缘优势，加强与"一带一路"沿线城市的文化交流合作，以高校和科研机构为主体开展各种形式的学术交流、智库交流，举办有关天府文化域外影响的国际性学术会议，加强与联合国有关机构和国际专业机构的联系与合作，利用国际学术交流平台传播推广天府文化。深化友城双向交流互访，组织在华留学生、外国专家、使领馆官员等开展"外国友人看成都"活动。

2. 推动文化产业供给侧改革

（1）加强创新驱动，转换文化产业发展动力。作为创新型绿色产业，壮大文化产业是未来成都经济高质量发展的主攻方向。顺应"文化＋""互联网＋"的主流趋势，促进文化创意和设计服务与相关产业的融合发展，加快聚集高端要素和创意资产，促进文化产业发展动力转换。

一是创新产业发展模式。其一，发挥成都在"文化＋科技""文化＋旅游""文化＋信息""文化＋商业"等领域的先发优势，探索"文创＋制造业""文创＋城市更新""文创＋农业"等多元融合模式，强化产业融合的乘数效应。其二，以创意引领数字手段革新，大力发展依托数字技术进行创作、生产、传播和服务的数字创意产业，推动其与电商、教育、旅游等外围产业的无边界融合，拓展文化产业发展空间。其三，鼓励和引导大数据、云计算、物联网、人工智能等新技术在文化产品和服务中的应用，以高级技术审美形式为传统文化资源注入现代活力，打造更多个性化、分众化、多样化的产品和服务，形成文化产业新的增长点。

二是推动"互联网＋"文化产业。互联网极大地分流了传统文化市场，瓦解了传统商业模式，文化产业进入产业组织方式和生产经营方式变革期。其一，加快文化资源数字化进程。以文物资源、非物质文化遗产、历史典籍为重点，实施数字存储、数字再现、数字展示和数字传播，建立数字文化资源元数据库，实现高效便捷、开放共享的检索和管理。其二，探索基于互联网的文化产业经营方式。依托互联网平台，运用大数据、云计算、虚拟化等新技术加快文化创意产品迭代创新，聚集用户挖掘大数据业务，将内容产品与生活方式、衍生品销售相结合，拓展文化产业的盈利空间。其三，推动互联网领域的文化互联互创，鼓励发展众创、众筹、众包、众扶的"四众"平台，聚集创意、技术、资金、信息、产权要素，培育新型产业生态，激发全民文化创意、创新、创业的巨大潜力。

三是鼓励商业模式创新。商业模式创新是文化产业动力转换的关键。其一，"免费+收费"模式，遵循互联网平台经济和交互性生态的客观规律，在文化产品的创作、生产、传播、流通等多个环节实现整合与协作。嫁接文化产业与电商、物流体系，拓展院线模式、发行网络和第三方业务，降低交易成本、提高消费便捷度。例如，书店、咖啡店、创意商品店等生活服务业态，改变单一业务经营模式。其二，跨界共生模式，通过消费场景的营造，实现图书销售、商品零售、休闲空间的功能混合，创意人群、创意产品、创意场所的链接共生，创新价值链。其三，IP衍生模式，以优质原创IP为核心，实现文化行业之间、文化产业与其他产业之间的授权衍生。如由网络作家创作的小说《琅琊榜》，相继推出影视、动画、游戏等多种产品，实现内容生产的精准化，在分众时代抢夺粉丝注意力。

（2）增强文化供需协调性，提升文化产业发展质量。依托成都消费城市、生活城市的特质，顺应消费需求多样化、个性化、品质化升级趋势，创造格调高雅、特色鲜明的文化创意产品，扩大有效供给和优质供给，提升文化消费层次，健全现代文化市场体系，最大限度实现文化产业的社会效益和经济效益。

一是促进内容创作精品化。系统梳理天府文化资源，挖掘天府文化内涵，提炼天府文化代表性元素，加强创意设计融入，开发天府文化优质IP并进行版权转化，提升文化内容原创力。打造文学创作品牌，加大对优秀文学作品的扶持力度，激发文学创作活力，推动成都文学原创走在全国前列；打造演艺特色品牌，萃取古蜀文化、三国文化、诗歌文化、体育文化、大熊猫文化等地域特色文化精神，树立精品意识，推出一批体现历史底蕴和时代精神大戏、大剧和旅游演艺作品；巩固提升网络文化和成都"全国网络文学重镇"的优势，聚集网络文学、网络剧、网络音乐原创人才，培育网络文化IP品牌，推动优秀网络IP的产业转化，促进产业链条的延伸和跨界衍生；发挥成都"博物馆之城"的优势，开发具有地域特色的文创产品，促进非物质文化遗产生产性保护，引入新工艺打造特色非遗产品。

二是健全现代文化市场体系。立足成都文化市场基础，推动现代信息技术在文化产品市场和文化要素市场的应用，以文化商品市场、文化服务市场、文化资本市场、文化技术市场、文化信息市场为重点，构建相互联系、相互作用的现代文化市场体系。其一，搭建文化资源经营权交易平台。推进场馆经营权、活动赛事举办权、非物质文化遗产开发、无形资产开发等具备交易条件的资源公平、公正、公开流转。其二，培育新型文化产品市场。促进物联网、大数据、电子商务、社交软件在文化产品交易中的运用，完善文化智能消费终端设施，创新基于移动互联网的订制式、体验式文化产品交易模式，提升文化市场信息获取和消费便捷化水平。其三，健全文化产权和资本市场。发挥成都文化产权交易所、全国版权示范园（成都）等专业化平台优势，增强版权代理、信息发布、经纪推介、法律服务功能，完善价值评估机制、产权交易机制、信用保证机制。健全文化资本市场，支持本地文创企业进入直接融资和间接融资市场，加快文创企业资产证券化进程。

三是提升文化消费层次和水平。顺应城市消费结构升级趋势，结合成都市民文化消费偏好和消费倾向，以文博产品、实体书店、演艺服务、大众休闲为重点，营造体验性、品质化、场景式的文化消费空间，提升消费层次和水平。其一，打造高品质的文博产品。全面提升市域博物馆专业化运营水准，提升武侯祠、杜甫草堂、金沙遗址等国家一级博物馆的世界知名度，巩固提升安仁中国博物馆小镇的行业示范效应，支持社会力量投资建设地域特色鲜明的专题博物馆，提升博物馆藏品数字化管理、现代化展陈和智慧化服务水平，打造博物馆之城。其二，发展场景式实体书店。实施"书店＋商业"策略，在时尚商业中心、旅游购物中心、商业综合体、特色街区中规划布局实体书店，支持方所、言几又等品牌实体书店创新商业模式，打造集图书、创意商品、展示交流等多功能、体验式文化消费空间，培育新兴文化消费热点。其三，完善城市演艺服务。改造提升现有演艺场馆设施，支持设施设备数字化更新。推动城市音乐厅、天府奥体城等重大项目建设，打造能够承接国际演艺活动的高能级场馆设施。鼓励支持艺术团体、民间艺人艺术原创，补齐小剧场、街头演艺基础设施的短板，为演艺内容创作提供孵化空间。实施精品惠民补贴政策，降低大众观演价格和消费成本。

（3）培育壮大文化企业，增强文化产业竞争力。产业是企业的集合，企业强则产业强。据统计，在成都文化企业中，中小企业占到绝大多数。提升大型文化企业的行业资源整合能力，增强中小文化企业的品牌培育和自主创新能力，形成大型企业和中小微企业间的良性竞争、合作共赢、协同发展，是成都在全国、全球获得文化产业竞争优势的基础。

一是培育骨干文化企业。做强做优国有文化企业，充分发挥成都传媒集团、成都文旅集团等国有文化企业（集团）在文化产业供给侧改革中的示范带动作用，扶持成都艺术剧院公司等改制文化企业可持续发展，完善法人治理结构，推进公司制、股份制改革，在文化科技融合、文化产业跨界融合、传统媒体与新兴媒体融合中发挥引领作用。壮大民营骨干文化企业，成都文化产业中非公经济占到90%以上，民营资本运营的文创产业园区数量占比超过50%，已经成为文化产业发展的重要主体。鼓励有实力的企业进行跨地区、跨行业和跨所有制兼并重组，着力培育一批具有核心竞争力的龙头文创企业（集团）。

二是支持中小文创企业发展。目前，成都中小微文创企业占到文化企业总数的98%以上，运营机制灵活，应变能力强，是文化产业创新发展的生力军。整合政策资源，支持小微文创企业研发创新和市场拓展，培育具有高成长性的潜力文创企业。大力推动文化双创，以高校双创空间、科技孵化器、国家级众创空间、文创产业园区、高新技术产业园为支撑，鼓励社会力量参与文化领域创新创业，形成双创空间—孵化器—产业园的企业成长链，聚集文化创新创意人才，培育一批"专、精、特、新"中小微文化企业。鼓励适合中小微文化企业的文化金融产品创新，对文化产业集聚区中的小微文化企业实施集中集合授信和统一担保。充分发挥产业联盟、行业协会、中介平台等社会组织的资源整合和行业规范作用，形成中小微企业健康发展的良好环境。

（4）优化文化产业发展布局，提升城市功能品质。衔接城市总体规划和土地利用规划，科学谋划成都文化产业发展布局，充分发挥文化产业在延续城市历史文化根脉，提升城市功能品质中的引领作用，促进文化资源和生产要素的集约化配置，进一步提高空间资源的利用效率，形成极核强劲、支撑有力、特色分布、整体发展的格局。

一是构建"双核联动、多点支撑"的空间格局。以城市发展总体战略为基础，依托"双核联动、多中心支撑"的网络功能体系，坚持"东进、南拓、西控、北改、中优"的原则，以国家级新区天府新区、天府国际空港、中国（四川）内陆自贸试验区建设为引领，按照"产业基础、优化资源配置、形成差异竞争、促进集群发展"的布局思路，推动形成以中心城区、天府新区为承载空间的文化产业核心区，规划布局文化产业功能区，发挥文化产业在产城融合中的引领和带动作用。培育远郊区市县文创产业特色发展区，引导各区市县根据资源禀赋和功能定位，依托非物质文化遗产传习地、特色镇村、乡村旅游示范区等，打造具有天府文化韵味、创意风格和成都样态的文创空间，引导特色优势文创产业集聚、集约、集群发展。

二是促进文化产业集聚区的转型升级。发挥政策牵引和重大项目的带动作用，引导文化产业向集聚区集中，促进文化产业集群发展。其一，优化文化产业集聚发展模式，遵循布局优化、彰显特色的原则，以国家文化产业示范（园区）基地、国家广告产业园、国家音乐产业基地为引领，优化公共服务，聚集骨干文创企业，充实文创人才，促进产业融合，推动文化产业集聚区从文创园区向文创街区，从文创街区向文创社区（小镇），从物理空间向线上线下互动空间的转变，带动重点文化园区转型升级。其二，培育发展文化双创空间，支持文创园区、众创空间、高校科研机构等建设文化双创平台，打造体验式、信息化、低成本的创新创业空间，开展文化双创人才和企业政务服务需求调查，完善基于互联网的高效公共服务平台，创新工商、税务、法律、金融、政策等服务方式，降低中小微文化企业初创成本。

（5）促进文化产业开放发展，提升国际化水平。抓住"一带一路"倡议的战略机遇，抓住四川建设自由贸易试验区和成都建设西部对外交往中心的战略机遇，充分发挥文化产业在成都文化"走出去"中的主体作用，全面提升对外文化贸易的质量和能级，提升成都文化产业的国际竞争力。

一是培育对外文化贸易骨干企业。一方面，研究制定和落实对外文化贸易相关政策措施，鼓励文化演艺、传统民俗、文化展会、工艺美术等传统行业，以及创意设计、网络文化、数码制作、动漫游戏等新兴领域的经营主体开拓国际市场，支持和鼓励对外贸易企业积极开展文化产品和服务出口，形成一批有国际竞争力的外向型文创企业。另一方面，建立全市文化产品和服务出口重点企业数据库，建立市级文化出口重点企业和重点项目名录发布制度和市级对外文化贸易基地授牌制度，力争进入国家文化出口重点企业和重点项目名单的企业和项目稳步增加，开展全市文化出口企业政策需求调查，对地域特色文化商品、优势文化服务、"一带一路"沿线重点目的地国家的出口贸易给予引导和支持，打造具有国际水准和特色优势的文化产品、服务和企业品牌。

二是创新对外文化贸易合作模式。其一，实施品牌文化产品输出计划。科学分析成都文化出口优势产品，瞄准文化折扣率较低的重点目的地国家，通过对外经贸合作、友城互访、媒体对外文化宣传、对外文化交流活动等途径，借助官方渠道进行成都品牌文化产品的海外推广，提高目的地国家对成都文化产品品牌的认知度和体验度，并针对目的地国家的文化习俗和消费偏好开发品牌文化产品，拓展海外文化市场。其二，实施对外文化投资计划。支持本地文化企业与海外文化企业合资合作，整合配置国内外资源，在目的地国家开展文化产品生产制造和文化经营活动，积累优质文化资产。加大对文化对外投资的理论指导和政策引导力度，加强对外文化贸易重点国家、重点领域及投资环境的研究，科学评估目的地国家文化投资的风险，提高对外文化投资的成功率。对企业开展对外文化投资项目给予补贴、奖励以及便利服务，降低企业走出去的交易成本。其三，扩大中高端文化产品和服务出口。扩大版权出口贸易规模，以演艺剧目、影视作品、网络文学、艺术品等成都特色优势行业为重点，鼓励文化企业加快海外版权输出，扩大高附加值文化产品的海外市场占有率。扩大对外文化服务贸易，以大庙会、灯会、杂技等地域特色文化会展服务为重点，搭建天府文化产品和服务组合营销平台，优化对外文化贸易结构。

三是拓宽文化产品和服务贸易渠道。其一，努力创建国家对外文化贸易基地，以创意设计、动漫游戏、艺术品、文化演艺为重点，依托具有代表性和一定出口规模、配套条件较好的外向型文化企业和从事文化出口的外贸企业，积极申报建设国家对外文化贸易基地。其二，加快成都对外文化贸易信息平台建设，加强对外文化贸易公共信息服务，分国别、分领域向文化企业发布海外文化市场信息。其三，拓宽对外文化贸易和海外版权交易服务平台，完善成都"西部文化艺术品保税仓"的展示和交易功能，提升中国（成都）国际非物质文化遗产节、成都创意设计周等大型城市文化节会的国际化水平和品牌影响力，提高成都文化产品的国际辨识度。支持本土企业与"一带一路"沿线国家开展民间文化交流活动，鼓励文化企业在全球知名的国际文化经贸活动办展，创建海外文化贸易主流渠道。

（6）打造文创蓉军，加强产业发展的人才保障。结合成都文化产业重点领域和行业优势，以产业发展需求为导向，重点聚集内容创作、设计服务、新媒体、文化信息、国际贸易和企业管理等高端人才，打造综合素质高、创新创意能力强、具有天府文化情怀的文创蓉军。

一是聚集高端文创人才。出台高端文创人才引进政策，采取柔性引进和多点执业等方式，健全人才引进工作体系和引进机制，重点培养和引进一批文化产业领军人才、高层次文化经营管理人才、文化金融资本人才、文化科技创新人才、文化贸易国际化人才以及高端技能型人才。建设成都文化创意名家、企业家、专家等高端人才信息库，组织国家千人计划、省千人计划、突出贡献人才、青年杰出人才、四个一批人才等高端人才，参加海外培训和项目考察。与"一带一路"沿线国家开展学术交流，合作培养把握产业发展前沿、熟悉国际经贸活动的文化产业高端人才。

二是凝聚创新型人才。深入实施文学、艺术、音乐、影视、戏剧等青年人才培育计划，引进海外高层次人才来成都创业，实施川剧、蜀绣等非物质文化遗产传承人培养计划，依托文创企业、文创园区建立大学生实训基地，在创新实践中凝聚具有创新精神和创新能力的人才。举办文化创意青年人才创新创业大赛，建立文化创新人才认定标准和机制，并纳入《成都实施人才优先发展战略行动计划》，在落户、安居、技术培训等方面给予支持，营造吸引创新型人才的环境氛围。积极探索文化创意与信息、技术、管理相结合的教育培养模式，注重培养学生跨学科、跨领域的创造性思维能力。充分发挥文化行业管理机构、行业协会和专业咨询机构作用，发现具有创新品质、创新意志、创新思维、创新知识、创新实践等特征的专门人才，形成多层次、多渠道、相互衔接的创新型人才培养格局。

三是培养技能型人才。深化产学研合作的文化创意人才培养模式，发挥高校院所、培训机构、文化企业、园区基地、众创空间、孵化器等各自优势，建立专业人才实训平台，结合行业发展最新趋势，在人才培养中加大文化科技硬件和软件投入，建立新型文创人才吸纳和储备机制。依托四川传媒学院、四川文化产业职业学院等专业院校，培养高端创业型、技能型文化经营与管理人才、创意设计人才、影视传播人才、文博艺术人才、非物质文化遗产传承创新人才。

第四章　成都文化产业发展模式创新的策略和路径

　　文化产业发展模式是对一个国家和地区在文化生产中，利用资源，整合资本，组合要素，推动文化产业发展的综合能力和主导方式的理性归纳。文化与科技、文化产业与相关产业，以及文化与城市的融合发展，已成为新形势下我国文化产业发展模式的主导趋势。成都在创新文化产业发展模式的实践中，探索出了文化创意与历史文化保护融合，文化与数字科技融合，文化与城市更新融合，以及文化与生态融合四种创新模式，但其融合发展还处在起步初期，其规模和总量还十分有限。本章针对成都创新文化产业发展模式的现状和特点，借鉴国内外城市的先进经验，从推动文化产业融合发展成为主导模式，创新要素供给，加强复合型人才队伍建设，完善政策保障等方面，提出全面深化成都文化产业发展模式的创新。

一、文化产业发展模式的演进

（一）文化产业发展模式的基本内涵

　　文化产业发展模式是对一个国家和地区在文化生产中，利用资源，整合资本，组合要素，推动文化产业发展的综合能力和主导方式的理性归纳。[①] 文化产业发展模式是动态的，它随着经济、社会、科技等内外环境的变化而不断调整，不断发展。因此，我们说在经济社会发展的不同阶段，文化产业发展模式也会随之变迁发展。

　　目前学界关于文化产业发展模式的研究，大致有以下几个研究视角和观点。一是依据发展主体的不同，或者说，根据政府干预度来划分，可分为政府主导型和市场主导型。[②] 二是依据产业发展的引导力和推动力特征，分为数字

---

① 　向勇. 转型期我国文化产业发展模式研究［J］. 东岳论丛，2016，37（2）：66—70.
② 　熊正贤，吴黎围. 国外经验与我国西部文化产业发展模式选择［J］. 贵州民族研究，2014（4）：108—111.

技术、娱乐大众、品牌推广、跨界融合、空间聚集、服务平台、内容为王等多种类型的发展模式。① 三是结合市场需求、产业竞争等外部条件以及产业自身的资源禀赋和约束条件等内部条件，分为资源型、科技型、资本型、制造型、内容型、平台型和生态型文化产业发展模式。② 本研究倾向于综合第二和第三种观点，依据促进文化产业发展转型升级的核心要素，及其要素构成的结构等进行分类。

现阶段在以信息技术、网络技术和人的智力资本为依托的"新经济"进程中③，文化产业的发展也发生了全新的变革，产业融合、高科技植入等都是其显著的新趋势，也是未来文化产业发展的主导模式。

（二）我国文化产业发展模式演进

中国文化产业制度变迁经历了四个阶段，分别是：1978—1992 年的起步阶段，其制度变迁的基调是管制；1993—2001 年的探索阶段，其制度变迁的基调是规范；2002—2008 年的拓展阶段，其制度变迁的基调是鼓励；2009 年至今的转型阶段，其制度变迁的基调是扶持。④ 我国文化产业发展的第一、二阶段，尚属于文化产业发展的早期模式，主要是以政府计划管制，依赖自然及人文资源，简单的开发和生产后形成较为初级的文化产品，还是一种相对低投入、低技术、低附加值的发展模式。我国文化产业发展的第三阶段，基本属于文化产业发展的中期模式，以高投入、高回报为特征，是高速发展阶段，既存在着由大量资本投入带来的制作精良、场面宏大等优势，也存在着由巨额投入带来的高风险性。同时，为了赢取预期的高回报，在文化产业的生产制作上，不免会带来套路雷同性、内容媚俗性等问题，以及重视商业效益而轻视文化的社会效益等弊端。我国文化产业发展的第四阶段，是政府引导与市场决定相结合的模式，统筹协调，兼顾政府统一布局、长远规划，以及市场迅捷灵活的双重优势，逐步以高新科技、产业融合为产业发展的主要推动力，代表着文化产业发展模式的新趋势。

———————

① 陈少峰.关于文化产业发展模式的思考［J］.华中师范大学学报（人文社科版），2012（4）：77—81.

② 向勇.转型期我国文化产业发展模式研究［J］.东岳论丛，2016，37（2）：66—70.

③ 张胜冰.文化产业与城市发展——文化产业对城市的作用及中国的发展模式［M］.北京：北京大学出版社，2012.

④《重庆社会科学》服务重庆市委决策系列选题研究小组.我国文化产业政策轨迹及其趋势判断［J］.重庆社会科学，2016（5）：18—19.

（三）新形势下我国文化产业发展模式的主导趋势

我国正处在全面建成小康社会的决胜阶段，也是推动文化产业成为国民经济支柱性产业的决定性阶段。世界经济正处于新旧增长动能转换的关键时期，新一轮科技革命和产业变革蓄势待发，我国经济发展进入速度变化、结构优化和动力转换的新常态。《文化部"十三五"时期文化产业发展规划》明确提出："推进'文化＋'和'互联网＋'战略，促进互联网等高新科技在文化创作、生产、传播、消费等各环节的应用，推动文化产业与制造、建筑、设计、信息、旅游、农业、体育、健康等相关产业融合发展。"以"文化＋""互联网＋"为主要途径的融合发展，文化要素跨界互动，文化与科技深度融合等已成为我国当前文化产业发展的主导模式，这种融合发展的新模式也为文化产业的发展增添了新动力。文化产业的融合发展，既包括文化产业内部演艺、旅游、体育、音乐等不同门类间的融合流通，也包括了文化产业与其他产业跨界联姻。文化产业与制造、建筑、信息、农业、商贸、健康等相关产业的融合发展，不断丰富和扩大了文化产业的内涵和外延，促进资源要素的自由流动。国家相继出台《文化科技创新工程纲要》《"十三五"国家战略性新兴产业发展规划》《关于推进文化创意和设计服务与相关产业融合发展的若干意见》等文件，对文化与科技以及文化产业与相关产业的融合，有针对性和引领性地进行了中长期目标和任务的规划。

1. 文化与科技的融合（"互联网＋"）

党的十八大报告指出："促进文化和科技融合，发展新型文化业态，提高文化产业规模化、集约化、专业化水平。"科技作为第一生产力，是国家硬实力之根；文化是立国之基，是国家软实力之魂。科技硬实力与文化软实力融合互通、刚柔并济，能有效促进经济持续稳定健康繁荣发展。[1] 文化和科技融合是一种技术诱发的产业发展模式，通过要素层面、企业层面和产业层面的融合，两者交叉、渗透、重组并最终融为一体，带来文化生产方式的变革。特别是在文化业态新生、价值链提升和商业模式创新等方面，促进文化产业规模化、集约化、专业化水平的提高，引导社会生产由满足人的生理需要到满足人的精神需要。[2] 科技创新是推动文化产业转型的重要技术性工具，随着数字技术、互联网、大数据、移动通信等高新技术在文化产业领域的广泛渗透，"互

---

① 胥刚，等．激活文化科技融合基因［N］．光明日报，2016－11－7（14）.
② 尹宏．我国文化产业转型的困境、路径和对策研究——基于文化和科技融合的视角［J］．学术论坛．2014（2）：119－123.

联网＋文化产业"作为一种新兴的产业模式正在蓬勃发展。当互联网与文化相拥抱，文化的自身内涵与传播广度都被重新阐释，或被赋予新的可能性，互联网的技术外表同样也被赋予了多重的人文魅力，从而使两者在融合中迸发出无限的经济效益和市场价值。大批的科技型文化企业逐渐成为推动发展的主体，新创意、新业态、新模式不断涌现。文化与科技融合，既要加快发展文化创意、数字出版、移动媒体、动漫游戏等新兴文化产业，又要提高传统文化产业创作、生产、传播、流通、消费等环节的科技含量，促进传统文化产业转型升级，提高文化产业规模化、集约化、专业化水平。

　　2. 文化创意与相关产业的融合（"文化＋"）

　　在产业大融合的背景下，文化与旅游、科技、金融、体育、农业等相关产业的融合发展表现活跃。我们将文化这种先天具有的强大渗透性，称之为"文化＋"，这既是文化要素向经济社会各领域的渗透，又是文化产业综合利用其他产业，开启新思路，搭建新平台，尝试新模式的创新实践。文化产业与第一、二、三产业都有不同程度的融合，文化与农业的融合，从空间和领域上拓展了文化产业在休闲观光等门类的发展空间。文化与制造业的融合，既提升了新产品的外观功能设计和文化内涵开发能力，增加消费品的附加值，又能创新文化产业的体验性和参与性。文化与服务业广泛融合，当文化与旅游业融合，是以文化内涵提升了旅游产品的价值和吸引力，增加了体验、娱乐、健养、商务等旅游内容；当文化与餐饮业融合，提升了餐饮服务的文化内涵，大大推动餐饮业品牌化的进程；当文化与金融业融合，灵活了文化企业的融资途径，创新了知识产权、文化人才等文化要素在市场中自由配置的方式，极大地促进了骨干文化企业的培育等。文化产业与相关产业的融合发展，在促进资源要素流动的基础上，为传统产业转型升级注入了活力。

　　3. 文化与城市的融合

　　习近平总书记在中央城市工作会议上曾指出：统筹改革、科技、文化三大动力提高城市发展持续性。要保护弘扬中华优秀传统文化，延续城市历史文脉，保护好前人留下的文化遗产。要结合自己的历史传承、区域文化、时代要求，打造自己的城市精神，对外树立形象，对内凝聚人心。[①] 为避免千城一面的弊病，将文化融入城市建设的方方面面，既是城市文化建设的现实需求，也是提升城市文化品位，增加城市文化软实力，打造独特城市文化品牌的必然要求。加强城市文化传承保护，提升城市规划建设的独特文化品质，深入挖掘城

-----

　　① 习近平在 2015 年 12 月 20 日至 21 日在北京举行的中央城市工作会议上的讲话。

市文化的核心价值，将文化元素、文创产业要素融入城市规划、城市建设和城市环境中。文化与城市的融合几乎涉及城市发展的方方面面，我们可大致将其归纳为三个层面：一是反映城市社会风尚和市民素养的城市精神，二是涉及城市街区景观、建筑风格的城市风貌，三是反映在城市的文化创意、旅游等的特色产业上，以上三个层面的载体是文化与城市融合发展的主要表现形式。

二、国内外城市文化产业发展模式创新的经验借鉴

（一）文化与科技的融合

文化与科技的融合成为当前文化产业发展的重要创新模式之一。

1. 利用互联网思维打通产业链的融合发展

互联网思维并非是仅把互联网视为工具，而是树立以互联网的系统商业思维，使之贯穿于文化创意产品价值创造活动的全过程，在产品的研发、创制、推广、消费等环节，搭建文化生产者与文化消费者的互动平台和机制，加强产品体验与互动。通过运用移动互联网、云计算、大数据、物联网等信息技术，推动文化产业技术和效率的进步，进而促进模式变革，提升文化的创新力，以实现产业内部各种行业间的不断跨界，打破行业边界，促进了大规模龙头领军企业的成长和形成。

案例 1　基于互联网思维的音乐产业链融合发展模式

深圳的 A8 公司搭建 UGC（用户生成内容）模式的互联网原创音乐平台，围绕音乐，打通了上游唱片公司、UGC 平台和电信运营商的支付通道、用户的整个产业链条。在互联网思维下，A8 运用大数据技术进行分析和挖掘，追求消费者的浓度、稠度及贴合度，让消费者有归属感，建立用户思维，竭尽全力为消费者寻找他们可能需要的方案及产品，抓住消费者的兴趣点，增大用户访问深度，形成多主体共赢互利的生态圈，让消费者参与进来，设计个性化的产品和提供差异化的服务。A8 集团一是拥有业内领先的 UGC 原创网络音乐平台，不仅购买大量知名唱片公司的音乐资源，供音乐爱好者试听和下载，也为原创音乐者提供展示和推广自己作品的机会，以互联网的方式，为原创歌手和唱片公司，以及消费者搭建桥梁。二是自主开发一站式音乐娱乐服务客户端 A8Box，专为手机企业提供包括海量音乐内容、深度融合本地与在线音乐服务的播放器软件等手机音乐服务。三是开展各项音乐活动，延伸网络音乐产业链，构建"数字音乐产业基地"。四是推出"音乐云"计划，为用户提供一个虚拟的集中存储音乐的空间，可以随时随地透过任何设备检索和收听音乐，以及智能电台、音乐小区等多彩音乐消费活动。A8 集团从数字音乐娱乐和移动互联网游戏发行着手，全面打造数字音乐产业链。

---

2. 以科技创新突破产业边界的融合发展

高新科技的大量运用，已经打破了产业间的界限，文化产业与其他产业不再像过去有清晰的产业边界，而是呈现出网状连接、边界模糊的状态。在这种

状态下，文化产业不断吸收其他产业进入，不断变化和调整，从而推动系统的融合发展。

案例2　智能服饰引领潮流：文化产业与高新技术融合发展模式

　　利用智能织物纤维的新材料技术，美国的跨国科技企业谷歌与著名的时尚服装品牌Levi's联手合作，在2016谷歌I/O开发者大会上推出了一款智能牛仔夹克。这款夹克在面料上使用了一些全新的技术，内含有特质的电子元，具有轻触式遥控功能，是专为骑行爱好者量身定制的能打电话、听音乐、查导航，还支持水洗的智能服饰。科技企业与服装企业的这次合作，正是体现了科技创新作用下产业跨界融合的发展新模式。谷歌不仅仅把这件智能牛仔夹克当作服饰，还当作是一个可佩戴平台，能增加多个配套应用、设备和功能，扩大实用性，还能记录数据随时供用户查阅。在文化创意领域，可穿戴设备与工业设计的结合已经密不可分，而随着智能材料性能的变化，智能织物的不断完善，可穿戴设备未来与时尚、各类生活消费品的结合将日趋紧密，可以预见智能材料和织物与文化创意结合将驱动更多形态的产品创新。

（二）文化与相关产业的融合

　　文化与相关产业的跨界融合也已成为国内外城市广泛运用的文化产业发展新模式之一。文化与相关产业的融合发展，形成"越界、渗透、融合、提升"的发展态势。①

1. 文化与旅游融合发展

　　文化是旅游的灵魂，旅游是文化的载体。文化为旅游提供丰富的内容产品，旅游则为文化创造巨大的市场空间。文化与旅游融合发展的重点都在于整合文化旅游资源，挖掘和开发能够共享或互补的文化资源，完善旅游配套设施、优化旅游产业结构，塑造整体品牌，从而提高区域内文化旅游产品的整体质量和市场竞争力。文化与旅游融合发展除去传统意义上的文化博览观光，还出现了农业文化旅游、工业文化旅游、生态文化旅游等文化与旅游融合发展的新趋势，并成为推动经济社会发展新的增长点。

案例3　鲁尔工业文化与旅游融合发展模式

　　以德国鲁尔工业区为例。19世纪中叶，德国鲁尔工业区是欧洲最大的工业经济区域，煤、钢、机械制造等是该区域的支柱产业。由于成本和空气污染等原因，20世纪50年代末60年代初鲁尔工业区步入了衰落期。此后，鲁尔区在产业转型中明智地选择了旅游经济，造就了著名的鲁尔模式。鲁尔民众创造性地把废弃的矿井和炼钢厂改造成为博物馆，在煤渣山上改建室内滑雪场，甚至利用废弃的煤气罐、矿井等开发出了风情独特的旅游路线。大力发展文化创意产业、创意生活产业、休闲旅游，使鲁尔从重工业污染严重的生产性场所，变成令人向往的安居型旅游城市。

---

　　① 温朝霞．"文化+"：跨界融合形成创新产业模式 [N]．南方日报，2015-05-23（2）．

2. 文化与金融融合发展

"文化＋金融"，重在打造文化投融资平台，引导各类社会资本投资文化领域；利用互联网金融模式开辟新型融资渠道，创新文化消费金融产品，发挥金融创新对文化消费的刺激作用。① 在文化与金融服务的融合中，引发众筹、股权投资等新模式，拓展和改造了原有文化创意产业的融资和消费方式。专门的众筹网站和平台迅速成长，这是一种公众小额集资的方式，互联网平台拓展原有文化创意产业的融资方式，以便捷的网络团购、预购的方式，使每个消费者都有可能很容易地成为投资者，大量的小额资金通过众筹平台，供给文化产品的生产者，尤其是一些小微创意企业，或有实力的新项目。尤其是在互联网信息服务、旅游、影视制作发行等文化产业领域，最突出创新使用股权众筹。借助"互联网＋"的契机，以众筹的方式参与文化创意产业的"投资""贷款"环节，在减少融资的时间、风险和中间环节的同时，创新了新渠道，解决了长期以来困扰文化创意产业发展的难题，找到了文化创意产业新金融的突破口。众筹是一种趋势，筹投贷模式为文化创意产业多层次资本市场构建寻求一种新路径。

案例 4　文化与金融融合的众筹融资发展模式
2013 年 3 月，《十万个冷笑话》的制作方"有妖气"率先采用互联网众筹的方式筹集资金，征求"十万个微投资人"，最终在众筹平台"点名时间"上筹集启动资金137.3474 万元，参与投资人数 5533 人，此外，该电影又由上海炫动传播股份有限公司、万达影视传媒有限公司、有妖气、新浪娱乐、小米科技、万达电商、格瓦拉生活网、蓝港互动等多方联合出品，成本仅千万元。2015 年，《十万个冷笑话》首日就凭借 1240 万元的票房收回投资成本，上映 24 天，票房就达到 1.2 亿。《十万个冷笑话》对不同级别的"金主"提供的回报直接涉及产品的制作，而《小时代 3》《老男孩》等故事片的互联网众筹则是采用广告植入，或作为预付门票、衍生品购买凭证等多种模式。

（三）文化与城市更新的融合

文化是一座城市的软实力，也是城市发展的根本动力所在。文化通过结合当下城市发展的新需求，衍生出新的文化创意，使文化得以更加广泛和深远地传承与发扬，文化与城市更新的融合已成为未来文化创意产业发展的新模式之一。

1. 打造历史文化特色街区的发展模式

历史文化街区是城市文化传承与展示的特色空间载体。挖掘利用文化资源，结合小街区的改造，在街区形态上植入大量特色文化元素，以文化创意为

---

① 张湘涛．"文化＋"：产业融合发展的新形态［N］．光明日报，2015－12－25（10）．

主要业态，并加以商业化的营销推广，全面释放文化的价值，提升历史街区的核心竞争力。

案例 5　南京 1912 历史文化街区发展模式

　　南京 1912 历史文化街区，是位于南京市中心紧邻民国总统府的一块 L 形地带，由 17 幢民国风格建筑及"共和""博爱""新世纪""太平洋"4 个街心广场组成。这片建筑群，风格古朴雅致，弥漫着一股浓浓的民国情调。该项目自 2004 年起步，是典型的将深厚的文化内涵赋予传统商业地产的新发展模式。1912 集团将自己定义为做中国文化商业地产的运营商，他们坚持以市场为导向，坚持以文化为助力，坚持以商家为核心，坚持以服务为重心的开发原则。南京 1912 历史文化街区是集餐饮、娱乐、休闲、观光、聚会于一体的时尚休闲街区及知名品牌展示地，吸引了国内外近 60 家知名品牌商家加盟。南京 1912 街区既有历史文化特色又具现代时尚风采的休闲、文化商业中心，是一个中西合璧、时尚与传统完美融合的现代城市客厅，在商业用途之下蕴含着浓郁的文化气息。随着南京 1912 在全国知名度的不断提升，无锡、扬州、苏州、合肥等地的 1912 相继开张，继续延用文化与商业融合的发展模式。

2. 文化与旧城改造融合的发展模式

　　老旧城区往往面临着交通拥堵、房屋老旧密集、街巷杂乱、生活配套严重不足等问题，因此，旧城改造是城市发展中不可避免的更新过程。利用文化的创意，在城市的形态、生态、业态等方面进行区域改造，提升城市品质，实现城市魅力的提升，这既是城市更新的必然需求，也是文化创意在城市中的生动实践。

案例 6　东京六本木新城改造的发展模式

　　六本木新城又称六本木之丘，位于日本东京闹市区内，改造之前，六本木之丘歌舞厅聚集，道路狭窄拥挤，治安恶劣。从 1986 年至 2003 年，历经 17 年，投资 4700 亿日元，六本木已改造成为集居住、商务、休闲娱乐、文化创意等为一体的、超大型复合型都会地区城市综合体。六本木新城最大的旧城改造特色在于，其融入无限文化创意的长远而别致的规划，不仅对空间有高效的利用，而且建成快捷的交通体系，把"水平"的都市创造成一个"垂直"流动的都市。六本木新城最高的象征性主体建筑物森大厦，是一栋地上 54 层、地下 6 层的大厦，既有高速电梯直达顶层，也有电动手扶梯可以随意在各楼层停留。设计师运用提升大楼的高度来增加更多的绿地和公共空间，同时，也缩短了人们往返于办公区与居住区之间的距离，节约了交通出行的时间成本。垂直方向的设计理念，结合了良好的艺术规划与开放空间设计，将大量的高层建筑与宽阔的人行道、大量的露天空间交织在一起，也将空间塑造得更加体现艺术性和人性关怀。六本木新城不仅保留了原有的水系和绿化，而且还整合优化了周边的公园和广场空间，将规划内二分之一以上的区域作为户外开放空间，总占地面积约为 11.6 公顷，总建筑面积 78 万平方米。建筑物内部及屋顶上大面积的绿化园林景观，在土地资源十分稀缺的东京实在是十分难得的公共绿地空间，长期在此工作的约有 2 余万人，每天出入的流动人数则高达 10 万余人。六本木新城是目前日本最大规模的旧城改造成功项目，也是值得借鉴的文化与旧城改造相融合的成功案例。

三、成都创新文化产业发展模式的实践

（一）成都文化产业发展模式的演进脉络

近十五年来，成都文化产业从 2004 年，经营收入 232.54 亿元，创造增加值 65.81 亿元，占地方生产总值的 3.0%；[①] 到 2015 年，增加值达 497.5 亿元，占全市当年 GDP 的 4.61%，[②] 产业稳步发展，成绩显著。

成都文化产业发展模式的演进基本遵循我国文化产业发展模式的基本脉络，从政府计划管制发展模式和市场自发推进的发展模式并存，再到当下的政府与市场统筹合力推进的发展模式。由武侯祠博物馆牵头的锦里街区开发项目，成都市锦江区按照城乡统筹的发展要求打造的三圣花乡等都是早期成都文化产业以政府推进为主的发展模式之表现。同一时期，成都也出现了由青年艺术家的自发聚集而形成的蓝顶、浓园等艺术创作、交流、拍卖等的聚集区，这是市场自发推进的文化产业发展模式的典型代表。近年来，成都将政府与市场的作用统筹起来，依托闲置楼宇、老旧厂房、环城生态圈等资源，融入文化创意、科技创新以及艺术原创等，合力推进文化产业的发展。

成都文化产业发展模式的演进，从重点产业、优势产业的分行业推进，以特色资源的初级开发为主要动力的粗加工资源型发展模式，及以加大资本投入为主要动力的资本型发展模式，走向以融合理念，推动文化与旅游、科技、金融、商务等相关产业融合的新兴发展模式。新闻出版、旅游、广告和会展业等传统行业是成都文化产业前期发展的主导产业，但随着文化产业与科技及相关产业的融合发展，游戏动漫产业、新媒体产业等逐渐兴盛。目前成都虽已出现产业融合及"文化+科技"的文化产业创新发展模式萌芽，但还存在平台建设较弱，龙头企业和复合型人才缺乏，政策环境有待改善，文化消费潜力尚须激发等问题，融合发展新模式尚未成为主导发展模式，还有待进一步培育和引导。

（二）成都创新文化产业发展模式的现状

成都在文化产业发展的历程中，注重结合自身特点，大胆尝试文化与相关

---

① 成都文化产业发展报告编委会.2005 年成都文化产业发展报告［M］.成都：成都时代出版社，2005.

② 中共成都市委宣传部，成都市文化广电新闻出版局.成都市文化产业发展"十三五"规划［R/OL］，2017.

产业的融合发展，主要表现为文化创意与历史文化保护融合、文化与数字科技融合、文化与城市更新融合，以及文化与生态融合四种模式的创新实践。

1. 文化创意与历史文化保护融合

成都作为国家首批历史文化名城和中国十大古都之一，具有深厚的历史文化底蕴，城市的文化名胜、古迹遗址、历史记忆众多。成都文化产业的发展过程中，有不少将文化创意与历史文化保护融合发展的成功案例，这是成都在创新文化产业发展模式上很具特色的实践。其具体实践有以下几种方式：

一是文化创意与遗址保护融合。比如 2003 年开工，历时五年，利用成都清朝八旗聚居的文化资源，在清末民初的城市老式街道及四合院群的基础上，植入旅游体验的商业开发理念打造的宽窄巷子历史街区，被誉为最集中体现成都"慢生活"的城市名片，并在 2008 年荣获"中国创意产业项目建设成就奖"，2009 年获得"中国特色商业步行街"等称号。在这类发展模式推进下形成的特色项目，还有依托著名佛寺"川西第一禅林"——文殊院的佛禅文化资源，结合川西平原的民俗风情打造的文殊坊历史文化街区，以及正在规划建设中的"成都中心"，围绕天府广场周边近年来出土的摩诃池等重要考古发掘遗址，按照"千年城市中心、历史文化源点"的定位，"本着复兴历史文化、重构成都中心"的规划思路，正在规划建设的集文化中心、中央公园、城市遗址、产业高地于一体的，面积上千亩的"成都中心"。① 在保护历史文化遗址的基础上，充分发掘历史遗址的现代文化价值，将文化创意通过旅游开发、商业营销、旧城改造、产业规划等多种途径融入，使历史文化遗址焕发出生动化、现代化、市场化的生命力。

二是从博物馆衍生出的文化创意。早在 2004 年，武侯祠博物馆就依托三国文化、成都民俗文化资源，在武侯祠博物馆东墙外，以清末民初建筑风格的仿古建筑群及川西园林相结合的形态，建设了集酒吧娱乐、美食小吃、特色客栈、旅游工艺品展销等多种业态于一体的锦里民俗休闲街。锦里在 2006 年被国家文化部授予"国家文化产业示范基地"。2007 年，在考古发掘原址上建成的金沙遗址博物馆，是一座集教育、研究、休闲于一体的现代园林式博物馆。金沙遗址博物馆不但在保护、研究、展示古蜀文明中起到了十分卓越的作用，被评为"国家一级博物馆""国家考古遗址公园"，同时，又在博物馆基础上衍生出了文化创意产业的探索。金沙遗址博物馆每年春节期间，在园区内举办声势浩大的金沙太阳节，截至 2017 年已成功举办九届，已成为成都的特色文化

---

① 2017 年 8 月 10 日，成都市规划局正式发布的《"成都中心"规划方案》。

节会活动，金沙遗址博物馆也获评"国家 AAAA 级旅游景区"。此外，中国博物馆小镇——安仁古镇的建设也是成都以博物馆为基础的文化创意产业的重要实践之一。在全国重点文物保护单位刘氏庄园和中国最大的民间博物馆聚落——建川博物馆聚落的基础上，大力发展文化产业，推进国家文博高地建设，建川博物馆荣获"国家文化产业示范基地"称号，安仁小镇被授予唯一的"中国博物馆小镇"美称。安仁小镇形成集藏品展示、教育研究、旅游休闲、收藏交流、艺术博览、影视拍摄等多项功能为一体的新概念文博创意聚落。成都在博物馆的收藏展陈、研究教育的基本功能之外，积极探索着文博事业的产业化、创意化可能，并已取得可喜成就。

三是文化名胜与商业地产的融合。关于文化与历史文化保护相融合发展模式，成都还有一种实践方式是将历史文化名胜与商业地产的打造相结合。如水锦界商业街区，利用"中国白酒第一坊"的水井坊考古遗址、老成都水码头、川西老院落等文化资源，以兰桂坊成都为核心项目，结合 46 个风格独特的川西四合院落，将餐饮、休闲、娱乐及特色购物等诸多业态融入其中，集时尚、国际、先锋、艺术于一身，是成都传统建筑和都市文化完美融合的中央休闲区。再如成都远洋太古里，借助千年古刹大慈寺的厚重历史文化韵味，以及独栋川西民居青瓦坡屋顶的独特风格，以"快里"和"慢里"相结合的理念，将国际时尚潮流与休闲生活情调完美融合，打造汇聚一系列国际奢侈品牌、潮流服饰品牌、米其林星级餐厅以及国内外知名食府的开放式、低密度的商业街区。

2. 文化与数字科技融合

近年来，成都的文化产业发展逐步出现文化与科技融合的新兴发展模式。成都依托高新技术开发区，重点发展数字内容产业和数字创意产业，增强文化产业领域科技实力和自主创新能力。成都先后获批国家游戏动漫产业基地、数字娱乐产业基地和数字新媒体技术产业化基地，2012 年，成为首批国家级文化和科技融合示范基地之一，被纳入国家文化科技创新的战略布局。成都也被誉为"全国动漫游戏第四城"，动漫游戏业的原创能力和技术实力在全国持续领先，特别是在移动互联网板块展现出强劲的活力。成都将高新技术与文化充分融合，建成了天府软件园、西部智谷、成都数字娱乐软件园等文化科技园区。由成都市政府牵头，华诚信息产业集团投资建设的成都数字娱乐软件园，获科技部授予的"数字娱乐产业化基地""国家 863 数字媒体技术产业化基地"，新闻总署授予的全国首家"国家网络游戏动漫产业发展基地"等荣誉，成为全国第一家规模和内容兼优的数字娱乐产业示范基地。截至 2016 年，成都高新区已聚集 600 余家数字内容企业，初步形成以游戏产品研发为核心，涵盖发行、运营、渠道等多个领域的产业链条。

3. 文化与城市更新融合

在城市的现代化进程中，旧厂房、旧城区的改造是城市更新中不可避免的问题。成都在文化产业发展模式的创新上，就大胆地将文化与城市更新融合起来，进行了富有成效的探索性尝试。

（1）老瓶装新酒式，在保存旧建筑的基础上植入文化创意的新内容。如红星路 35 号，成都文创投资发展有限公司投资 2400 万，对成都红星 7234 工厂旧厂房进行改建，2008 年开园，建成聚集工业设计、时尚设计、包装设计、平面视觉设计、空间设计等行业的，西部地区首个以创意设计为特色的文化创意产业园区。① 再如东郊记忆，2011 年，在原国营红光电子管厂旧址上改建而成的现代文化产业新型园区——成都东区音乐公园正式开园运营，2012 年，正式升级更名为东郊记忆。东郊记忆是集合音乐、美术、戏剧、摄影等文化形态的多元文化园区、工业遗址主题旅游地、艺术文化展演聚落、文艺创作交流园区，是国家音乐产业基地、国家 AAAA 级旅游景区、科技与文化融合示范园区。

（2）腾笼换鸟式，在拆旧建新中向文化创意产业转移。如正在建设的成都城市音乐厅，就是在一环路南一段内侧寸土寸金的中心城区，对川音大厦、川音幼儿园、民主路东侧等进行拆除，依托四川音乐学院的音乐文化资源，将建成一座占地面积约 35 亩的世界一流的城市音乐厅。这个城市音乐厅将拥有一个 1600 座的歌剧院，一个 1400 座的音乐厅，一个 400 座戏剧厅，一个 200 座的小音乐厅，预计在 2018 年建成启用。并且，成都还将按照小街区规制的理念，在环绕成都城市音乐厅周边 1.2 平方公里范围内，打造成都音乐坊，形成音乐教育培训、音乐创作制作、民俗音乐、乐器展售、酒吧娱乐等音乐产业的聚集。

4. 文化与生态融合

成都创新文化产业发展模式的另一种方式，是将文化与生态融合起来。主要依托成都环城生态区，这条中心城区的绿色生态屏障，发展环境友好型的文化创意产业。其一是乡村休闲旅游型的文化与生态融合。比如三圣花乡，就是成都按照国家城乡统筹发展的要求，依次打造的"花乡农居""幸福梅林""江

---

① 尹宏．"红星路 35 号"：创意产业集聚区建设的案例．2009 年成都文化产业发展报告［M］．成都：四川人民出版社，2009.

家菜地""荷塘月色""东篱菊园"五个主题景点。"五朵金花"辖区面积 12 平方千米,是将成都花卉文化、民俗文化资源与生态环境相融合,打造的一个集商务、休闲度假、文化创意、乡村旅游为一体的乡村农业休闲旅游典范项目,先后被国家旅游局、建设部、文化部等部门授予"国家 AAAA 级旅游景区""首批全国农业旅游示范点""中国人居环境范例奖""国家文化产业示范基地""市级森林公园"等称号。其二是原创艺术聚集型的文化与生态融合。如借助良好的生态环境,形成当代原创艺术家聚集的蓝顶艺术区、浓园国际艺术村等,在环城生态区中,建成集艺术创作、艺术鉴赏、艺术交流、艺术品拍卖、艺术培养、艺术旅游服务等为一体的文化创意产业集群区。蓝顶艺术区项目获得"四川省文化产业示范基地""成都市文化产业示范基地"的荣誉称号,浓园艺术村先后荣获"四川省文化产业示范基地""四川省重点文化旗舰企业""中国创意产业最佳园区"称号。

(三) 成都文化产业发展模式创新过程中存在的问题

在成都创新文化产业发展模式的实践中,最主要的问题是文化产业的融合发展还处在起步初期,其规模和总量还十分有限,只代表未来的选择方向,尚未形成主导模式,具体可以分为以下几方面进一步探讨。

1. 市场主体融合发展的主动性还有待增强

作为最重要市场主体的企业在成都文化产业发展模式的创新实践中,还表现出创新的主动性不强,融合不深入、不彻底等问题。如互联网企业与文化创意企业的合作还很不够,"互联网+"只是在文化产业中的部分产业或产业链的部分环节进入,并没有贯穿于文化产品价值链的全过程,"互联网+文化产业"的合力没有充分发挥出来。再如文化改制企业大多还局限在原有的行业内部进行着有限的调整,与互联网企业的合作及与相关产业融合等都还较为缺乏。

同时,成都市文化及相关产业法人单位规模普遍较小,成都中小文化企业在内容上具有核心竞争力的不多,具有研发、创意能力的企业更少,还缺乏骨干型的互联网企业和文化企业能够发挥行业领军者的带动作用,率先推进文化产业的融合发展。目前仅有 2 家营业收入过 10 亿元的数字内容企业,像成都传媒集团和成都文旅集团这样的大型国有文化企业,其数据平台仍没有实现完全的整合,整合各方资源的能力还较弱,缺乏类似阿里巴巴、腾讯那样的互联网与文化融合的大型企业。

2. 文化与相关产业的融合还不够

目前，成都在文化与旅游、商业等方面有一些实践，但在文化软件服务、建筑设计服务、专业设计服务、广告服务等文化创意和设计服务，以及装备制造业、消费品工业、信息业、农业和体育产业等重点领域融合发展还比较薄弱。尤其是文化与制造业的融合还较为滞后，成都本地消费品制造业主要从事加工制造，其中大多数是为国际国内品牌代工的加工型企业，设计管理和品牌意识薄弱。加工企业利润空间有限，产品设计多以模仿为主，自主开发产品能力不够；品牌企业虽然有自己的研发力量，但改进型产品所占比例较大，创意设计的转化利用水平不高。与发达国家和国内沿海地区相比，企业关注创意设计的积极性和危机意识不足，设计服务的发展还缺乏持续稳定的市场需求。此外，本地文化创意设计企业和机构规模较小，还不具备成熟的经营理念、系统的设计能力和管理经验，存在设计原创力不足、低层次模仿等问题，全产业链整体外包服务能力不足，难以满足市场对设计服务的需求。

3. 促进融合发展的要素供给创新不够

文化产业的融合发展需要以新发展理念为指导，创新发挥市场在资源配置中的决定性作用，提高资源要素配置效率，重点是在技术、土地、资本、信息等要素的供给上，创新要素供给方式和结构，形成要素供给新体系。目前，成都文化产业融合发展的要素供给创新还有待深化，如文化产业的投资渠道还较单一，融资办法不多，像众筹、并购、新三板上市这些方式运用还不多。而且每年的文化产业发展专项资金对"互联网＋"视域下文化产业新发展的支持力度还不大，社会资本又难以进入，健全的市场化投融资体制尚未形成，资信担保制度的建立，知识产权质押等贷款新产品的实施难度较大，市场化解决资金缺乏的机制还不完善等。

4. 具备跨界融合综合能力的人才匮乏

具备多个专业知识背景的跨界综合型人才是文化产业融合发展的关键性推动要素，比如在"互联网＋"背景下，既懂科技，又懂文化产业发展规律，既具备设计、创意、策划能力，又具有管理能力的高素质复合型人才在成都还很紧缺。这直接导致互联网与文化产业的结合相对肤浅，导致很多文化产品只是简单地借助高科技手段进行展示传播，或者是高科技的产品缺乏较深的文化内涵，无法完全满足消费者的需求。特别是国有文化企业，由于薪酬制度限制，收入偏低，又没有股权等新型的分配制度，导致国有文化企业高端技术人才流失严重。

5. 推动文化产业融合发展的体制机制不健全

在文化产业融合发展的初期，需要政策保障、政府引导等多方面的合力共同推进。首先，成都促进文化产业融合发展的政策环境还有待改善。成都虽已制定《成都市文化创意和设计服务与相关产业融合发展行动计划（2014－2020）》等促进文化产业融合发展的政策，但政策大多停留在对国家政策的呼应上，还缺乏具体的推进措施和细则，还有待出台有针对性的财政、税收、人才引进、土地划拨培育等配套政策。其次，推动文化产业融合发展的组织协调机制不畅通。目前，成都文化产业融合发展相关行业的归口管理部门涉及市文产办、市文化局、市经信委、市科技局等多个部门，缺乏推动融合的主导机构，根据英国、韩国以及我国香港、台湾地区的经验，应该设立一个政府下属机构统一管理，例如，深圳就是由政府文化体育旅游局统筹管理推动。由于缺乏信息交流、交易服务等公共平台，未形成高效的信息传递机制，设计机构、设计企业找不到服务对象，而服务对象又找不到合适的设计企业提供服务，与经济社会发展的需要不相适应。

四、成都文化产业发展模式创新的策略和路径

（一）成都文化产业发展模式创新的策略

1. 壮大主体策略

创新成都文化产业发展模式，首先要壮大市场主体，增强融合发展理念。通过搭建互动平台和联动机制，促进各种门类的不断跨界，扩大文化产业边界，促进大规模、龙头领军企业的成长和形成。利用互联网等高新科技，进一步聚焦数字出版、数字音乐、动漫游戏、工业设计等重点行业，大幅度提高科技含量，力争形成具有自主知识产权的核心技术，培育骨干企业，拓展企业市场，提升国际竞争力。

2. 扶持发展策略

成都文化产业发展模式的创新，重点应鼓励和扶持新兴业态，扩大融合发展规模。政府通过加大宣传推广力度，加大资金扶持力度，加大政策优惠力度等措施，把放宽市场准入与注重适度监管相结合，扶持文化产业融合发展的新兴业态健康发展。

3. 营造环境策略

良好的产业生态环境，对于成都创新文化产业发展模式有极大的促进作用，也是推动融合发展成为主导模式的重要保障条件。在文化产业融合发展过

程中面临的一些挑战和困难，需要政府牵头加以协调，如人才供给、融资方式、技术研发和转化等问题都有待政府通过政策等行政手段推动和改善，通过完善前提条件，为文化产业融合发展营造良性循环的产业生态环境。

（二）成都文化产业发展模式创新的路径

成都文化产业发展模式创新的关键是推动融合发展成为主导模式。其中要义在于既要进一步促进文化产业与科技融合，增强"文化＋"的发展理念，深化与其他产业的融合发展，又要完善政策环境和推动机制，积极促进人才、资本、技术等要素的创新供给，完善保障文化产业融合发展顺利进行的配套措施。

1. 推动文化产业融合发展成为主导模式

（1）加强互联网与传统文化产业的融合发展。

其一是利用互联网科技促进文化产业的供给侧改革。通过数字化、互联网、3D、光储存、移动通信、新媒体等高新技术、新材料和新工艺的运用，提升文化产品的传播速度和范围，提高创意产品的生产效率，降低生产成本，促成个性化、专业化的定制式文化创意产品的迅速普及。其二是促进文化产业向价值链高端延伸。利用数字化技术的多元方式，支持和帮扶网络、数字技术与文化创意设计相结合的新兴项目，如以数字化广告平台为依托，开展诸如搜索广告、赞助广告、富媒体广告、分类广告，以及利用云数据收集的定制推送广告等前景广阔的新兴文化业态、新兴企业。积极培育创意设计、数字化娱乐、数字广告及增值服务，引导文化产业结构的转型升级。其三是加大媒体融合力度，提升文化传播力。抓住"三块屏幕"（电视屏幕、手机屏幕、电脑屏幕），加强广播、影视、报纸、书刊与手机、互联网、游戏、动漫等产业联姻，促进新兴媒体融合发展，形成一批高附加值的复合型数字化文化产业集群，构建以新媒体建设为核心的现代文化传播体系。[①] 加快将传统报纸、期刊、广播、电视、新闻出版与新媒体融合的发展思路，推进大众媒体网络化，大力培育引导数字报纸、电子期刊、网络广播、数字电视、手机报刊等新媒体建设，构建以新媒体建设为核心的综合化、立体化、数字化的现代文化传播战略体系。

（2）深化"文化＋"的发展理念。

---

① 姜立红. 数字时代文化传播力的提升路径 ［N］. 光明日报，2003-08-18（7）.

文化产业本质上属于内容产业,① 通俗说法就是"内容为王",指创意、故事、节目、信息、活动安排及各种文化艺术的知识产权构成了文化产业的核心,它决定着文化产品和服务的高附加价值。② 首先,创新开发文化资源。改变思维方式,通过政策引导向故事创意、内容创意等文化产品的生产环节倾斜投资,培养引进各类从事文化创意生产的创新人才,如优秀的编剧、作家、艺术总监、游戏策划人员、软件开发人员等。在深厚的优秀传统文化,独特的地域文化,以及丰富的当代文化资源中,选择具有现代性、时尚性、娱乐性、大众性、全球性的内容,以国际化的表达方式,综合利用科技等新兴手段,创新转化和开发方式,力争形成从图书、影视、游戏、主题公园、衍生产品等的巨大产业增值价值链,形成产业集聚,注重文化创意的提升,注重文化品牌的打造。其次,瞄准文化的体验性消费。随着互联网等的广泛运用,体验经济已逐渐成为继农业经济、工业经济、服务经济之后的人类经济活动的第四大阶段。在未来的文化产业发展新模式中,应改变传统的单一文化展示,而加强文化体验性的植入,这不仅能提升文化产业的文化含量,而且能实现其有效传播,是上升到文化理念、价值观和生活方式等的传播方式。最后,兼顾传播平台与知识产权,实现内容价值最大化。充分利用 IT 终端集成产品的传播渠道和平台资源,发展创新的研发和推介平台,并且加大制作拥有自主知识产权的独立内容。促进内容与平台的密切合作,扩大内容的影响力及持续效益,以实现内容价值的最大化。③

（3）推动文化与相关产业的融合发展。

加快文化产业与制造业、旅游业、金融业、服务业等产业的融合发展,大力发展设计和营销,以打造品牌,提高质量,提升附加值为重点,有效提升文化产业和其他产业产品的附加值。以核心的创意设计带动后端的产品制造、配套服务、衍生产品、品牌服务、市场营销等联动发展。④

一是加强文化与旅游业的融合发展。深度挖掘"大熊猫文化""金沙文化""青城山-都江堰""三国文化""诗歌文化"等历史文化资源和西部地区民族风情,推动特色文博和主题文化旅游发展,增强旅游服务的文化内涵和旅游产

①　高书生.中国文化产业发展的总体状况和主要特征.中国文化产业发展报告（2015—2016）[M].北京:社会科学文献出版社,2016.
②　陈少峰,张立波.文化产业商业模式 [M].北京:北京大学出版社,2011.
③　陈少峰,张立波.文化产业商业模式 [M].北京:北京大学出版社,2011.
④　彭江虹.文化产业发展应注重融合 [N].人民日报,2017-07-21.

品的文化吸引力。① 提升旅游产品文化内涵,提高旅游商品的文化创意,最重要的是提升旅游者的文化体验感。二是深化文化与制造业的融合发展。充分认识到制造业各产业链蕴含丰富的文化因素,文化产业制造是文化产业最重要的增值环节。② 聚焦成都的汽车制造、机械装备、建材、服装家纺、家居家具等优势行业,融合民族、传统、地域特色等文化元素的应用研究和创新设计,促进工业设计向高端综合设计服务转变。利用平面设计、品牌策划、营销推广等创意设计手段提升产品文化附加值和服务水平,带动成都制造业转型升级。依托成都现有航空、化工、能源、轨道交通等领域的研发设计能力和工程设计服务优势,支持企业参与国内外工程服务,提高设计服务市场占有率。③

2. 创新文化产业融合发展的要素供给

(1) 创新资本要素的供给。

其一,充分发挥成都市文化产业专项资金的引导作用。大力支持文化产业的融合发展,不仅要加大对涉及促进文化产业与科技以及其他产业融合发展项目的支持力度,而且还要通过采取贴息、补助、奖励等方式完善政策扶持体系,引导并鼓励民营资本进入数字内容产业。其二,积极推动文化和金融的融合发展。设立文化产业融资风险补偿资金池和利差补贴资金池,推动银行以基准利率和优惠价格,为本市文化小微企业提供贷款。借鉴盈创动力模式,搭建文化企业投融资服务平台,推动成都文化和金融的合作。加快文化创意、设计服务与相关产业的融合,推动涉及文化、科技、其他产业发展的相关部门制定联系制度,形成定期或不定期的沟通机制,加强各部门的合作力度,形成促进文化产业与相关产业融合发展管理新机制。

(2) 创新技术要素的供给。

加强关键技术的研发及在文化产业中的推广应用。首先,加大研发力度。积极支持科研机构和企业建立工程技术研究中心、重点实验室、企业技术中心等,加强数字文化产业关键技术研发,对多模式文化产品展示平台集成技术、三维动漫产品生产平台集成技术、现代科技文化产品传播服务可信性保障技术等进行突破,推动科技和文化融合发展。其次,大力发展文化科技企业孵化器。充分发挥成都高新区、天府新区科学城、成都国家级文化和科技融合示范基地的优势,加大力度培育一批特色鲜明、创新能力强的创新型文化企业,支

---

① 《成都市文化创意和设计服务与相关产业融合发展行动计划(2014—2020)》(成办发〔2014〕46号).

② 蒋莉莉.文化产业融合发展路径研究 [M].上海:东方出版中心,2016.

③ 《成都市文化创意和设计服务与相关产业融合发展行动计划(2014—2020)》(成办发〔2014〕46号).

持产学研战略联盟和科技公共服务平台建设。大力培育文化科技创新的服务机构，加速成果转化和产业化。最后，加强知识产权保护。加强对文化创意市场主体的知识产权服务工作，加大文化创意产业知识产权保护力度，为坚决打击侵犯著作权、专利权、商标权等非法行为，提供便利的平台和途径，提高知识产权扩散共享效率。从研发孵化、金融支撑、成果转化、收益分配等各个方面，为成都文化创意和设计服务与相关产业融合搭建良好的发展平台和完善的支撑体系。

3. 加强文化产业融合发展的复合型人才队伍建设

（1）营造城市创意环境。

从青少年抓起，提升市民创意素质，在青少年的教育中渗透创意的思想，通过开放更多的博物馆，共享更多的数据化文献资源，举办更多的市民人文讲座，通过展览交流、教育培训等为市民提供更多的接触创意的机会，采取一系列的措施，帮助市民发展创意，引导其享受创意的生活，培养市民的创意思维及城市的创意基因。

（2）推进本土复合型创意人才的培养。

以驻蓉高校的创意设计专业和相关职业技术教育培训机构为依托，鼓励其在文化产业经济学、文化生态学、文化技术管理学等交叉学科方面的建设，建立文化产业融合发展人才培养基地，形成高等院校、职业院校与高科技企业、文化企业联合培养文化科技人才的模式，发展一大批文化创意的骨干人才。根据市场需求调整专业设置，打破传统的专业界线，打通相关课程的设置，重视培养复合型人才，有针对性地开展包括理论知识、从业技能、政策解读、文化素养等多方面内容的系统化教育，培养创意实战人才，引导创意设计人才关注本土文化，以传统文化和地域文化的创意丰满设计理念，并找准文化创意设计与相关产业融合的关联点。

（3）加大高层次复合型创意人才的引进。

通过奖励、补助、提供工作室、给予专家公寓等多种形式的优惠政策，加大引进文化与科技融合的创业领军者、技术研发带头人以及文化产品制作骨干等拥有具备跨界融合能力的复合型创意人才。深化文化企事业单位人事制度改革，破除体制障碍，借助国家开展科研成果管理改革的有利契机，进一步打破体制机制障碍，通过提升薪酬、允许入股等方式引进和留住更多的既懂文化创意，又懂高新技术和相关产业的复合型创意人才。

4. 完善文化产业融合发展的政策保障

（1）加强政策保障，畅通融合发展体制机制。

一是完善政策保障。出台《促进文化产业融合发展的行业指导意见》，为文化产业的融合发展提供具体的政策依据和实施细则。加快促进文化产业融合发展的财政、税收、人才引进、土地划拨培育等配套政策的研究和制定。二是建立促进文化产业融合发展的组织协调机制。借鉴其他国家和地区的先进经验，在政府设立专门牵头机构，形成信息交换、交易服务等公共平台和联系机制，为文化产业的融合发展提供政府服务。

（2）加大政策优惠力度，引进高端复合型人才。

通过创造良好生活和工作环境，在落户、社会保险、配偶就业、子女上学等方面提供相应的政策支持，鼓励积极采取团队引进、核心人才带动引进等创新方式，提供宽松和舒适的创业环境，引进并留住国内外的具有国际化视野的高端创意人才和行业领军人才。改善分配制度和奖励政策，设立专项基金、年度创意产业政府奖等，建立人才激励机制，努力形成人才快速聚集、高效流动的良好局面。

第五章　成都文化产业结构优化的策略和路径

文化产业结构是文化结构一种存在形态，也是经济结构的一种表现形态。文化产业结构影响因素包括需求、供给、科技、制度等多个维度。随着文化产业与科技融合日益加深，高科技文化产业逐渐增速，传统文化产业转型升级迫在眉睫。成都文化产业顺应文化产业结构演进规律，初步构建以传媒影视、出版发行、文博旅游等行业为主的传统产业，以动漫游戏、演艺娱乐、文学与艺术品原创等为主的特色产业，以及以文化会展、创意设计、现代时尚、音乐艺术等为主的新兴产业三个层次的文化产业体系。本章研究发现，成都文化产业结构存在传统产业转型滞缓、特色产业发展不均衡、新兴产业龙头产业不足等问题。为此，笔者提出以下策略和途径：通过文化与科技策略、特色发展策略和文化资本策略，加快传统影视产业转型发展，推进国际会展文化产业，促进本土动漫企业进军海外，增大新兴创意设计文化产业龙头企业的发展，提升新兴文化创意设计产业品牌形象，从而不断完善文化产业结构体系构建，进而优化成都文化产业结构。

一、文化产业结构的内涵和新趋势

文化产业结构是社会发展到一定阶段所形成的，反映着一定社会文化关系的文化再生产过程中文化产业间的相互联系和比例关系。① 文化产业结构的变化影响着文化产业的发展进程和水平，决定着文化产业的发展规模和速度，是影响文化产业发展质量和效益的关键因素。② 因此，把握文化产业结构的内涵、影响因素、演进轨迹和新趋势，对于调整和优化文化产业结构，制定文化产业发展政策和促进文化产业健康发展，具有重要的现实意义。

---

① 张茹茹，薛东前，刘振峰．文化产业结构演进特征及其机理分析—以西安市为例［J］．文化产业研究，2006（1）．
② 张亚丽．我国文化产业发展及其路径选择研究［D/OL］．吉林大学博士论文，2014（2014—06—01）．

（一）文化产业结构的内涵

文化产业结构是指文化产业的组成、构造及比例关系。[①] 文化产业结构优化关系我国经济结构的优化升级，直接影响"十三五"时期将文化产业、动漫游戏、创意设计、演艺娱乐、文学与艺术品原创培育成国民经济的支柱产业的重大战略实施。文化产业结构优化过程，是全球文化产业价值链的低端向高端不断攀升的过程，也是从传统产业向特色和新兴产业形态不断推进的过程。新兴文化产业形态是指凭借互联网和数字技术支持而衍生出来的与文化产品和文化服务有关的文化业态。[②③] 特色文化产业是基于民族和区域传统文化遗产资源，从民间自发产生发展，其文化产品与服务在风格、品相、品种和工艺等方面都具有鲜明的民族和区域文化特色，拥有一定的产业规模、市场占有率和影响力的一种文化产业形态。[④] 因此，文化产业结构分为三个层次，一是通过广播、影视、新闻、出版等行业构成传统常态的文化产业，二是借助区域地方特色文化发展起来的旅游、会展等特色文化产业，三是利用高科技兴起的新兴文化产业，包括网络信息与多媒体产业、动漫与网游、创意设计产业等与科技相关的产业形态。[⑤] 文化产业内部结构形态如图5-1所示。

图5-1 文化产业内部结构形态

能够对文化产业结构变动产生影响的因素较多，既有环境、制度等宏观因素，也有需求、供给等微观因素，各种影响因素交织在一起共同决定文化产业结构水平。[⑥]

① 迟树功.调整文化产业结构研究 [N].大众网，2014-8-4.http：//www.dzwww.com/llzg/mjzl/106001/sb/201408/t20140804_10772526.htm.
② 王国平，刘凌云.新型文化是文化产业结构优化升级的先导 [J].求索，2013（7）.
③ 万林媚，曾艳.关于发展新兴文化产业的思考 [J].决策，2014（4）.
④ 齐勇峰，吴莉.特色文化产业发展研究 [J].中国特色社会主义研究，2013（5）.
⑤ 金元浦.中国创意产业升级需两大支撑 [N/OL].中国经济时报，2014-4-6.http：//www.ruccci.com/zhxxw/179.html.
⑥ 单康康.文化资本对产业结构升级的影响效应研究 [D].重庆：西南大学，2016.

　　文化需求对文化产业结构的影响主要在消费需求和投资需求两个方面①。加强对文化产业的投资，直接影响其在国内生产总值中的比重，影响经济中文化产业与其他不同产业之间的比例，使文化产业结构发生变动②。消费结构的变动必然带动文化产业结构的调整，需求高的文化产品在价格机制的调节作用下，直接影响着文化资本的投资结构。可见，文化需求对文化产业结构的影响是最为根本的③。

　　文化供给包括资源供给、人力供给、资本供给、科学技术供给等多个方面，供给结构对文化产业结构的发展具有重大的影响。依托资源优势发展文化产业，使文化产业结构具有一定的地区特色。高素质的劳动力供给有利于发展文化产业，推动文化产业结构的高级化。充足劳动力的地区倾向于发展劳动密集型文化产业，反之，发展资本密集型产业。资本供给对文化产业结构的影响类似劳动力，资本供给充足时，倾向于发展资本密集型产业④。科技水平对文化产业结构产生重大的影响作用已不容置疑⑤。

　　文化制度的变革为产业革命的发展铺平了道路⑥，制度对生产要素的配置功能明显⑦。文化环境因素对产业结构发展的影响主要来自产业发展的环境约束，选择文化产业发展模式时，地区政府会更多地考虑文化产业发展对环境因素的影响⑧。文化产业结构的影响因素如图5-2所示。

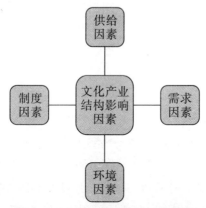

图5-2　文化产业结构的影响因素

　　① 于泽，章潇萌，刘凤良.中国产业结构升级内生动力，需求还是供给[J].经济理论与经济管理，2014（3）.
　　② 郭克莎.我国产业结构变动趋势及政策研究[J].管理世界，1999（5）.
　　③ 陈晓涛.产业结构软化的演进分析[J].科学学与科学技术管理，2006（1）.
　　④ 孙晶，李涵硕.金融集聚与产业结构升级[J].经济学家，2012（3）.
　　⑤ 贺菊煌.产业结构变动的因素分析[J].数量经济技术经济研究，1991（10）.
　　⑥ 诺思.制度、意识形态和经济绩效[M].上海：上海三联书店，上海人民出版社，2000.
　　⑦ 郑若谷，干春晖，余典范.转型期中国经济增长的产业结构和制度相应——给予一个随机前沿模型的研究[J].中国工业经济，2012（2）.
　　⑧ 单康康.文化资本对产业结构升级的影响效应研究[D].重庆：西南大学，2016.

（二）文化产业结构的新趋势

我国文化产业结构沿着由低至高、产业多元化发展的路线演进，与文化产业分类演进规律有着相关性，文化产业分类演进成为分析我国文化产业结构演变的深层次结构系统。随着文化产业与高新科技融合日益加深，高科技文化产业增速明显，传统文化转型升级势在必行。

文化产业分类演进从文化产业中低端价值链类别向高新科技和文化创意等高附加值类别转变，不断增加特色文化和新兴文化产业的内涵。2004 年 4 月，国家统计局制定的《文化及相关产业分类》是我国第一个全面统一的分类标准。文化产业分为 9 大类、三个层次。一是以传统文化产业为主的"核心层"，包括新闻服务、出版发行和版权服务、广播电视电影服务和文化艺术服务四类；二是以新兴文化产业为主的"外围层"，包括网络文化服务、文化休闲娱乐服务和其他文化服务三类；三是以生产销售文化产品为主的"相关层"，包括文化用品、设备及相关文化产品的生产和销售。[①] 2012 年 7 月，国家统计局颁布新的《文化及相关产业分类（2012）》，把文化及相关产业分为五层，第一层为"文化产品的生产"和"文化相关产品的生产"两大部分，第二层包含 10 个大类，第三层有 50 个中类，第四层 120 个小类和第五层 29 个延伸层。通过修订 2004 版的标准，新的文化产业分类一是进一步完善文化产业的定义。文化产业指为社会公众提供文化产品和文化相关产品的生产活动的集合，并在内涵外延上做出了解释。二是文化新业态不断涌现。增加了文化创意、软件设计服务等具有特色文化和新兴文化内涵的文化新业态。三是文化产业划分层次不断优化调整。不再保留核心、外围、相关层的划分，替代为文化产品的生产活动和辅助生产活动、文化用品的生产活动、文化专用设备的生产活动等四个方面。[②]（见附件）

我国文化产业占 GDP 比重逐年增长，增速与 GDP 的增速呈现逐渐收敛又稳步提升的趋势。近五年以来，文化产业占 GDP 比重，从 2012 年 3.48% 上升到 2016 年 4.14%。文化产业的增速要远远高于 GDP 的平均增速，2014 年 GDP 增速 7.3%，文化产业增速 12.1%；2015 年 GDP 增速 6.9%，文化产业增速 11%，文化产业增长区间在收敛；而 2016 年 GDP 增速 6.7%，文化产业

---

① 国家统计局关于印发《文化及相关产业分类》的通知国统字〔2004〕24 号 [EB/OL]. 2004−04−10. http://www.whyn.gov.cn/publicity/view/44/1447.

② 国家统计局修订文化及相关产业分类标准 [N/OL]. 财新网，2012−08−01. http://china.caixin.com/2012−08−01/100417867.html.

增速达 13%，表明文化产业增速保持平稳快速增长，比重趋稳。[①]

随着高科技对文化产业发展的贡献越来越大，新兴文化产业从战略上受到关注。随着文化产业和高新技术成果融合日益加深，2016 年初，国家在《政府工作报告》中首次提出了"大力发展数字创意产业"，年底正式纳入《"十三五"国家战略性新兴产业发展规划》。目前高新技术密切相关的文化产业行业保持非常高的增速，非常有代表性的文化信息传输服务，2016 年增速高达 29%。[②]

由于文化产业结构调整和文化产业增速高度关联趋势不断呈现，传统文化产业结构升级势在必行。2016 年低于平均增速 7% 的基本上是传统的文化产业类别，比如说增长最低的工艺美术品的增长只有 1.3%，占比仅有 7.4%，文化专业设备和辅助生产的生产增速都低于 7%，占比仅有 3.5%。最有代表性的电影业 2015 年增速 48.45%，在 2016 年增速是断崖式下滑，增速 2.1%，广播电视电影服务占比 4.5%。[③] 2017 年 4 月《文化部"十三五"文化产业发展规划》要求落实九大任务，首要任务就是促进文化产业结构升级，推动"文化+""互联网+"三大发展平台化的发展、融合发展和分享发展来促进文化产业结构优化升级的目标。《文化部"十三五"时期文化发展改革规划》指出落实供给侧结构性改革战略部署，优化文化产业结构的新要求。这些新的政策将使"互联网+"对传统文化产业领域的整合日益加快，不断推动上网服务业、游戏游艺业、歌舞娱乐业等行业转型升级。

二、国内外城市文化产业结构优化的经验借鉴

（一）规划政策实施促进文化产业结构调整

1. 北京通过规划政策引领文化产业结构升级

新标准引领文化产业融合发展。2015 年 11 月《北京市文化创意产业分类标准》提出文化创意产业包括文化艺术、新闻出版、艺术品交易等九大行业。新标准纳入与全国文化中心的城市功能定位相关性较强的行业，强化"产业集群"概念，特别体现文化创意产业与其他产业融合发展的新趋势。

---

① 国家统计局. 2016 年我国文化及相关产业增加值比上年增长 13% [N/OL]. 经济日报－中国经济网综合，2017-09-26. http：//www.ce.cn/culture/gd/201709/26/t20170926_26316121.shtml.
② 智研咨询. 2017 中国文化产业增加值占 GDP 比重、文化及相关产业增加值构成、文化产品生产创造增加值情况及占比分析 [N/OL]. 中国产业信息网，2017-10-09. http：//www.chyxx.com/industry/201710/570228.html.
③ 魏鹏举：2016 年文化产业进入了结构性调整新常态 [N]. 中国经济网，2017-01-06.

创意产业发展的总体政策框架基本形成。2014 年和 2015 年，北京市陆续发布《北京市文化创意产业提升规划（2014—2020 年）》《北京市人民政府关于促进文化消费的意见》《北京市推进文化创意和设计服务与相关产业融合发展行动计划（2015—2020 年）》，促进文化艺术、广播影视、新闻出版三大传统行业优化升级，壮大广告会展、艺术品交易、设计服务三大优势行业规模，推动文化与科技、文化与金融、文化与其他产业多元融合发展，使得北京市文化创意产业政策体系更加完备。①

2. 杭州持续出台支持政策推动形成具有地域特色的文化产业结构

规划明确文创发展方向。2005 年杭州发布《杭州大文化产业发展规划（2005—2010 年）》，明确了打造全国文化创意产业中心的战略目标，提出了构建"3+1"现代产业体系和实施"软实力"提升战略的重要部署；2009 年《杭州市文化创意产业发展规划（2009—2015 年）》和 2012 年《杭州市"十二五"文化创意产业发展规划》出台后，② 2017 年 5 月，杭州市通过了《杭州市文化创意产业发展"十三五"规划》。多年来杭州陆续出台文创发展政策，体现对文创产业的支持力度不断增强，文创产业的发展重点逐步明确，③ 文创产业的战略地位日益提升。

新政策保障特色产业重点发展。《杭州市文化创意产业发展"十三五"规划》明确动漫游戏业、文化休闲旅游业、艺术品业、教育培训业等八大重点行业。2017 年 8 月，《杭州市创建国家文化消费试点城市实施意见》与 2017 底正式发布的《关于推进杭州市动漫游戏产业做优做强的实施意见》，旨在扩大文创产业规模，丰富文化产品与服务供给，共同推动数字产业发展成为杭州文创产业特色亮点。④

3. 英国伦敦制定规划政策调整文化产业结构推动创意城市建设

提升文创产业发展规划为国家战略。1998 年英国伦敦出台《英国创意产业纲领文件》将文化创意产业提升到国家经济战略的高度，明确文化创意产业分为广告、建筑艺术、艺术品与文物交易等十三个类别。2000 年发布的《创

---

① 北京市国有文化资产监督管理办公室.《北京文化创意产业发展白皮书（2016）》发布 [N].中国经济网，2016—11—22. http：//www.ce.cn/culture/gd/201611/22/t20161122_18008974.shtml.

② 范周. 中国文化创意产业发展的"杭州模式" [N]. 中国经济网，2015—03—17. http://www.ce.cn/culture/gd/201503/17/t20150317_4843997. shtml.

③ 杭州市人民政府办公厅. 关于印发杭州市文化创意产业发展"十三五"规划的通知（杭政办函〔2017〕45 号）[N].杭州市人民政府网，2017—6—19. http：//www.hangzhou.gov.cn/art/2017/6/19/art_1302283_4072.html.

④ 杭州市统计局. 杭州文创占 GDP24.2%　2017 有十大突破 [N].杭州网，2018—1—31. http：//hznews.hangzhou.com.cn/jingji/content/2018—01/31/content_6787824.htm.

造机会——英格兰地方政府地方文化发展战略指南》报告成为文创产业顶层制度设计和文创产业的发展框架。

通过前瞻性研究奠定文创发展基础。1998 年和 2001 年两次发布的《英国创意产业纲领文件》和《英国创意产业专题报告》是英国提出创意产业发展战略的基础性研究报告。2004 年《创意产业经济评估》中创意产业产出、出口、就业等统计数据和发展现状，是探讨文化创意产业发展中的重大热点、难点问题的重要报告，为文化创意产业发展提供了重要依据。[①]

案例1　北京市动漫游戏发展位居全国第一

自 2006 年起，北京市大力推进文化创意产业发展，目前动漫游戏发展居全国首位。一是 2014 年北京市动漫游戏产业总产值占全国三分之一。2014 年北京市动漫游戏产业总产值约 372 亿元，较 2013 年增长 69%，占全国动漫游戏产业总产值 1144.8 亿元的近三分之一，出口金额约 42.3 亿元，继续稳居全国第一。[②]二是 2015 年北京越来越多的国产动漫游戏产品走入了国际市场。当年动漫游戏产业企业总产值约 455 亿元，相比 2014 年增长约 22.3%，而且北京市的动漫游戏出口金额猛增，达到约 58.7 亿元。[③]三是 2016 年北京动漫游戏产业网络游戏突飞猛进。2016 年北京动漫游戏产业产值约达 521 亿元，较上一年增长约 15%。其中网络游戏企业总产值约为 505.63 亿元，约占全市动漫游戏产业总产值的 97%，约占全国游戏市场收入的 30.54%，较之 2015 年 446 亿元增长了约 13.37%。四是原创移动游戏成为北京游戏出口中的新锐力量。移动游戏产值约 355 亿元，占网络游戏总产值的 70.2%，呈持续增长的态势。2016 年北京市以昆仑游戏、完美世界、智明星通为首的原创研发企业网络游戏出口金额约为 60.2 亿元人民币，与 2015 年的 58 亿元相比增长了约 3.8%。[④]北京市动漫游戏产业已经是北京市文化创意产业的重要组成部分，占全国份额的三分之一，出口增速明显，具有引领发展的重要作用。

（二）资金有效供给助力文化产业结构优化

1. 杭州通过资金供给为文化产业提供强大驱动力

文创银行关注中小文创企业。杭州银行文创支行为 300 余家中小文创企业提供了近 50 亿元的贷款支持。如杭州银行科技文创金融事业部为《人民的名义》投资方提供了千万元信贷资金，使其成为全民话题，口碑和收益双丰收。[⑤]除了 2013 年杭州在全国率先成立杭州银行文创支行外，目前杭州还有

①　刘恩东. 英国文化创意产业发展中的政府定位 [N] 2015-07-07. 中国经济时报，http://finance. eastmoney. com/news/1351，20150707524097056. html.
②　北京动漫游戏产业联盟. 2014 年北京动漫游戏产业产值占全国近三分之一 [N]. 人大经济论坛，http://bbs. pinggu. org/k/news/4119. html.
③　北京市文化局. 2015 年北京动漫游戏产业总额达 455 亿元居全国首位 [N]. 人民网，2016-01-19. http://comic. people. com. cn/n1/2016/0119/c122366-28065588. html.
④　李洋. 北京动漫游戏产业产值达 521 亿元 [N]. 中国政府网，2017-1-14. http://www. gov. cn/shuju/2017/01/14/content_5159696. htm.
⑤　韩冰玉. 杭州银行创新文创信贷"守护达康书记" [N]. 新华社，2017-4-12. http://www. zj. xinhuanet. com/zjNewsman/20170412/3695442_c. html.

浙江省建行文创专营支行和杭州联合银行文创金融服务中心，^① 走出了一条"金融+文创"的特色道路。

金融产品助力文创产业发展。自 2014 年杭州市文化创意产业银政投集合信贷产品"满陇桂雨"第七期文创集合信贷产品顺利发行以来，为 180 家次中小文创企业提供了 3.9 亿元的信贷支持。杭州市文投公司与市中小企业担保有限公司合作组建文创产业转贷基金；杭州市推出的"印石通宝"艺术品融资产品、"拍益宝"金融产品及"助保贷"融资平台等相关金融产品，^② 为传统艺术品类文化产业发展提供了资金支持。^③

2. 英国伦敦通过财政资金为文化创意产业提供极大支持力

对传统文化产业给予重点资助。2016 年，英国支持推动"永恒莎翁"（Shakespeare Lives）庆祝活动，活动包括一系列创新戏剧与舞蹈表演、电影放映及数字活动，以纪念莎士比亚逝世 400 周年，并与英国国际志工训练组织（Voluntary Service Overseas）合作，借由莎士比亚的庆祝活动，筹措资金来支持全球孩童们的文化素养培养行动。

重点支持文化遗产保护企业。英国政府提供赫尔 300 万英镑的资金给予建筑遗产基金，使文化遗产组织就如何善用小区所在地的历史建筑予以支持；英国文化遗产彩券基金也建立 2500 万英镑的文化遗产企业投资计划，以支持文化遗产之经营者能在财务上自给自足。

建立新兴文化产业财务支持系统。政府各研究理事会支持新兴文化产业，多个政府部门提供资金支持。如英国国家剧院（Royal National Theatre）的 NT Live 电影院直播计划已于 2014 年至 2015 年达到 120 万人次的观众；自然历史博物馆透过虚拟现实技术的使用，体验青铜器时代或展示史前海洋盛况；艺术英国（Art UK）和英国收藏信托（Collections Trust）共同合作将英国公共艺术收藏上传到网络供世界各地人们浏览欣赏。^④

---

① 吴宛青. 文创产业：一座城市的创新之魂［N］. 2017－10－17. 浙商网，http：//biz. zjol. com. cn/zjjjbd/zjxw/201710/t20171019_5394589. shtml.

② 范周. 中国文化创意产业发展的"杭州模式"［N］. 中国经济网，2015－03－17. http：//www. ce. cn/culture/gd/201503/17/t20150317_4843997. shtml.

③ 张晶雪. 中国文化创意产业发展的"杭州模式"［N］. 中国经济网，2015－3－17. http：//www. ce. cn/culture/gd/201503/17/t20150317_4843997. shtml.

④ 英国文化、媒体与体育部. 英国 2016 文化白皮书与文化发展方向［N］. 元浦说文，2016－8－24. http：//www. 360doc. com/content/16/0824/01/61866_585468813. shtml.

（三）营造发展环境促进文化产业结构优化

1. 深圳营造创意设计产业发展环境

实施政策方案保障设计业健康发展。2016 年深圳全面实施《深圳文化创新发展 2020（实施方案）》，这是未来五年深圳宣传文化工作的总抓手，立足于打基础、补短板、谋长远、增强城市文化综合实力、建设与现代化国际化创新型城市相匹配的文化强市。同时，深圳完善修订《深圳市文化创意产业创新发展政策》，完成贷款贴息、保险费资助、优秀新兴业态企业奖励等 10 余类专项资金扶持计划，安排扶持金额 3.80 亿元，认定深圳吉虹艺术设计产业园等 4 家单位为新一批市级文化创意产业园区。

联合社会力量打造设计盛会。深圳市政府联合深圳各设计行业专业协会、设计机构、设计院校、各区宣传文化系统每年春天举办深圳设计周，并得到联合国教科文组织创意城市网络支持。设计周以“设计创造未来”为永久口号，举办众多设计类活动，以此形成本土化的国际盛会，从而建立全球性设计展示和交流的平台。①

2. 英国伦敦优化文化产业平台环境

政府与文化协会合作平台推动创意设计业。英国文化委员会在全球 109 个国家的 223 个城市设有办事处，形成全球文化网络。近年来，英国文化委员会与英国政府其他部门在全球开展了一系列的文化活动，例如文化连线活动、支持国际艺术活动、英格兰国际艺术家奖学金计划、国际年度出版家项目等，其中由“创意伦敦”工作组与伦敦发展署共同发起的“伦敦设计节”每年有超过 200 场设计庆典、贸易展会和活动。②

法律法规平台保障世界文化遗产。英国不断推出知识产权保护和改革的政策法规，制定了配套的文化产业政策。如通过法律及政策措施创建一个新的文化保护基金，以支持在世界各地的文化遗产，并协助战争冲突地区和国家从文化的破坏行为中恢复重建。

持续税收减免促进文博产业发展。多年来持续扩大博物馆及美术馆的增值税退税计划，使更多博物馆及美术馆能从中受益，2017 年推行新的博物馆及

---

① 深圳市人民政府新闻办公室 . 文创设计［N］. 深圳政府在线，2017－08－25. http：// www. sz. gov. cn/cn/zjsz/gl/201708/t20170825_8243333. htm.

② 陈琦 . 伦敦创意产业的六大国际化战略［N］. 光明网，2015－10－23. http：//theo-ry. gmw. cn/2015-10/23/content_17462424. htm.

美术馆税收减免办法，以支持临时性和巡回式展览。

案例 2　深圳联手香港成为全国创意设计首位城市
深圳是中国的第一个设计之都，香港是享誉全球的时尚之都、创意之都，两地正携手推动"设计双城"建设。2016 年，以创意设计业为龙头之一的深圳文化创意产业保持健康快速发展态势，实现增加值 1949.7 亿元，同比增长 11%，占 GDP 的比重达 10%。2017 年在德国 iF 设计大奖中，深圳企业揽得 142 项，占中国企业获奖项目的 36%，连续 6 年居全国大中城市首位。③

三、成都文化产业结构的现状特征及问题

（一）成都文化产业结构的现状特征

1. 特色文化业态和新兴文化产业为支撑的现代文化产业体系初步形成，在全国具有一定影响力

数字产业居全国第五，成都首建数字文化产业园。2012 年 5 月，成都成为首批国家级文化和科技融合示范基地之一，这是成都文化创意产业发展的新机遇。依托高新区国家级数字基地，成都大力推动科技元素融入文化产业发展，重点发展了数字动漫、数字游戏、数字传媒、数字影音、数字出版发行等数字新媒体产业。2017 年 4 月 20 日，腾讯研究院发布《中国"互联网+"数字经济指数（2017)》城市 20 强，成都仅次于北京、深圳、上海、广州，排名第五。② 2017 年 8 月 1 日，四川省首个数字文化产业园——成都数字文化产业园开园，该产业园已列为振兴四川新闻出版产业重点项目，一方面将建成出版融合发展重点实验室和新闻出版技术与标准重点实验室，还形成以大数据为支撑的电子科大数字出版创新创业中心和成电大数据教育与应用研究中心。另一方面，以全国图书 O2O 共享协作发展互联网平台为基础，建成全国图书采购中心和全国图书发行结算中心。③

博物馆全国第一，旅游走向世界。成都博物馆总数量和非国有博物馆数量均位居全国第一，建成开放或提升改造了成都博物馆为代表的一大批博物馆。第七届中国博物馆及相关产品与技术博览会在成都成功举办，更让成都成为全国领先的"博物馆之城"。国宝大熊猫、世界文化遗产都江堰—青城山等品牌

---

① 2016 年深圳文化创意产业实现增加值 1949.7 亿元 [N]．深圳新闻网，2017－07－24．http：//www.sznews.com/news/content/2017－07/24/content_16794943.htm.

② 刘久林．中国"互联网+"数字经济指数发布成都排名全国第五 [N]．四川新闻网，2017－4－21．http：//scnews.newssc.org/system/20170421/000771531.html.

③ 四川首个数字文化产业园落地成都成华区 [N]．成都晚报电子版，201708－2．http：//www.cdwb.com.cn/html/2017－08/02/content_2378728.htm.

享誉世界，极大丰富了成都"博物馆之城"的内涵。成都正抓紧全面融入"一带一路"倡仪，建设世界旅游目的地城市，国际影响力与日俱增。① 2016 年全年接待游客 2 亿多人次，接待驻地游客 272 万，实现旅游总收入 405 亿美元。除了旅游资源，成都还有着完善的旅游配套政策。目前成都口岸对德国、丹麦、美国、英国和加拿大等 51 个国家持有第三国签证和机票的外国人实施 72 小时落地免签政策。2016 年成都双流国际机场实现年旅客吞吐量 4603.9 万人次，空中客流量仅次于北京首都机场、上海浦东机场和广州白云机场。2017 年 8 月 24 日，成都建设国家西部文创中心专场活动"川港澳合作周"在香港举行，② 成都与香港达成了 14 项文创项目签约，总投资金额达 196.46 亿美元，其中，文体旅游类项目协议金额 94.8 亿美元。③

会展业居全国第五，领跑西部城市。2016 年 10 月 21 日，"2016 中国城市会展业竞争力指数年度发布会暨高端学术论坛"在成都举行，这是中国会展经济研究会首次面向全国发布国内城市会展业竞争力指数。北京、上海、广州、深圳、成都等城市在"2015 全国城市会展业竞争力指数研究成果暨排行榜"中入选首批"中国最具竞争力会展城市"。成都虽然位居全国第五，但是位列中西部城市会展业第一④。

2. 初步形成特色鲜明、附加值高、原创性强、成长性好的特色文化产业文化品牌

非物质文化遗产形成品牌。成都依托非遗传承、杜甫草堂等传统文化资源，一是连续成功举办了五届中国（成都）国际非物质文化遗产节，加快了成都的国际化进程，也推动了世界非遗的保护与发展，使得成都成为"世界非遗之都"。二是从 2010 年开始，将"人日游草堂"这一特有的一种民俗活动扩展为诗圣文化节，并成为春节期间海内外游客参与最广泛的节庆民俗文化品牌之一。因此，国际非遗节、诗圣文化节等成为成都城市文化品牌。⑤

创意设计建起全产业链。2016（第三届）成都创意设计产业展览会召开，家居、餐饮、游戏、轨道交通、汽车、文创等领域的 2 万余件展品参展，涵盖

①　陈蕙茹．以建设国家中心城市目标为指引全力构建现代文创产业体系［N］．成都日报，2016−9−30．http：//news.chengdu.cn/2016/0930/1821380.shtml．

②　何晓蓉，王垚，叶燕，汪兰．天府成都文创未来［N］．成都日报，2017−08−23．http：//news.163.com/17/0823/03/CSGCP218000187VI.html．

③　张海妮．蓉港签约多个文旅项目成都世界旅游目的地雏形初现［N］．每日经济新闻，2017−8−24．http：//www.hexun.com/2017−08−25/190575316.html．

④　2015 中国最具竞争力会展城市发布成都位居第五．［N］．中国日报网，2016−10−22．http：//cnews.chinadaily.com.cn/2016−10/22/content_27140550.htm．

⑤　陈蕙茹．以建设国家中心城市目标为指引全力构建现代文创产业体系［N］．成都日报，2016−9−30．http：//news.chengdu.cn/2016/0930/1821380.shtml．

国内外 650 家创意设计企业，也充分展示成都创意设计产业的全产业链，促进创意设计与航天航空、旅游、电子竞技等行业融合发展。① 国鹰航空投资 10 亿元在金堂无人机产业基地，七煌电竞孵化园投资 1 亿元在双流建设全国首个电子竞技文化产业孵化园区，剑桥基金 4.5 亿元专项投资成都文创产业，中国艺库大型浸没式戏剧《湖广填四川》1 亿元成交，水立方中方总设计师赵晓钧投资 3000 万元在蒲江明月村建立"呆住堂"艺术酒店等，一批文创基金蜂拥而至。②③

文化艺术原创空间不断呈现。2017 年 3 月，许燎源当代青铜艺术馆在成都市锦江区三圣乡开馆，四川人艺出品音乐剧《麦琪的礼物》小剧场版，位于成都万象城六楼的"黑螺艺术空间"演出 8 场，A4 美术馆、叁咖啡、贾樟柯的《山河故人》主题餐厅、著名设计师王亥参与筹备的三联书店成都店陆续开馆。④ 同时，一系列原创美术展也纷至沓来，2 月 25 日，《你好》李勇政作品展；3 月 11 日，那特画廊 2017 年首展将推出"试用品：向振华个展"；3 月 28 日和 5 月 27 日，德国和澳大利亚华人艺术家展览；11 月，策划大型当代艺术群展……⑤成都目前具有丙火、许燎源、黑蚁设计、洛可可、嘉兰图设计等一批具有全国影响力的设计机构，从事原创艺术的艺术家数量位居全国第二，成为全国原创艺术重要据点。可见成都作为中国中西部的文化重镇，大量成都艺术家在国际舞台上彰显为中国具有代表性的艺术家。

时尚产业具有良好成长态势。2017 年 7 月 6 日，"欧洲设计中心·成都国际时尚峰会"在成都召开，此次峰会建立了与国际顶级时尚机构欧洲设计中心联合打造的时尚创意产业对话平台。成都市商贸委与欧洲设计中心签订战略合作备忘录以及成都市国际时尚联合会与欧洲设计中心签订战略框架合作协议。⑥ 2017 中国（成都）时尚产业大会在成都市成华区东郊记忆开幕，大会整合了全国优势资源，聚焦服装时尚产业、电子商务发展、原创设计师机器品牌营销等，成都依托中国服装 S2B 创新论坛正式发布"GAIA 平台"，建设"成

① 王嘉，罗梦宇. 2 万余件创意设计作品展示成都创意全产业链［N］. 四川新闻网，2016－11－21. http：//culture. newssc. org/system/20161121/000724773. html.
② 董乐，马兰. 成都创意设计周：改变中国创意城市发展格局［N］. 成都全搜索新闻网，2016－11－23. http：//news. chengdu. cn/2016/1123/1833790. shtml.
③ 王晓易. 成都创意设计周：改变中国创意城市发展格局［N］. 成都日报，2016－11－23. http：//news. 163. com/16/1123/03/C6HBPFAP000187VI. html.
④ 杜雨洲. 超酷！成都文化新空间 2017 年"破茧"［N］. 新华网，2017－3－24. http：//www. sc. xinhuanet. com/content/2017－03/24/c_1120687363. htm.
⑤ 余如波. 2017 年，成都艺术展亮点何处寻［N］. 四川日报，2017－2－14. http：//epaper. scdaily. cn/shtml/scrb/20170214/154999. shtml.
⑥ 严丹. 成都发展时尚产业有很好的基础［N］. 成都日报，2017－7－7. http：//www. sohu. com/a/155097604_120809. html.

都国际时尚文化创意产业园",引进世界级时尚产业资源,持续举办时尚产业大会,打通产业 C2M 链条,转型升级为全产业链的国家级产业平台。①

3. 初步形成传统文化产业、新兴文化产业和特色文化产业融合发展结构形态

文化产业发展格局初步形成。2016 年,成都有 15000 多个法人单位从事文化创意产业活动,实现营业收入 2614.2 亿元,文化创意产业增加值 633.4 亿元,占地区生产总值的 5.2%,② 目前已经初步形成以中国(成都)国际非物质文化遗产节、成都创意设计周、成都国际音乐诗歌季等文创交流活动为品牌,以传媒、出版、文博旅游、演艺娱乐、创意设计、动漫游戏、文学与艺术品原创等行业快速发展的格局。③ 成都是国家级文化和科技融合示范基地,被誉为"全国动漫游戏第四城""中国手游第三城",建成专门的国际性艺术品保税交易平台,位居我国内陆第四、中西部第一。④ 通过全国知名的大数据机构优易数据发布首个"文化双创指数",成都游戏产业高达 35.9%,发展增速和成都旅游业收入增长 22.64%,游戏产业增速比广州、北京和南京快。旅游业收入增长高居全国榜首,远超北京、上海和广州。⑤

提出重点行业文化产业发展战略。2017 年 5 月,《成都市文化产业发展"十三五"规划》发布,提出重点发展信息产业、传媒产业、会展产业、创意设计产业、音乐产业、艺术品原创及演艺产业、非物质文化遗产生产性保护、广告产业、文化设备用品及服务产业。⑥ 8 月 24 日正式对外发布《建设西部文创中心行动计划》(2017—2022 年),形成以传媒影视业、教育咨询业、文体旅游业、信息服务业、会展广告业、创意设计业、现代时尚业、音乐艺术业八大重点行业的文化产业发展战略。⑦

形成三个层次文化创意产业结构形态。目前,成都市文化创意产业分为

① 李丹.2017 中国(成都)时尚产业大会在蓉举行 [N].四川新闻网.2017-8-15.http://scnews.newssc.org/system/20170815/000808729.html.

② 李晓东.成都:将建文创产业标杆城市 [N].光明日报,2017-08-25.http://epaper.gmw.cn/gmrb/html/2017-08/25/nw.D110000gmrb_20170825_5-09.htm.

③ 何晓蓉,王垚,叶燕,汪兰.天府成都文创未来 [N].成都日报,2017-08-23.http://news.163.com/17/0823/03/CSGCP218000187VI.html.

④ 王晓易.成都大力发展文化创意产业 [N].四川新闻网—成都晚报,2017-8-23.http://news.163.com/17/0823/05/CSGIPO09000187VI.html.

⑤ 杨弃非.成都文创"崛起"全国首发"文化双创指数" [N].每日经济新闻,2016-10-31.http://chanye.focus.cn/news/2016-10-31/11220586.html.

⑥ 汪兰,覃贻花.《成都市文化产业发展"十三五"规划》发布 [N].四川新闻网,2017-5-18.http://scnews.newssc.org/system/20170518/000780372.html.

⑦ 成都发布西部文创中心建设计划 蓉港两地构建文创合作新机制 [N].第一财经网,http://www.myzaker.com/article/599eb0e01bc8e0f661000000/.html.

14 个大类，已形成以新闻出版发行、广播影视业为依托的传统文化产业，以茶叶、香精香料、信息服务业、会展广告业、休闲娱乐与健康为支撑的特色文化产业，以创意设计服务、文化创意用品和艺术品等为亮点的新兴文化产业三个层次文化产业发展战略格局。从文化产业结构三个层次分析来看，成都传统文化产业 2 大类增加值占全部文化创意产业增加值比重较小为 6.03%，特色文化产业 4 大类增加值占比 25.96%，新兴文化产业 8 大类增加值占比达 68.01%、营业收入贡献 68.01%，其中文化创意设计服务行业成为主体行业。成都市 2016 年分类别文化创意产业基本情况见表 5-1。

表 5-1　成都市 2016 年分类别文化创意产业基本情况

层次	行业类别	增加值（亿元）	营业收入（亿元）	从业人员期末人数（人）
传统文化产业	合计	633.4	2614.4	463974
	新闻出版发行服务	27.2	102.3	16051
	广播影视服务	11.0	38.2	7556
	小计	38.2	140.5	23607
特色文化产业	茶叶、香料香精	6.4	33.5	3155
	广告会展服务	13.2	121.8	35026
	休闲娱乐与健康	77.5	330.3	72445
	信息传输服务	67.3	185.6	45701
	小计	164.4	671.2	156327
新兴文化产业	文化和创意艺术服务	7.1	14.0	7768
	文化创意用品和艺术品	49.8	311.1	34213
	文化创意设计服务	255.1	692.8	108119
	文化创意咨询服务	6.4	32.9	11582
	文化创意与金融	0.2	1.8	801
	文化创意相关产业	38.6	381.2	32631
	文化创意辅助活动	70.2	359.9	81125
	文化创意与教育	3.4	9.0	7801
	小计	430.8	1802.7	284040

来源：成都市统计局《2016 成都市文化产业统计分析》。

　　综上而言，文化产业是第三产业中重要的组成部分，也是一座城市"软实力"的体现。2016 年，成都市文化创意产业规模（限额）以上企业实现营业收入 2126.2 亿元，创造增加值 568.8 亿元，占全市文化创意产业增加值的 90.0%。在规模（限额）以上企业中，制造业企业实现营业收入 599.3 亿元，创造增加值 168.8 亿元；建筑业企业实现营业收入 62.3 亿元，创造增加值 8.7 亿元；服务业企业（含批发零售企业）实现营业收入 1464.6 亿元，创造增加值 413.3 亿元。可见，成都市文化创意产业增加值主要由规模（限额）以上企业营业收入贡献，其中新兴产业营业收入和增加值占比均在一半以上，在第三产业中具有领先发展的趋势。2016 年成都市规模（限额）以上文化创意产业基本情况见表 5-2。

表 5-2 2016 年成都市规模（限额）以上文化创意产业基本情况

层次	按大类分	营业收入		增加值	
		总量（亿元）	占比（%）	总量（亿元）	占比（%）
传统产业	新闻出版发行服务	95.43	4.49	25.43	4.47
	广播影视服务	25.76	1.21	8.40	1.48
新兴产业	文化和创意艺术服务	2.22	0.10	0.65	0.11
	文化创意用品和艺术品	280.97	13.21	46.15	8.11
	文化创意设计服务	651.23	30.63	249.16	43.80
	文化创意与教育	0.50	0.02	0.36	0.06
	文化创意相关产业	342.50	16.11	35.63	6.26
	文化创意辅助活动	267.30	12.57	58.10	10.21
	文化创意咨询服务	10.27	0.48	3.56	0.63
特色产业	广告会展服务	19.66	0.92	5.45	0.96
	休闲娱乐与健康	240.12	11.29	65.55	11.52
	信息传输服务	158.97	7.48	64.36	11.31
	茶叶、香料香精	31.28	1.47	6.01	1.06

来源：成都市统计局《2016 成都市文化产业统计分析》。

（二）成都文化产业结构存在的主要问题

1. 传统文化产业转型升级发展滞缓

影视行业企业规模基地发展不足。北京和上海影视娱乐文化产业发展强大，据不完全统计，目前影视娱乐机构已经超过 3000 余家，海外的知名机构以及强势机构也设立办事处和分公司。成都与影视相关的公司约 600 家，包括外地来蓉设立的分公司和本土企业，目前规模都不大，最大的注册资金也就 300 万元，而且本土影视类企业大多还处于承包制作层面，能够有实力策划、拍摄、制作、发行一条龙的企业还很少。成都目前并未建成演出重要基地，2017 年 9 月成都影视硅谷刚刚开建，全国著名安仁古镇拟打造"川影双创园"也刚刚起步；"金沙剧场"等演出也逐渐淡出人们视野，未形成有知名度的地方演出，难以与杭州"宋城千古情""最忆是杭州"等著名演出相提并论。可见，成都传统文化产业影视行业企业规模有限，影视行业基地创建发展缓慢。

2. 特色文化产业重点行业发展不足

广告会展业占比较低。2016 年，休闲娱乐与健康、信息服务业行业占全部文化创意产业增加值分别达 20.84％、10.63％，而广告会展服务行业比重仅为 2％。规模（限额）以上休闲娱乐与健康、信息服务行业增加值占比分别达 11.52％、11.31％，而广告会展服务业仅占 0.96％。尽管成都在 2015 年"中国最具竞争力会展城市"排行榜上位居全国第五、中西部第一，但是对文化产业 GDP 总体贡献不足。

动漫游戏业国际化动力不足。2016 年，成都市规上（限上）企业中从事动漫、游戏设计的企业一共有 48 家，实现营业收入 118.7 亿元，创造增加值 71.3 亿元，增加值占文化创意设计服务的 28.6％。与杭州第十二届中国国际动漫节成交金额 153.28 亿元相比而言，成都规模以上企业一年营收不及其一半，可见国际性动漫活动重要性和必要性，但目前成都动漫游戏活动还未提升到国际展会水平，与当前动漫游戏产业发展立足国内、放眼国际的重要趋势不匹配。

3. 新兴文化产业龙头企业发展不足

文化创意产业无百亿元企业。2016 年末，成都亿元以上文化产业企业主要集中在文化创意设计服务业，营业收入超过 50 亿元的只有 5 家，营业收入合计 334.2 亿元，尚无年营业收入超过百亿元的文化创意企业。而 2016 年杭州市前 10 大文化创意企业的主营业务收入合计达 2334.3 亿元，户均营业收入达 233.4 亿元。成都新兴文化创意产业与杭州上市文创企业数量和规模上还有较大差距，2017 年杭州文创上市企业 30 家，新三板挂牌 100 家[①]，而成都文化创意产业大型龙头企业偏少，对产业的拉动能力偏弱。营业收入亿元以上企业分布情况见表 5-3。

表 5-3 营业收入亿元以上企业分布情况

层次	行业分类	单位个数（个）	增加值（亿元）	营业收入（亿元）	从业人员数（人）
	合 计	350	471.3	1804.7	163070
传统文化产业	新闻出版发行服务	7	22.9	84.5	9241
	广播影视服务	5	5.4	16.5	3269

---

① 2017 杭州文创产业实现十大新突破 增加值 3041 亿［N］. 杭州网，2018-01-31. http：//hznews. hangzhou. com. cn.

层次	行业分类	单位个数（个）	增加值（亿元）	营业收入（亿元）	从业人员数（人）
特色文化产业	广告会展服务	5	2.6	8.1	495
	休闲娱乐与健康	67	60.3	212.0	25367
	茶叶、香料香精	8	5.0	26.3	1031
	信息传输服务	23	54.7	132.1	25942
新兴化文产业	文化创意设计服务	78	198.2	535.3	41671
	文化创意咨询服务	3	1.6	4.8	842
	文化创意相关产业	67	31.9	315.7	17688
	文化创意辅助活动	65	45.1	205.1	22431
	文化创意用品和艺术品	22	43.4	264.3	15093

来源：成都市统计局《2016成都市文化产业统计分析》。

四、成都文化产业结构优化的策略与路径

（一）成都文化产业结构优化的策略

只有文化产业结构逐步优化，文化产业增加值占GDP比重稳步提高，才能实现文化产业成为战略性支柱产业的目标。因此，根据成都文化产业结构存在的问题，基于科技供给策略，通过创新，促进传媒影视产业优化升级，巩固提升数学娱乐化发展实力；基于特色发展优势策略，集成市场化要素，聚焦动漫游戏产业海外发展，壮大会展产业行业规模，进一步增加品牌国际影响力；基于文化资本策略，通过资源整合，推动创意设计产业形成龙头文化产业，支持文创产业上市发展。

1. 文化科技融合策略

文化和科技融合形成了数字内容产业，推动数字文化产业创新发展，使得文化产品方式逐步走向个性化、定制化，推动文化产品的生产者、文化服务的提供者多元化的发展。一方面通过数字化的改造，传统意义上的常态影视文化产业升级为多媒体、新媒体、自媒体、网络信息的产业形态。另一方面通过"互联网＋"新技术的应用，比如VR、AR、MR、HR、直播、网红经济等IT泛娱乐，网络电视剧和网络大电影等新技术新方式让作为常态的影视文化产业实现改造提升。

2. 特色发展策略

实施一批特色文化产业项目，推进动漫游戏等文化创意产品开发，打造一

批具有创新技术、国际市场需求的动漫游戏产品，支持建设一批文化特色鲜明、产业优势突出的动漫游戏化品牌，鼓励走出国内市场，进军海外文化市场。促推会展行业等特色产业发展，打造国际性品牌，不断增强国际性会展盛会影响力，提升会展行业发展速度和规模。

3. 增强文化资本策略

文化资本具有文化和资本两个属性，文化资本对文化产业结构升级有积极促进作用。文化资本对新兴产业结构升级有两个主要途径，一是通过文化资本投资，二是通过影响人力资本、供需经济行为、科技水平、制度因素等要素。① 但最终文化产业发展结果还是取决于市场，这要求成都文化创意设计产业企业等区域性的文化产业集群有待形成，重大项目的规模效应和品牌效应还尚待打造。一方面，成都立足于创意设计周等重大活动，提高文化创意设计产业影响力。另一方面，积极发展文化创意设计文化产业行业龙头企业，必须注重品牌建设、品牌价值链的开发，提高品牌认知度、影响力和辐射力，只有打造一批龙头企业才能在激烈的国际竞争中占有一席之地。

（二）成都文化产业结构优化的路径

1. 大力发展数字影视内容产业

应将数字内容产业作为传统产业转型升级发展重点路径，进一步明确将传媒影视传统文化产业提升为数字娱乐业主要方向，加大影视、网络、手机动画和漫画等的原创性和提升数字动漫产品数字化水平，重点扶持虚拟现实、增强现实、全息成像、裸眼 3D、交互娱乐引擎开发、文化资源数字化处理、互动影像等领域先进技术和装备发展，努力将成都打造成全国数字影视内容产业中心之一。

2. "互联网＋"促进影视行业结构升级

当前是"互联网＋"传统产业的最佳时机，以"互联网＋文学影视"为代表的互联网内容产业日益增长。应将内容娱乐产业、互联网智能电视（OTT）、网红、现场演出与主题公园、独立直播平台、网剧等互联网新兴元素融合到传统影视等文化行业中去，进一步提升影视文化产业转型升级发展。

3. 重大国际活动赛事提高特色会展业影响力

坚持"品牌化、专业化、产业化和国际化"方向，打造展会平台，进一步做实国际展会活动，鼓励特色文化元素、传统手工技艺、非遗技艺项目与创意

---

① 陈赞晓. 论文化资本及其营造 [J]. 学术研究，2007（5）.

设计相结合，将古蜀文化、三国文化、大熊猫文化等天府文化特色文创产品和文创品牌精彩亮相，扩大成都文创产品影响力，提升特色文化会展辐射力。

4. 促进本地优秀动漫游戏企业进军海外市场

应积极出台更有利的政策和措施，积极鼓励更多本地成熟优秀动漫游戏产业企业进军海外。如尼毕鲁的《银河帝国》曾登上了 App Store 北美畅销榜首位，其另一款产品《王者帝国》多次进入包括俄罗斯和德国在内的多个国家 Top Grossing 排行榜前十。对进军海外动漫游戏公司开展各项国外政策支撑性服务，鼓励引进海外优质文化产品。如天象互动科技有限公司宣布在爱丁堡成立工作室，成为第一家进军苏格兰游戏行业的中国公司，还有本土手游公司龙渊网络，其业务模式也正在发生变化，利用全球资源打造优质娱乐内容，继续带回更多的海外优秀文化产品。

5. 支持文化创意设计产业龙头企业发展

通过创意设计产业展览会等活动，吸引国内外优质创意设计机构和国内外知名企业，积极争取企业总部落户成都或部署重要生产经营基地。落实发展文化产业政策，匹配相应的文化产业发展专项资金，促进本地文化创意设计企业和领军企业通过收购、兼并、重组等方式，实现优势互补、资源整合，进一步壮大企业自身实力。

6. 推动文创企业上市与品牌塑造

抓紧推动符合条件的新兴文化创意设计企业上市融资，对较为成熟、经营较为稳定的文化创意企业支持其在主板市场上市，对在成长中有广阔发展前景的中小文化创意设计企业支持其在创业板、中小板上市。强化文化创意企业对商标、品牌的管理和培育意识，评选、推介、保护、扶持本市文化领域著名商标和知名品牌，打造成都文化创意设计产业领域市场主体的品牌形象。

第六章　成都文化产业集聚发展的策略和路径

　　集聚发展是促使文化产业在相对较短的时间内获得发展壮大的有利选择，文化产业集聚过程涉及多要素、多主体、多环节，形成独有集聚模式。我国文化产业从文化产业园区的地理空间集聚，发展为文化产业基地，再到虚拟化的文化产业园区兴起，叠加文化产业园区与特色小镇融合发展，如今形成跨区域文化产业带。本章回顾成都文化产业集聚模式形成的历程，认为也顺应了这一发展趋势。当前，成都文化产业集聚呈现出运营机制单一，行业协会作用偏弱，虚拟化、数字化集聚行业比较少，园区开放度不足，尚未形成文化产业带等主要问题。提升文化产业集聚发展，应立足升级服务策略、创新模式策略和深度融合策略，需要大力构建文化产业园区服务体系，加大科技与文化融合，打造跨区域文化产业带，推动集聚模式不断升级发展，从而优化文化产业布局。

一、文化产业集聚的内涵和新趋势

　　阿尔弗雷德·韦伯提出集聚经济①是指企业为了共享公用设施、技术设备、原材料供应商、专业化的劳动市场组织等所降低的成本或增加的收益而形成在地理空间上的集聚。② 空间集聚是指在一类产业领域内，公司组织、机构在一定地理空间范围内的集中化，在生产、交换、消费或技术创新等环节中相互联系的企业在某一空间范围内形成集聚。③ 文化产业不是一个自给自足独立的生产系统，也不是个人或单位企业的行为，而是与其他经济及文化领域的互动合作。文化产业集聚是大量的相互关联的文化企业机构、个人以及与相关支持系统在一定空间地域范围内的集聚和集中。④ 目前，文化产业基地和园区是

---

① 阿尔弗雷德·韦伯. 工业区位论［M］. 李刚剑，等译. 北京：商务印书馆，1997.
② 何勇军. 文化产业集聚模式及其机制研究［D］. 天津大学博士论文，2013—05—01.
③ 周锦，张苏秋. 空间集聚视角下城市文化创意产业的创新模式［J］. 阅江学刊，2017（5）.
④ 戴钰. 文化产业空间集聚研究——以中国湖南地区为例［M］北京：经济科学出版社，2014年.

我国文化产业空间集聚发展的重要模式。除此之外，我国还存在着随城市群、城市经济圈发展起来的文化产业带。[①]

（一）文化产业集聚动力机制和集聚模式

文化产业集聚的过程是涉及人力、资金等多要素，政府、高校等多主体，空间聚集等多环节的过程，也是一个依次渐进、逐步发展的过程。文化产业集聚主要依赖于五大动力的支撑和推动，它们分别是发展环境、政府支持、人力资源、市场需求和技术力量。空间分布和布局问题是地理学研究产业的一个特有视角，文化产业空间区位包括文化产业集聚地点和环境，主要呈现出城市集聚和园区集聚发展层次，根据集聚要素形成文化产业集聚模式。

1. 五大动力要素

发展环境包括区域历史文化环境，经济社会环境和生态资源环境等，在文化产业集聚过程中，发展环境是基础性的要素，具有区域特色和特有性。政府支持主要是优化软环境，比如提供优惠政策来吸引文化企业和人才，这些政策导向方面的支持也是文化产业集聚过程中必不可少的，政府支持是文化产业实现集聚化发展的关键动力。

在文化产业集聚区域内，全产业链形成专门的人力资源集聚和相关专业化服务集聚，市场需求是文化产业集聚过程中的源头动力，人力资源是文化产业集聚发展的核心动力。新技术的应用，对文化产品、文化服务、电商平台、直播、电商影视、App 等提供创新动力。VR、人工智能、图书馆、博物馆等领域实现数字化的改造与交互融合，对传统文化产业集聚模式进行革新，突破地域空间限制，将文化产业集聚从现实走向虚拟，技术力量是推动文化产业集聚从传统集聚走向创新集聚的创新动力。文化产业集聚动力机制图如图 6-1 所示。

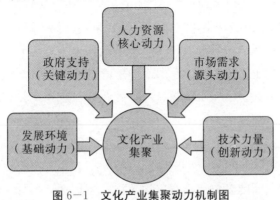

图 6-1 文化产业集聚动力机制图

---

① 周锦，张苏秋．空间集聚视角下城市文化创意产业的创新模式 [J] 阅江学刊，2017 (5) .

2. 文化产业的集聚主要模式

文化产业集聚模式的形成与文化产业五大动力因素相关，体现城市化特点，主要分布在中心城市，并且以城市内部园区集聚为主。这种空间集聚模式在城市层面主要包括源于历史文化资源的集聚模式，基于工业文化资源的集聚模式，国外如伦敦、巴黎、东京等；城市内部的文化产业集聚园区，主要包括依托原有资源形成集聚模式（旧厂房、旧仓库等工业遗址改造、升级改造传统文化气息浓厚地带、依托既有高新技术产业园区嫁接），依托智力资源形成集聚模式和根据文化产业关联形成集聚模式①，如北京 798 艺术区、上海田子坊文化产业集聚区等。文化产业集聚模式分类图如图 6-2 所示。

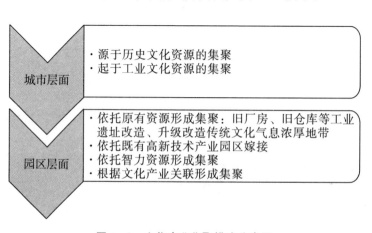

图 6-2　文化产业集聚模式分类图

（二）我国文化产业集聚的主要模式

自 2004 年以来，我国文化产业增加值年均增速都达到了 15％以上，大大高于统计 GDP 的增速。从文化产业集聚模式来看，第一阶段主要表现为注重发展单体项目和产品的市场价值，注重上下游产业链开发和产业园区的建设，文化产业集聚模式更多体现为园区层面的建设、城市文化街区的打造和工业遗址的改造等主要方式。第二阶段随着"一带一路"推进、京津冀协同发展城市群的建设，文化产业园区由封闭式的点状发展模式向带状辐射发展。因此，文化产业的集聚模式主要为文化产业示范园区、文化产业示范基地、文化产业实验园区和文化产业带。

文化产业示范园区多数是政府主导建设的聚居区，因此主要由政府管理、

---

① 何勇军，傅利平. 基于系统动力学的文化产业集聚仿真模型［J］. 求索，2013（10）.

企业运营，如山东曲阜新区文化产业园、上海张江文化产业园、甘肃敦煌文化产业园等。

文化产业示范基地主要由市场主导具有一定竞争力的文化企业，企业按照市场化进行运营管理，如北京数字娱乐发展有限公司、深圳华强文化科技集团股份有限公司等。

文化产业实验园区主要由政府主导建设，具有先行先试、探索创新的作用，主要由政府管理、企业运营，如黑龙江大庆文化创意园、西藏文化旅游创意园等。另外，文化产业创新实验区也得到文化部命名，如 2014 年文化部认定北京市朝阳区以"北京商务中心区（CBD）——定福庄"一带为核心区，建设全国首个，也是目前唯一一个国家文化产业创新实验区。

文化产业带是跨区域的文化产业集聚形态，形成多个经济增长点带动区域文化产业的发展，由各经济区域进行规划管理，如长江经济文化产业带、环渤海湾经济文化产业带等。

（三）我国文化产业集聚发展的新趋势

目前，我国经济发展速度放缓，经济下行压力加大，转型升级迫在眉睫，加快文化产业发展势在必行，优化区域文化产业发展布局更成为当前文化产业发展迫在眉睫的重要任务。近两年来，文化产业园区创建工作的标准逐步提升，推动文化产业园区转型升级。2016 年 9 月文化部办公厅下发《关于进一步完善国家级文化产业示范园区创建工作的通知》，规定国家级文化产业示范园区要在 3 年创建期结束考核合格后予以命名，实施动态管理。2017 年 4 月出台《文化部"十三五"时期文化发展改革规划》明确提出，"十三五"期间培育一批集聚功能和辐射作用明显的国家级文化产业园区。伴随着人工智能、虚拟现实、大数据、云计算等新技术的应用，共享经济、零工经济等经济新业态不断涌现，文化产业集聚呈现出虚拟化、智能化和数字化趋势。

传统文化产业园区走向虚拟化、智能化、数字化集聚新模式。当今数字技术和网络技术的迅猛发展开辟出新的产业发展空间，传统文化产业园区是空间地理的文化产业集聚，而互联网使得虚拟空间的文化产业集聚成为现实，O2O文创园区的集聚模式改变了文创园区业主单纯依靠物业盈利的局面。数字文化产业的发展，推动了优秀文化内容的数字化转化和创新，也推动了数字文化产业双创平台的建设，国家文化产业创新实验区、国家动漫产业综合示范园建设构建着数字文化产业创新生态体系。

智能化场景设计为文化产业园区提供更智能化的体验。场景化设计分析用户参与园区的场景，把用户的互动和参与设计到园区的运营中来，并以此设计园区的建筑、布局、产业、活动、服务等①，在园区业主与入驻企业间建立起更加紧密的产业协作关系，是文化产业园区集聚发展需要关注的重点。

文化产业园区与特色小镇融合集聚发展趋势。特色小镇是聚集特色产业，融合文化、旅游、社区等功能的创新创业发展平台。特色小镇园区化的发展趋势是对产业、文化、社区等多种功能的融合，为中小城市、小城镇和农村打造特色文化产业集群奠定了基础。②

文化产业带集聚发展日益成为区域产业中心。建设"一带一路"、长江经济带重大战略，为文化产业发展提供极大机遇，文化产业带已成为带动区域产业发展的增长极。如丝绸之路文化产业带、藏羌彝文化产业走廊文化产业集聚区的形成，不仅促进文化产业发展，也正在形成面向区域和行业发展的协同创新中心。

二、国内外城市文化产业集聚发展的经验借鉴

（一）建立完善政策机制，促进区域文化中心形成

1. 全球发展战略和规划布局文化产业集聚

伦敦积极在集聚区打造文化品牌，积极推动推动跨国合作，扩大伦敦文化的全球影响力，以规模优势赢取国际竞争力。伦敦艺术基础设施占据全国40%，拥有2/3电影制作岗位、70%电视制作公司、3/4的广告业岗位，贡献了过半全国设计业总产值、七成音乐产业总产值、四成出版业总产值。③ 伦敦通过全球布局战略顶层设计，推动创意产业集群发展，拥有戏剧表演艺术集聚区、英国数字企业集居区等特色产业集居区。所以，伦敦不仅成为英国的文化创意中心，更成为世界的文化创意中心。④

2. 社会团体关注和支持文化产业集聚

纽约的格林尼治村的"西村"和苏荷区等是美国文化创意产业园区的早期

---

① 刘结成 . 2016 年我国文化产业园区发展的五个面向 [N] . 文化中国网，2016－1－5. http：// cul. china. com. cn/2016－01/05/content_8495709_2. htm.

② 曾志敏 . 避免"穿新鞋走老路"特色小镇建设须走出新路 [N] . 人民日报，2017－07－06（理论版）.

③ 洪涓，刘甦，孙黛琳，付建文 . 北京—伦敦文化创意产业发展比较研究 [J] . 城市问题，2013（6）.

④ 蒋正翔 . 伦敦创意产业的六大国际化战略 [N] . 光明网，2015－10－23. http：//theo-ry. gmw. cn/2015－10/23/content_17462424. htm.

雏形。纽约市鼓励赞助机构、知名贸易机构、慈善基金会等资金支持具有众多艺术优势的文化创意产业集聚,形成百老汇表演艺术集聚区、SOHO 艺术集聚区、曼哈顿的时装区等,其中纽约传媒集聚区是美国最大的媒体市场,出版产业集聚区排名世界第一①。

3. 政府与多方合作项目推动文化产业集聚

昆士兰政府、教育界、产业界、研究机构等共同参与创意产业集聚区是澳大利亚首个创意产业、创意实验和商业化发展的集聚区,也是国际文化创意产业园区的典范之一,汇聚了印刷媒体、视觉表演艺术等创意产业②。集聚区内除了具备商业发展模式,还包括一个创意产业学院、两个研究中心和两个企业事业中心,具有教育培训、研究及企业发展功能③。

（二）依托重大项目和龙头企业,形成国家级文化产业园区

以重大文化产业项目吸聚文化企业,建设高标准文化产业园区。天津市利用滨海新区的政策优势,建设国家动漫产业综合示范园项目、天津印刷工业园项目、文化旅游区项目,形成动画产业聚集区、综合性现代出版印刷产业集聚区和休闲旅游产业集聚区。④ 2016 年,滨海新区拥有国家级文化产业示范基地 6 家、市级示范基地 11 家。滨海新区国家级文化和科技融合示范基地、国家动漫产业综合示范园等 8 个国家级园区初具规模。⑤

以文化产业龙头企业发展壮大,提升国家级文化产业基地能级。上海张江国家数字出版基地、中国（上海）网络视听产业基地等国家级产业基地不断提升服务能级,集聚优质企业。2016 年张江国家数字出版基地集聚企业总数 596家,基地内产值过亿的企业超过 35 家。中国（上海）网络视听产业基地注册企业逾 400 余家,其中 70％以上为网络视频、影视动漫、网络游戏、技术研发等新兴文化企业。金山国家绿色创意印刷示范园引进上海康得新文化传媒正式入驻,吸引注册文创企业 21 家,正式投建国家新闻出版总署出版产品质量监督检测中心上海分中心。⑥ 上海国家级的文化产业基地龙头文化产业的集聚

---

① 樊姝. 纽约文化创意产业集聚区发展经验及对北京的启示 [J]. 北京服装学院, 2013 (7).
② 吴智扬. 我国文化创意产业发展现状及政策思考 [D]. 江西财经大学硕士论文, 2013-06-01.
③ 张京生. 伦敦_昆士兰创意产业集聚区发展分析 [J]. 投资北京, 2008 (11) //滨海新区构建特色现代文化产业体系 [N]. 天津市人民政府网, 2017-9-11. http://www.tj.gov.cn/xw/qxl/201709/t20170911_3613123.html.
④ 何勇军. 文化产业集聚模式及其机制研究 [D]. 天津大学博士论文, 2013-05-01.
⑤ 陈西艳,王子明. 构建特色现代文化产业体系 [N]. 滨海时报, 2017-09-1.
⑥ 顾颖琪. 授权发布《2016 上海文化产业发展报告》[N]. 东方文网, 2017-2-16. http://shcci.eastday.com/c/20170216/u1ai10345503.html.

效应凸显，积极引领和带动着上海市文化产业的发展壮大。

（三）以高新科技为支撑，发展虚拟化、数字化、智能化文化产业园区

"互联网+"推动平台化的发展，形成新的文化产业 O2O 集聚模式。广州羊城创意产业园内联手入驻企业华语音乐巨头滚石国际、全国第一大音乐演艺互动平台欢聚时代 YY 及全国第一大手机音乐客户端酷狗音乐共同打造线上线下为一体的"亚洲文化娱乐 O2O 产业基地"。滚石集团在羊城创意产业园打造了中央车站 LiveHouse，线下的"现场演出"已经成为这个产业中增长明显的板块。YY 娱乐正在通过打造"1931"女子偶像团，形成一条全新的音乐产业 O2O 融合方案。线上直播间让"面对面的偶像"突破物理空间和地理方位的限制，线下的"1931"专属剧场为粉丝实现真实的接触和面对面的互动。酷狗繁星作为首个面向音乐行业的 O2O 平台，帮助唱片、演出、艺人公司实现互联网转型。①

建设创意成果转化应用的平台，促进文化科技成果转化。上海张江文化产业园区拥有国内第一个有效运作的上海文化产权交易所、第一个动漫研发公共服务平台、第一个经国家批准成立的文化产业股权基金等，通过产业孵化器、研发平台、展示交易平台的建设，促进了现代文化科技创意产业架构和产业链的构建。

案例1　文化帮——文化产业垂直市场领域的项目融资、撮合、交易平台

由中润普达（集团）公司构建并运营的首个基于文化产业垂直市场领域的项目融资、撮合平台——文化帮，促进文化创意的集聚，通过市场化运作，推进园区的智能化建设。主要针对艺术品交易产业、创意设计产业、出版发行产业、现代传媒产业、广播影视产业、动漫游戏产业、网络文化产业、表演艺术产业、广告会展产业、休闲娱乐产业、体育赛事产业、文化旅游产业、教育培训产业、音乐产业以及其他属性的文化产业项目撮合、交易业务和撮合、交易业务中发生的法律和产品交易 O2O 服务。

运用智能化数学化技术，实现文化产业园区场景呈现。智能化场景设计是文化产业园区新生产力的助推器和孵化平台，小到改善一个公园，中到改善一个社区，大到创作一个未来城市。香港推出的"2049 未来城市"，投下一个引力核，街区成放射状，把产业通过各个街区进行一个连接、辐射，双创社区板块、金融与网络经济板块、养老和养生板块，形成旅游场景化的产业，实现旅游场景化的城市改造，旅游场景化农业。目前已经有 60 多项场景设计专利，100 多项原创。

---

① 张伟杰．羊城创意产业园打造亚洲文化娱乐 O2O 产业基地［N］．金羊网，2016－6－17．http://news.ycwb.com/2016-06/17/content_22280325.htm.

案例2　香港机器人创客小镇智能化场景设计

　　创客小镇面积是 3500 平方米，中间黄色的轴线做成机器人的大街，主街上形成强大的人流可以向其他的街区辐射，旁边形成了木偶动漫影视产业园、设计街产业园、科幻数字出版街、网络工程产业街、人工智能产业园，产业培育先通过机器人的大街衍生出了产业园区，实现智慧社区集聚，形成创新型的产业城区。

（四）文化产业园区与特色小镇融合发展集聚模式

　　德国夏洛滕堡通过共享空间和平台形成创意空间。夏洛滕堡地区由于临近柏林工业大学和柏林艺术大学的区位优势，成为柏林设计工作室集聚地。合作办公空间贝塔之家，既是办公场所，也是休闲空间，提供一个由不同创意企业形成灵活的工作小组，针对各自不同的项目开展工作，共同制作初步的工作模型，甚至共同创立公司。这种共享空间是为创意人士提供设计基础设施，同时作为一个社交、生意的网络平台来运作①。

　　杭州以互联网和云计算规划建设"三镇三谷"。杭州特色小镇规划建设体现了"产城融合"精神和"互联网＋"的思维，如云栖小镇、梦想小镇、基金小镇和云谷、西溪谷和传感谷都。② 其中云栖小镇是阿里巴巴云公司和转塘科技经济园区两大平台打造的以云生态为主导的产业小镇。梦想小镇分为创业小镇和天使小镇两个部分，创业小镇侧重大学生群体创办电子商务、软件设计等互联网企业；天使小镇重在提供科技金融、互联网金融等创业企业金融服务。③

案例3　横店影视文化产业实验区将影视文化产业园区与特色小镇深度融合

　　浙江横店影视文化产业实验区是全国第一个国家级影视产业实验区。实验区集影视创作、拍摄、制作、发行、交易于一体，打造中国影视产业要素集聚平台。目前，横店影视文化产业蓬勃发展，将横店小山村建成为产业特色明显、百姓生活富裕、环境优美的影视之都，实现产业、文化、旅游、环境、社区的叠加的休闲特色小镇。2016 年的旅游人次达到了 1780 万，被称为"东方好莱坞"。目前中国传统剧本和影视项目中有三分之二在横店拍摄。④

---

　　① 钱川，段瑜卓 . 柏林夏洛滕堡地区创意设计产业集聚模式研究 [J] . 国际城市规划，2016（3）.

　　② 何雅君 . 2017 年中盘点：文化产业园区发展新态势 [N] . 搜狐财经，2017－7－8. http：// www. sohu. com/a/155473097_182272. html.

　　③ 王松，范国强，马云 . 关于梦想小镇创业创新现状的实证研究 [J] . 城市学刊，2016－09－20.

　　④ 跨境产业园区和特色小镇的合作与发展 [N] . 中国企业报，2017－6－26. https：// baijiahao. baidu. com/s? id=1571194774007482&wfr=spider&for=pc.

三、成都文化产业集聚发展现状和存在问题

（一）成都文化产业集聚发展现状

成都文化产业采用行业集聚、空间集中的发展策略，到 2017 年培育建设了一批文化产业重点项目，已建成国家级示范园区 1 个，国家级示范基地 7 个，省级文化产业示范园区 22 个，市级文化产业示范基地 15 个。[①] 目前，依据文化产业集聚要素分析，成都文化产业集聚模式主要有五种：一是以历史文化资源为依托，形成时尚产业和文博旅游集聚；二是以高新技术环境为依托，形成互联网产业集聚；三是以大型文化企业集团为龙头业，进行传媒业集聚；四是通过旧厂房楼宇改造，促进文创产业和音乐产业集聚；五是环绕生态保护带，形成艺术类文化产业带。

1. 依托历史文化资源，形成时尚产业和文博产业集聚

依托主城区的四个历史文化保护区打造历史文化街区，形成文化创意产业和时尚产业集聚。在宽窄巷子历史文化保护区，经政府规划打造的宽窄巷子，集聚入驻企业 150 多家，其中文化创意产业 30 余户，街区消费产值超 3 亿元。2016 年，宽窄巷子接待游客逾 1700 万人次。[②] 在文殊院历史文化保护区规划建成文殊坊，包括文化演艺体验、文创科技融合、传统文化创新和文化艺术集聚等四大产业组块，涵盖文旅观光、文化体验、文创消费、文化传播等生产型和消费型产业，预计到 2020 年的年客流量将实现 1500 万人次，文创和旅游收入将突破 100 亿元。[③] 大慈寺历史文化保护区内打造的太古里商业街区，集聚近 300 家时尚品牌企业，成为成都新的时尚地标。[④] 水井坊历史文化保护区形成的街区融汇了"馆、驿、会、坊"等四种业态形式，集聚了兰桂坊、香格里拉大酒店等世界级时尚企业加盟，打造为成都最具国际风尚的文化社区，使成都传统建筑和都市文化完美结合。

通过周边历史文化古镇良好的旅游资源，促进特色文博旅游产业集聚。洛带古镇、平乐古镇、黄龙溪古镇、安仁博物馆小镇、新场古镇和五凤镇作为国

---

① 成都市文产办提供数据。
② 李克强夜访后成都宽窄巷子的思路更宽了［N］. 凤凰网，2017 - 1 - 4. http：//finance. ifeng. com/a/20170104/15121248 _ 0. shtml.
③ 文博青羊，打造"文博创意之都"［N］. 网易财经，2017－9－26. http：//money. 163. com/17/0926/23/CVA04QCO002580S6. html.
④ 成都远洋太古里：借力春熙路商圈打造国际购物天堂［N］. 四川在线，2016 - 12 - 21. http：//sichuan. scol. com. cn/cddt/201612/55776333. html.

家级历史文化名镇，都江堰作为国家级文化名城，吸引华侨城、大连万达等文化产业集团入驻。同时成都市博物馆众多，四川博物院、金沙遗址博物馆、杜甫草堂博物馆、武侯祠博物馆等国有博物馆共45家，还有100家民营博物馆。其中建川博物馆、金沙遗址博物馆等在国内外均享有较高的知名度和影响力。2016年成都博物馆大小加起来共有145家，博物馆总数量和非国有博物馆数量均居全国城市第一位。[①] 历史文化资源深度挖掘和打造使得文博旅游业呈现出良好态势，让成都成为文博旅游全国第三城。[②]

2. 发展高新技术，形成互联网产业集聚

发布全国首个移动互联网产业发展规划，形成互联网产业集群发展格局。2014年，成都高新区通过《"三次创业"产业发展规划》和《"成都高新区加快移动互联网产业发展的若干政策"实施细则》，为集群创新发展注入了新的动力和活力。成都数字新媒体创新型产业集群在2014年底被科技部认定为创新型产业集群，这是在西南地区第一个被认定的，也是科技部在全国认定的32个创新型产业集群中的一个。[③] 2016年12月，成都市具有一定规模的互联网企业数量达到2600余家，同比增长19.2%。2016年电子商务领域企业营业收入171.3亿元，移动游戏领域企业2016年实现营业收入120.5亿元。"互联网＋"领域中，医疗健康相关企业2016年实现营业收入14.6亿元，同比增长近1倍。[④]

3. 打造龙头文化企业，形成传媒业集聚

以媒体融合和新媒体龙头企业发展为依托，实现传媒产业集聚的规模化发展。成都红星路区域集中四川报业和成都传媒集团两个新闻出版集团，集聚了大部分广电传媒业和报业，是出版发行业的集群化特点地段。成都传媒集团有效聚合相关研究机构、孵化机构、投资机构、服务机构等，不断建设文化产业园区和基地，建成国家级成都广告产业园、红星路35号创意基地、汇融国际数字基地、川报传媒基地和爱·盒子设计基地等。[⑤] 目前正在建设首个国家级

① 钟茜妮. 博物馆总数全国第一，成都当之无愧博物馆之城［N］. 成都商报，2017－4－19. http：//sc.sina.com.cn/news/2017-04-19/detail-ifyeimqc4766918-p5.shtml.
② 成都文广新宣传处. 成都发力文创中心促进文创与产业、城市、商业、旅游融合［N］. 成都市文化广电新闻出版局门户网站，2017－7－11. http：//www.chengduwenhua.gov.cn/htm/detail_199556.html.
③ 刘怡. 成都数字新媒体创新型产业集群获得认定［N］. 成都市人民政府网，2015－1－8. http：//www.sc.gov.cn/10462/10464/10465/10595/2015/1/8/10322980.shtml.
④ 《2016年成都市互联网络发展状况报告》发布［N］. 四川省人民政府网，2017－6－1. http：//scxf.sc.gov.cn/10462/10464/10465/10595/2017/6/1/10424200.shtml.
⑤ 吴君蒙. 成都广告产业园［N］. 新华网，2016－7－12. http：//news.xinhuanet.com/info/2016-07/12/c_135507512.htm.

文化传媒产业园，未来将其建设为首个 3.0 版传媒文化产业集群，形成立足西南，辐射全国，影响全球，抱团集聚发展的大产业园。[①]

4. 立足旧厂房和楼宇改造，形成创意设计和音乐产业集聚

以旧城废弃工厂为核心，形成文创产业集聚重点地区。从"红星路 35 号"创意园区到花牌坊的无厘创意工厂、高攀路 7322 厂文创区、龙泉驿区 321 梵木文化创意园区、东郊记忆等，都是政府围绕旧厂房改造，利用现有文化、创意、艺术的发展优势，以创意设计为主要产业形态[②]打造的优秀文化园区。经过整体景观功能和公共环境的规划打造后，这类园区逐步成为创客的筑梦之地，与周边文创园区和文化街区形成连片发展。如"东郊记忆"由旧厂房改造而成，形成 MINILIV 音乐现场、影立方电影院、食画花园餐厅等业态，文创产业与美食商业有较好的结合，[③] 实现文创产业发展与城市有机更新同步推进。

以"文化+众创空间"发展为理念，升级创客集聚文化街区。成都奎星楼街的明堂创意工作区为标志的文化创意类众创空间，每年不仅聚集、孵化 200 多个项目，还拓展了第二代文创园。这类园区以街区旧楼宇改造形式呈现，以运营小微文创团队和小微文创项目为核心主体，对接文创产业的资本，有机整合与运营后形成文化社区。同时，游戏工场、十分咖啡、8 号平台·成都青年创业沙龙、西村等一大批"文化+众创空间"的文化创新创业产业和人才集聚区在成都街区形成文创与社区结合新业态。

5. 环绕生态保护带，形成跨区域文化产业带

以"198"区域[④]作为依托，重点发展动漫游戏、时尚音乐、演艺娱乐、文学与艺术品原创、数字出版、创意设计、文化旅游等文化创意产业。这一区域已经建成文化科技产业园、"成都大魔方"娱乐中心、音乐小镇、三圣文化创意基地、数字出版产业园、非物质文化遗产国家公园、两河森林公园、大熊猫生态园、浓园、蓝顶等文化创意产业园区等，逐步构建成都文化创意产业

---

① 罗娟，高红霞. 首个国家级文化传媒产业园将落户成都市成华区 [N]. 人民网四川频道，2017-8-17. http：//sc. people. com. cn/n2/2017/0817/c345167-30620498. html.

② 殷洪伟. 321 文化创意园龙泉的"东郊记忆" [N]. 龙泉开发，2015-12-25. http：//e. tflqy. com/epaper/lqkf/html/2015/12/25/A02/A02＿81. htm.

③ 成都文广新宣传处. 成都发力文创中心促进文创与产业、城市、商业、旅游融合 [N]. 成都市文化广电新闻出版局门户网站，2017-7-11. http：//www. chengduwenhua. gov. cn/htm/detail＿199556. html.

④ 王伶雅. "198"功能区成都的生态绿洲 [N]. 成都日报，2012-1-29. http：//cd. wenming. cn/syxw/201201/t20120129＿161878. shtml. "198"区域是指环绕成都中心城区的 198 平方公里的非建设用地，主要位于三环路之外、外环路以内（包括外环路外侧的 500 米生态保护带），兼具城市通风口、城市绿肺、水源涵养地、现代服务业发展区等多项功能，是加强生态保护、促进可持续发展的主要载体。

链，形成了创意文化产业带。① 如"浓园"全称为成都浓园国际艺术村，160
亩空间，除现有的70余幢建筑，其余90%都是绿化景观。浓园作为一个民间
资本投资的"艺术村"，目前已形成艺术创作、艺术鉴赏、艺术交流、艺术品
拍卖、艺术培养、艺术旅游服务等文化创意产业聚集发展。良好的创作环境，
现代的艺术生态环境，创新的文化产业发展平台吸引了入驻浓园的200余位艺
术家。② 成都国家级、省级、市级文化产业示范园区（基地）布局图如图6-3
所示。

图6-3　成都国家级、省级、市级文化产业示范园区（基地）布局图

（二）成都文化产业集聚发展存在的问题

1. 较为单一的运营机制，影响文化产业示范园区可持续发展

文化产业园区运营机制一般为文化创意企业享受园区优惠政策，在园区内
租赁场所，以租金、物业费等形式返还给园区。这种租金收入运营模式，文化
产业园区文创商业空置率偏高，③ 使得文化产业园区集聚难以实现可持续发
展。据统计，东郊记忆空置率约为30%，西村大院空置率约为50%，蓝顶当
代艺术区空置率约为60%，U37创意仓库空置率约40%，85%以上商家处于

---

　　① 苏宁，邢飞. 创意设计与成都产业融合［N］. 四川省经信委网站，2013-4-9. http：//
www. sc. cei. gov. cn/dir1009/160078. htm.

　　② 王晓易. 浓园国际艺术村是这样炼成的［N］. 网易新闻，2014-3-4. http：//
news. 163. com/14/0304/06/9MFJPQH700014AED. html#from=relevant#xwwzy_35_bottomnewsk-
wd.

　　③ 文化创意商业包括文化创意零售、特色餐饮、剧院式商业空间、展览空间等多种模式，他们
将文化创意与商业结合在一起，打造一种独特的商业体验空间。

亏损状态，IBOX 创意基地空置率约 70%。^① 这些园区一部分是由于只有单一的租金运营方式，缺乏大型活动，如东郊记忆；一部分是由于园区改造不够精致、停车难等问题，如 U37 创意仓库；也有的是由于具有良好发展前景的文化企业或个人缺乏资金支持，如蓝顶当代艺术区。

2. 行业协会作用偏弱，对文化产业企业（基地）指导不足

近几年来，成都文化产业协会、成都市电影电视家协会、成都市摄影家协会、成都市书法家协会、成都市美术家学会、成都市工艺美术行业协会、成都市动漫艺术联盟等行业协会相继成立，对文化产业在项目成果转化等方面有着积极促进作用。但是行业协会对文化产业重要作用尚未真正体现，由于缺乏资金、人力等，行业协会职能重沟通协调、轻行业指导，重宣传推介、轻企业维权，整体职能不足。目前，成都市国家级示范基地和省级市级示范基地认定和资格审查都是由政府主管部门组织开展，文化产业统计工作也是主要由政府主管部门牵头组织，成都文化产业协会更多承担的是学术沙龙举办和宣传行业发展的工作。因此，行业协会对文化产业企业应承担基地认定、资格审查和数据统计等相关职能都未落实到位。

3. 园区虚拟化、数字化集聚行业比较少，智能化场景设计缺乏

2017 年初成都联合重庆的猪八戒 O2O 模式共同打造的 O2O 创新型园区，线上园区包括园区站点和园区协同系统两个部分，线下创业园区为企业提供工作场所和"面对面服务"。^② 成都数字文化产业园建设刚启动，将打造覆盖全国绝大多数出版社和重点文化企业的全国图书 O2O 共享协作发展互联网平台、全国图书线下集中采购中心和全国图书发行结算中心。^③ 目前，O2O 模式打造文化产业园区所涉及文化产业行业比较少，主要还在初建阶段，效果尚未呈现，虚拟化、数字化文博旅游、创意设计、音乐产业、非遗产业等成都特色文化创意空间还很欠缺，尚需大力支持和发展。目前传统园区虽然建立了园区互联网平台，但只是宣传和展示，智能化场景设计网页和 App 等触点还不足，不能适应当前园区发展的新形势。

---

① RET. 瑞意德. 文化与商业的邂逅——2017 成都文创商业发展研究报告〔N〕. 房天下，2017—3—27. http：//news. cd. fang. com/open/24782025. html.
② 钱泓睿，唐林柳. 成都锦江"互联网＋"双创综合示范区线上园区开园〔N〕. 新华网，2017—1—6. http：//www. sc. xinhuanet. com/content/2017—01/06/c_1120257449. htm.
③ 张强. 打造中国图书 O2O 互联网平台成都数字文化产业园落户成华区〔N〕. 每日经济新闻，2017—8—1. http：//www. nbd. com. cn/articles/2017—08—01/1134459. html.

4. 文化产业园区开放度不足，并未完全融入社区

文化产业园区运营目前主要关注入园企业、游客等，缺乏将园区打造成周边市民综合体验场所的意识。成都文化产业虽形成了一些文化产业街区，但是规模还是比较有限，与周边环境生活、生产融合度还是比较低。如321梵木文创产业园区，形成"创意设计＋音乐产业"的"双产业链"模式，园区免费对外开放"文创主题活动"，年度免费对外开放公益演出、艺术推广等30余场，[①] 但由于未形成完全开放式空间，与周边居民生活显得格格不入。蓝顶当代艺术区是当代艺术家创作和生活的聚集区，尽管项目功能试图从艺术展示朝休闲旅游转变，但蓝顶当代艺术仍然着重于鉴赏，与周边社区大众的生活相去甚远，以艺术从业者、艺术类学生为主，尚未能实现向社区群众普及和融入社区的目标。

5. 文化产业示范园区建设不足，尚未形成跨城市区域文化产业带

成都近年来形成大部分文化产业示范园区和文化产业示范基地分布集中在中心城区，其他少量文化产业园区基地散落在郊区，与上海相比较而言，文化产业示范园区较少，辐射和带动作用偏弱。上海目前已有100多个文化创意产业聚集区，其中国家级产业基地集聚众多优质企业。成都198文化产业带形成仅在城市中心城区区域范围内，而且成都文化产业示范园区与周边，如重庆、绵阳等城市文化产业园区建设具有一定相关性，存在同质化，但是缺乏相应的政策机制体制，并未形成城市群和经济区域的文化产业带。

四、成都文化产业集聚发展提升的策略与路径

（一）成都文化产业集聚发展提升的策略

有效破解这些问题与矛盾的关键在于通过供给侧改革，采取升级服务、创新模式和深度融合策略，完成管理转型，大力推动文化产业集聚向全产业链文化带发展。

提升服务策略。文化企业集聚到现阶段，需要更多的政府、社会组织和相关机构等提供的基础服务之外的可持续投融资和财政资助，可持续的相对较低成本的中介机构等提供的服务，才能保证文化产业集聚的可持续发展。因此，要科学推动文化管理体制机制创新，理顺政府、市场、社会的职能关系，提高

---

① 成都文广新宣传处.城东又一个文创园区悄然成型　李宗盛、赵雷等50位音乐人工作室汇聚321梵木创艺区［N］.成都市文化广电新闻出版局门户网站，2017－5－9. http：//www. cdgxj. gov. cn/htm/detail_189118. html.

对文化产业集聚支撑能力，建立完善的运营服务体系。

创新模式策略。文化企业和相关机构除了要在空间上的集聚外，还要运用数字技术，建设线上文化产业园区；根据用户需求，运用文化票号场景化设计，按照区块链技术，打造独特的文化旅游体验式服务体系；通过众包模式，建立起全新的大众参与式文化产业园区集聚模式。

深度融合策略。文化产业园区要做好社区营造，园区与用户、用户与用户之间建立一种更加亲切、和谐的生态关系。[①] 文化产业发展要遵循城市发展规律，大力构建成渝城市群文化产业带和成都经济区文化产业带。

（二）成都文化产业集聚发展提升的路径

1. 理顺政府、社会、市场职能关系，形成文化产业园区服务体系

提升政府平台服务支撑能力。文化产业政府主管部门要大力建设公共服务平台、人才培训平台、投融资平台、企业政策咨询服务平台等，为企业提供金融、咨询、技术等一系列服务，对企业发展给予大量的实际支持。通过专业的营销渠道和国内各地文化产业展会等，推广平台的各项公共技术服务，对园区文化产业集聚产生拉动效应。

提高行业协会服务能效。对文化产业的指导和管理是一个跨部门与跨行业的工作，要通过对文化产业行业协会等的增权赋能，加大行业资金扶持力度，搭建行业协会与文化产业园区的合作模式。鼓励行业协会开展各类有利于文化产业发展的活动，通过行业的资金和资本运作，激励文化行业企业努力创新，成为文化行业内重大企业和龙头企业。

建立市场对园区评价机制。市场机制应发挥更强的基础性作用，在政府配置公共服务之外，提供更充足的保障。委托专业机构，定期对文化产业园区政策进行有效性评价，促使政府及时调整。遵循市场化、产业化、专业化运作模式基础上，通过建立市场评价机制，由第三方机构对文化产业园区项目建设进行规范有效的监管，支持文化企业集聚健康发展。

2. 加大科技与文化的融合，支持集聚模式升级

拓展线上线下文化产业园区集聚行业。成都"十三五"时期，重点发展信息产业、传媒产业、会展产业、创意设计产业、音乐产业、艺术品原创及演艺产业、非物质文化遗产生产性保护、广告产业、文化设备用品及服务产业，目

---

① 刘结成.2015年文化创意产业园区发展七大新趋势［N］.人民网，2016－1－5.http：//culture.people.com.cn/n1/2016/0105/c172318－28014875.html.

前仅有出版图书行业正在构建 O2O 文化产业园区，需要加大创意设计产业、音乐产业、艺术品产业等其他重点文化产业建设虚拟园区建设力度，线下结合现有文化产业示范园区，有效减少目前东郊记忆、西村等文化园区的空置率，提升重点行业重点园区集聚效应。

运用文化票号实现文旅集聚体验模式。文化票号是全国首家实现区块链技术在文化产业中的场景应用，文化产品提供商通过文化票号平台推广自己的文化产品，共享消费。优秀的文化演出、文化科技、文化娱乐产品通过文化票号平台提供给广大消费者。[①] 因此，成都文博旅游产业可积极运用这项新应用，在旅游的基础上将传奇的文化演出场景设计呈现给游客，游客通过文化票号，可以实现安全高效的文化旅游，实现"景区＋演出＋体验"一票通。

应用众包实现文化产业集聚模式。众包模式是全球范围内专业或非专业的创意人才通过互联网进行广泛聚集、观点碰撞交融的一种全新模式。[②] 该模式利用分散的群体性智慧，实现创意的聚集和高端文化产品的消费。可通过大众创造模式，集聚文化创意，建立园区文化产业价值链；通过大众体验模式，有效获得文化产品的使用信息，减少园区生产与消费之间的沟通距离；通过大众评价模式，反映大众对文化产品的需求，增进园区内企业和商家对文化产品的了解，降低商家的运营成本，更好地实现园区商家和大众的互动往来。

3. 遵循城市空间发展规划，打造跨区域文化产业带

创建适合文化创意产业发展的智慧社区。开发成都智慧文化产业园区服务平台，在园区内形成一个内部的生态交流群。同时开放成都重点文化产业示范园区的文化设施和文化创意平台，打破高墙的隔离，以数字技术和互联网，共享文化创意活动和成果，通过社区营造，将文化产业园区与街区深度融合，共建智慧文化社区。

建设特色品牌国家级文化产业园区。探索成都与国际国内知名品牌园区运营商、龙头企业的合作共建模式，共同创建具有本地特色的文化产业园区，集聚更优质的文化企业。鼓励通过收购、兼并等方式整合文化创意企业，提升现有成都文化产业园区能级，形成推动文化产业企业和行业快速发展的强劲动力。

构建城市群和经济区文化产业带。以建设成渝城市群和成都经济区园区

---

① 文化票号在区块链当中将颠覆谁？［N］. 网易新闻，2017－7－3. http：//news. 163. com/17/0703/11/CODSRARV00018AOP. html.
② 阮婷，陶志梅，周一. 众包模式在文化创意产业园区运营管理中的应用——以天津棉 3 创意街区为例［J］. 江苏商论，2017（17）.

（基地）共享的公共服务平台与中介服务体系为突破口，探索新模式、新路径，推动成都市区域内外同类文化产业园区产业链等资源的横向整合。要通过"互联网＋文化产业园"模式，打造 O2O 虚拟文化产业园区，带动欠发达地区文化产业的发展，促进成渝城市群和成都经济区文化产业带的形成和协调发展。

第七章　成都健全现代文化市场体系的策略和路径

现代文化市场体系的构建，是衡量文化治理体系和治理能力现代化的重要内容和指标，是推进政府文化治理方式转变的重要抓手。通过现代文化市场体系的建设，形成统一、开放、竞争、有序的市场格局，将成都丰富的文化资源通过市场合理配置，产生更多的优质文化产品和服务，满足人们日益增长的文化需求。因此，构建现代文化市场体系，要以文化的形式、市场的力量，综合用好政府"有形的手"和市场"无形的手"，坚持把社会效益放在首位，努力做到社会效益与经济效益相统一。本章根据成都文化市场体系建设的基础以及存在的问题，指出要通过提升文化产品市场，搭建多层次的文化要素市场，打造互动联系的交易平台，扩大投融资渠道，建立健全监督管理，提高文化市场体系参与者的素质等来进一步健全现代文化市场体系，为成都文化产业的良好快速发展奠定重要基础。

一、建立健全现代文化市场体系的宏观背景

现代文化市场体系是社会主义先进文化建设的重要保障，对提升文化软实力，完善公共文化服务和促进文化产业发展具有非常重要的基础性作用。因此，建立健全现代文化市场体系能为成都建设西部文创中心奠定重要的基础。

（一）现代文化市场体系的内涵及特征

1. 现代文化市场体系的内涵

在经济学中，市场体系是指相互联系的各类市场的有机统一体，强调子市场的完备性与联系性，是市场机制作用于经济（产业）发展的重要支撑与保障体系。[①] 那么，现代文化市场体系是"市场体系"与"文化"密切联系的一个

---

① 翼福俊. 我国现代文化市场体系的建设［M］，北京：经济日报出版社，2016.

概念，是指由文化市场交易过程中的相互影响、相互作用的各种文化市场共同构成的有机系统①，不仅包括文化产品市场、文化服务市场、文化要素市场等文化子市场，而且还包括促进各类子市场相互联系相互作用的机制，是实现市场配置文化资源功能，促进文化发展的基本平台。

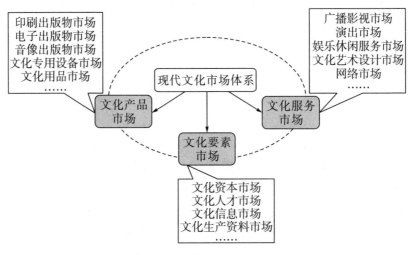

图 7-1　现代文化市场体系图

2. 现代文化市场体系的特征

现代文化市场体系作为整个国民经济市场体系中的一个子系统，既具有其他商品市场体系共同具有的基本特征，也有文化带给这个市场体系的特殊特征。具体有以下几方面：

①统一性。统一性主要表现为文化市场一体化，不同区域间文化市场主体行为要受到统一供求关系的调节，而不是各自为政。②开放性。开放性就是把市场置于经济社会发展的大环境之中，充分利用国际、国内两个市场，实现文化子市场在全国范围内的相互渗透以及在国际市场中占有一席之地。③竞争性。竞争性是相对垄断而言的，是要破除部门和行业壁垒，让文化生产要素自由流动，为文化发展创造充分竞争的市场环境。④有序性。有序性是指市场竞争和交易具有良好的秩序，包括市场价格公开透明、市场交易规则统一、市场主体权利对等、市场信用制度健全等。⑤特殊性。文化产品和服务较一般商品具有内化的文化价值。而"文化价值是复杂的、多元的、不稳定的，且缺乏一个共同的记账单位"②，因此，文化产品和服务主要是根据其内在文化价值作

---

① 罗紫初，秦洁雯. 论文化市场体系的内涵、结构与特征 [J]. 出版科学，2014 (1).
② 戴维·索罗斯比. 文化政策经济学 [M]. 易昕，译. 辽宁：东北财经大学出版社，2013.

为经营取舍的重要依据。所以，文化市场中存在的监管制度、执法制度等内容与其他一般商品市场有所不同。

（二）我国建立健全现代文化市场体系的背景

建立健全现代文化市场体系既是我国改革发展 30 多年来经济社会发展的必然结果，也是我国加入 WTO 和全球服务贸易体系后开放国内文化市场，进而融入全球文化市场的结果。

我国现代文化市场体系的建设相对较晚，始于 20 世纪 80 年代。随着我国社会主义市场经济体制的不断完善和成熟，文化市场体系建设无论在深度还是广度上都取得了重要突破，文化资源配置越来越离不开市场。但总体来讲，我国文化市场体系的发展水平还低于其他市场体系发展的一般水平，与建设文化强国和提升国家文化软实力的战略要求还不适应。因此，党的十七届六中全会通过的《中共中央关于深化文化体制改革推动社会主义文化大发展大繁荣若干重大问题的决定》，以及十八届三中全会通过的《中共中央关于全面深化改革若干重大问题的决定》都提出了构建统一开放、竞争有序的现代文化市场体系这一重大任务，标志着我国从打造文化市场主体的阶段进入了全面构建现代文化市场体系的新阶段。

在十八届三中全会的《决定》中，经济体制改革部分提出要让市场在资源配置中起决定性作用，与文化改革部分提出的"建立健全现代文化产业体系"在改革逻辑上保持了内在一致性。因此，建立健全现代文化产业体系，就是要以市场为中心，实现文化产业的市场化发展，提高管理水平，营造文化产业发展的良好环境。

（三）我国建立健全现代文化市场体系的新要求

随着文化市场建设的不断完善和文化产业的加速发展，国家对建立健全现代文化市场体系又提出了新要求。2017 年 4 月出台的《"十三五"时期文化产业发展规划》中，提出完善现代文化市场体系，就是要"进一步完善文化产品和要素市场建设，加强文化产品流通体系建设，建立健全文化市场监管体系，深化文化市场综合执法改革，加强知识产权保护利用，规范市场秩序，维护文化安全，加快构建统一开放、竞争有序、诚信守法、监管有力的现代文化市场体系。"而后在 5 月发布的《"十三五"时期文化发展改革规划纲要》中，再次明确提出要加快文化产品市场建设，健全文化要素市场，创新文化投融资体制，发展文化中介服务，加强文化市场管理等，完善现代文化市场体系。可见，我国目前对建立健全现代文化市场体系更注重用市场手段来配置文化资源，使市场能在文化资源配置中充分发挥其重要作用，从而使资源能更高效率地进行配置。

二、健全文化市场体系的经验借鉴

（一）深圳——四大国家级平台促进文化市场繁荣发展

深圳文化产业博览会、深圳文化产权交易所、中国文化产业投资基金和国家对外文化贸易基地（深圳）四大国家级文化平台互动配套，搭建了文化产业博览、国内外交易和投融资服务的一体化平台，共同促进深圳文化市场的繁荣发展。

深圳文化产业博览会是目前我国唯一一个国家级、国际化、综合性文化产业博览交易会，以博览和交易为核心，已打造成我国文化产品和项目交易的平台。自2004年创办以来，参展国家和客商越来越多，交易额也越来越大，历届累计总成交额超过1.5万亿元，出口成交额累计超过1300亿元，[①] 对推动文化大发展大繁荣的作用日益凸显。

深圳文化产权交易所是立足深圳、面向全国、影响国际的国家级文化产业要素市场。它是文化产业与金融资本直接对接的重要平台，具有有效融资、合理配置资源、文化资源价值发现、健全多层次资本市场体系和制度规范等多种功能。2017年4月，深圳文化产权交易所推出了"文化四板"，打破了区域限制，具有股权转让并购、债权融资服务等多种金融服务和无形资产评估、媒体宣推、资产管理等多种非金融服务，是建立在立足深圳、服务全国非上市文化企业的金融服务及交易市场。

中国文化产业投资基金成立于2011年，是由中央财政注资引导、深圳参与发起成立的，是中央批准设立的唯一一支国家级文化产业投资基金，旨在为文化贸易企业提供投融资服务，破除文化企业的资金瓶颈。该基金的目标规模是200亿元，首期为60亿元，重点投资于新闻出版和发行、广播影视、文化艺术、文化科技、文化休闲、网络文化及其他细分文化产业等。

国家对外文化贸易基地（深圳）是继北京、上海之后，由文化部设立的国际文化交流和对外文化贸易平台，是推动我国文化"走出去"和"一带一路"

---

① 第十三届中国（深圳）国际文化产业博览交易会［EB/OL］.2017－02－22.http：//www.cnicif.com/content/2017－02/22/content_15485301.htm.

倡议的重要举措。为推动优秀文化产品和服务"走出去"，基地在"平台＋园区"的功能布局中建设了 8 个专业平台，包括国际文化贸易展示交易平台、创意城市网络国际文化交流合作平台、国际版权交易平台、文化产业国际投融资平台、国际文化品牌宣传推广平台、国际文化贸易人才交流培训平台、粤港国际文化贸易合作平台、国家对外文化贸易理论研究和政策创新平台。

这四个国家级平台相互联系，形成合力，共同促进深圳的文化市场发展。例如，文化产业博览会在建立项目库、资源库等基础上，与深圳文化产权交易所对接，搭建文化项目与资本市场对接的渠道和平台，实现后续优质、高效的延展服务。

（二）上海——建立健全文化市场建设机制创新文化市场发展模式

近年来，上海市为适应人民群众日益增长的精神文化需求，以建设具有国际元素、中国特色、上海特征的现代文化市场体系为目标，以建立长效机制为着眼点，创新文化市场发展模式，推动上海文化市场转型发展。①

一是建立规模化资源整合机制。以规模与品质、规模与规范有机统一为导向，运用政策杠杆等手段，促进文化资源向上海聚集，培育骨干企业，推动中小企业向规模化方向自主、互动和联动发展，使上海文化市场的体量由小变大，资源由散到聚，门类由少到多，实力由弱变强。

二是建立品牌化效应释放机制。通过开展文化市场品牌需求调研，加强品牌品种和样式的创新设计，丰富文化市场品牌的独特内涵，促进文化市场品牌品质不断提升，使中国上海国际艺术节、国际电影节、上海萧雅、金星舞蹈团、盛大、巨人、田子坊、m50、汤姆熊等这些上海品牌在文化产业中的各自领域都具有较大的品牌影响力。

三是建立科技化手段监管机制。完善上海广播影视监测系统，建立市区联动监管网络，开展全市文化市场舆情统计分析，及时发现文化市场中的潜在性、倾向性和突发性时间。

四是建立社会化管理参与机制。由于上海文化市场点多、面广、线长的特点，上海市建立了 960 人参与的三级联动文化市场巡查员队伍，建立了 1400 人参与的上海网吧及游戏机房社会义务监督员队伍，建立了 300 余名区县文化市场专管员、社区行政事务服务窗口人员参与的上海文广影视行政事务服务队伍，让社会公众参与到文化市场的管理中。

_____

① 贝兆健．现代文化市场发展的上海实践及启示［J］．上海文化．2013（8）．

五是建立一体化发展联动机制。加强与江浙联手促进文化市场要素跨区域流动，鼓励文化企业跨区域经验。会同江浙签署《加快长三角地区网吧市场一体化建设战略合作协议》，建立市场监管联动机制，突破文化资源分割和市场壁垒，推动各类文化产品、人才、产权、技术等要素有序流动。

六是建立规范化审批准入机制。成立以全市文化市场行政事务受理为主体任务的行政事务受理中心，建立上海文化市场行政审批受理和审批分离模式。同时，对受理审批流程再造，形成过程透明、程序公开、全程高效的受理审批一条龙服务。

七是长效化政策支持机制。通过建立文化市场统一的监管平台，实现了市、区县和社区的齐抓共管和综合治理。完善文化市场考核制度，建立与文化执法部门协调联动机制，促进了文化市场的有序发展。开展文化市场类法律法规清理与创新，有计划下放部分文化市场项目审批权限。另外，完善各类工作人员业务培训制度、考核评估制度和表彰奖励制度，极大地调动了文化市场工作人员的积极性。

（三）杭州——构建文化市场信用监管体系

文化市场信用监管是文化市场事中事后监管的重要手段。杭州着力从三个方面构建文化市场信用监管体系，提高了文化市场的管理效能。[①]

一是建立健全文化市场信用管理制度，实行联奖联惩。自2015年以来，陆续出台包括《杭州市文广新局信用信息记录和报送机制》《在行政管理中使用信用记录和信用报告的实施细则》《文化市场信用黑名单和红名单管理办法》在内的一系列文化市场信用管理制度，构建起了杭州市文化市场诚信管理体系的制度框架，并建立了奖惩结合机制。对失信企业通过网站曝光、重点监管、取消评奖评优资格、禁入政府采购等方式进行惩戒；对守信企业通过宣传展示、支持评优、扶持优先、政府采购加分等方式进行激励。

二是建设文化市场诚信信息平台，实现共联共享。开发建设了由"一库一网一系统"组成的文化市场诚信信息平台，包括文化市场信用信息数据库、杭州市文化市场诚信网和杭州文化市场诚信信息管理系统。目前，文化市场信用信息数据库中包含杭州文化市场企业信用信息13000余条。公众可以通过杭州市文化市场诚信网实时查询全市文化市场经营单位基本信息、处罚记录、奖励

---

① 浙江省杭州市多管齐下构建文化市场信用监管体系［EB/OL］.2017-03-08. http：// www.mcprc.gov.cn/whzx/qgwhxxlb/zhejiang/201703/t20170308_491621.html.

表彰等信息。杭州文化市场诚信信息管理系统则是对文化市场企业信用信息进行统计分析，便于文化部门对文化企业开展分类监管。杭州市文化市场管理诚信信息平台通过对接杭州市公共信用信息平台，实现全市 57 个部门的数据共享，从而为所有部门在实施资金扶持、招投标、行政许可等政策时，优先选择守信企业提供依据。同时，为杭州新青年歌舞团等 9 家拟上市"新三板"的企业出具了信用证明。

三是开展多途径宣传，营造新风新貌。①采用分行业集中培训的方式，开展文化市场信用管理法规政策和杭州市信用管理制度的专题培训。截至 2016 年 12 月，杭州市出版物发行行业、艺术品行业、文化娱乐行业、互联网上网服务行业等 600 余家经营单位接受了培训。②充分发挥各行业协会作用，利用文化市场诚信网、行业协会网站、行业微信平台，强化日常宣传，将信用宣传持续化、常态化。③通过在各审批办事窗口向申请人宣讲文化市场诚信经营承诺书内容，开展文化市场主体事前承诺工作。截至 2016 年 12 月，累计 600 余家企业签订了文化市场诚信经营承诺书。

三、成都文化市场体系建设的现状及问题

（一）成都文化市场体系建设的现状

1. 文化产品和服务的交易展示平台不断推陈出新

成都市近年来非常重视搭建文化产品和服务的交易展示平台，先后成功举办中国成都国际非物质文化遗产节、中国国际版权博览会、成都创意设计周、中国网络视听大会等品牌文化活动，建成成都艺术品保税仓库、成都 3D 打印设计体验中心、数字出版云综合服务平台、蜀绣产业技术创新联盟，积极搭建文化产业展示、交易、服务和技术支撑平台。其中，中国成都国际非物质文化遗产节是继中国北京国际音乐节、中国上海国际艺术节、中国吴桥国际杂技节后，国务院正式批准的第四个国家级国际性文化节会活动品牌，是国际社会首个以推动人类非物质文化遗产保护事业为宗旨的大型文化节会活动。2007 年，成都市举办了第一届"非遗节"，其中，参会的有 68 个国家和国际组织以及国际民间组织，节会活动达到 270 项，展示展演非物质文化遗产项目 1230 多个。到 2015 年，第五届"非遗节"的规模和形式更加宏大和多样。运用"互联网+"模式，搭建现场体验和网络交易互动平台，开展国际非遗博览会、非遗国际论坛、非遗大戏台、非遗进万家等五大主体活动，举办非遗展示表演、产品展销、学术交流活动 400 余场，非遗商品销售和订单总额达 6000 余万元，

期间举办文化产业项目推介会暨"创业天府文创成都"集中示范活动，汇集100 余个文产招商项目，签约合作项目 14 个，总金额超过 300 亿元。

2. 文化要素市场逐渐完善

技术、人才、信息、资本、版权等生产要素是否能进入文化市场，关系到文化存量能否被盘活、文化增量能否实现新增长。因此，成都市一直重视文化要素市场的建立和完善。2010 年，成都市成立了西部第一、全国第三家文化产权交易所——成都文化产权交易所。该交易所以文化物权、债权、股权、知识产权等各类文化产权为交易对象，提供政策咨询、项目推介、权益评估、项目融资等服务，是集文化产权交易、投融资服务、文化企业孵化、文化信息交流和人才培训为一体的综合服务平台。2017 年 1 月，成都文交所艺术品交易中心线上交易平台正式启动。它通过原作托管承保，限量发行衍生品实物挂牌的方式通过交易系统公开发售。这是成都文交所将互联网与艺术品、金融相融合，借助互联网对文化艺术品及衍生品进行投资交易而研发的创新平台。2014，成都又成立了西部首家版权交易中心——成都国际版权交易中心，并于2015 年 9 月正式授牌。该中心主要通过构建版权登记、版权评估、版权金融、版权孵化、版权交易和版权保护的 6C 服务体系，全面保护文化创意，实现版权增值价值。这一交易中心的成立进一步推动了成都版权产业的发展，据统计，在"十二五"期间，成都版权产业经营收入总计达到 5165.95 亿元。[1] 在技术市场方面，成都市高新区已经迈入千亿元俱乐部，2016 年在国家级高新区综合排名中升至全国第 3 位，仅次于中关村和上海张江国家自主创新示范区。[2] 而且成都也要在天府新区里面建设成都科学城，进一步加强知识创造和技术创新能力，为文化的发展提供技术支撑。

3. 文化市场服务水平日益提升

近年来，成都市集聚和整合各类文化资源，加强文化产业创新发展平台建设，提升了文化市场的服务水平。一是增加文化产业发展基金。每年市本级文化产业发展专项资金投入不低于 2 亿元，"十二五"期间共计投入 9.5 亿元，支持引导文化产业项目建设 200 多个。二是建设文化金融合作平台。建立重点文化企业融资名录库和上市辅导文化企业名录库，与国家开发银行、成都银行等金融机构签订文化产业发展合作协议，其中与国开行首批 15 个合作项目涉

① 董焦. 西部首家成都国际版权交易中心今日正式授牌启动［EB/OL］. 四川新闻网，2015－09－20，http：//scnews. newssc. org/system/20150920/000602405. htm.
② 成都高新区 2016 年报发布 综合排名升至全国第三［EB/OL］. 成都市科技技术局，2017－02－7，http：//www. cdst. gov. cn/ReadNews. asp? NewsID=20621.

及金额 300 亿元，东郊记忆等重大文化项目融资超过 30 亿元。三是建设人才培训平台。加强与高校、企业和社会团体合作，共同搭建文化产业人才培训平台，全市 10 余所高校均开设了文化创意专业，培养了大量文化产业实用技能型人才和创业型人才。四是设立版权服务工作站。成都市在 16 个区（市）县设立了 29 个版权服务工作站，初步构建起版权公共服务网络，作品著作权实施免费登记。

4. 文化市场监管能力不断提高

近年来，成都市加大文化市场监管力度，为文化市场的有序发展奠定了重要基础。一是编制责任清单，优化办事流程，行政审批事项大幅减少。2016 年，行政审批事项减少为 43 项，其中行政许可事项为 22 项，其他权力事项为 21 项。二是创新文化市场监管模式。有序放开单体网吧准入限制，积极推动网吧扩大营业开放试点工作，让文化市场机制充分发挥出来。三是加强文化市场数据库建设。2014 年，成都市就完成全市文化市场 20 个门类的基础数据采集和文化市场数据库管理机构及工作人员库、文化市场经营场所库、行政执法法律法规库等 6 个数据库建设。四是积极开展基层文化市场委托协管工作，形成"两级政府、三级监管、四级网络"的市场监管体系。2016 年，全国文化市场举报平台"12318"受理举报 236 件，办结率和满意率均为 100％。五是综合执法严格有效。2016 年，通过抓好五大专项行动和三次集中整治，完善网上"扫黄打非"工作格局，初步建立市、区、街道、社区四级"扫黄打非"工作体系，查缴各类违法出版物 43174 件，处置网络有害信息 5556 条，关闭违法网站 432 家。

（二）成都文化市场体系建设存在的问题

1. 交易展示平台规模较小，影响力较弱

虽然成都文化产品和服务的交易展示平台规模不断扩大，影响力也越来越大，但与深圳文博会等其他展会相比，其交易量和影响力都难以相提并论。2016 年，第十二届深圳文博会实质性成交达 2032.014 亿元，比上届增长了 23.42％；交易规模超亿元的项目共 134 个，签约金额达到 1680.069 亿元；面向"一带一路"沿线国家和地区出口额为 137.377 亿元，占整个文博会出口交易金额 176.972 亿元的 77.63％；参展单位 2297 个，全国 31 个省、自治区、直辖市及港澳台地区全部参展，还包括俄罗斯、德国、匈牙利、埃及、韩国等

35 个国家和地区，总参观人数达 587.085 万人次。①

2. 平台资源整合能力不够，发挥作用不足

成都市不仅有一些国际性的文化展会平台，而且也有成都市文化产权交易所、国际版权交易中心和文化产业专项资金等，但这些平台对文化资源的整合能力还不够，其原因主要在于各个不同类型的平台没有进行深入融合，形成合力推动成都文化产业的发展。例如，深圳市就充分利用深圳文化产业博览会、深圳文化产权交易所、中国文化产业投资基金和国家对外文化贸易基地（深圳）四大国家级文化平台，形成项目立项、融资、建设的一条龙服务链，让文化产业项目从展示到落地环环相扣。这不仅充分地发挥出各种平台的作用，而且形成了"1+1>2"的联合作用。

3. 文化要素市场发展滞后，发挥作用不足

文化要素市场是现代文化市场体系中非常重要的组成部分，涉及文化产业发展中技术、人才、信息、资本和版权等至关重要的要素。虽然成都已于2010 年建立了成都文化产权交易所，但是由于受限于文化体制改革总体推进的缓慢和处于西部地区的劣势，其交易的产品范围较小，交易量也不大，其所能发挥的作用与文化企业发展的急切需求之间不相匹配。

从技术市场来看，虽然成都市高新区早已迈入千亿元俱乐部的行列，成都在科技发展中也具备了一定的发展条件，但文化与科技的对接效果还不太理想。成都在动漫、游戏等产业发展上有较快发展，但文化与科技在文化产业的其他方面还未充分融合发展。其原因主要在于高新科技市场的流动性仍然不强，没有在更加广泛的层面上成为现代文化市场体系培育和发展的重要推动力。

在文化创意人才方面，成都市文化人才的引进有一定难度，流失现象还较为严重，特别是懂经验善管理的复合型人才整体匮乏。另外，国有文化企业体制改革不彻底，用人机制不灵活，导致有文化创新思维的人才无法留在国有文化企业，出现人才流失状况。

4. 中小微文化企业融资较困难，投融资渠道尚需拓展

文化企业的融资一直是个重大困扰。虽然近年来成都市政府大力推进文化产业发展，文化产业专项资金也不断增加，2016 年已达到 2.3 亿元。但上海文化创意产业扶持资金在 2013 年就达到 2.87 亿元，各区县配套资金 1.03 亿

---

① 第十二届文博会闭幕 总成交逾 2000 亿元［EB/OL］. 人民网，2016－05－16. http：//sz. people. com. cn/n2/2016/0516/c202846－28343934. html.

元，资金总额为 3.9 亿元，撬动企业资金投入 62.6 亿元。从总体来看，成都市财政直接投资的比例和总量仍然偏低，其撬动的社会资金进入文化产业领域的作用有限。

中小微文化企业融资困难。虽然四川文轩和博瑞传播在上市融资上做出了有效尝试，但从目前来看，大量的小微文化企业无法获得相应的资金，社会流动资金也难以与文化项目实现无缝对接。[①] 虽然成都市的融资性担保公司、小额贷款公司、融资租赁公司等都得到了较快发展，但这些新兴的融资渠道对文化企业的发展并没有太大的支撑。

5. 文化市场的监管内容狭窄，手段没有与时俱进

随着移动互联网和各类手持终端设备的发展，文化表达和传播的方式也日益互动化、多样化和个性化。虽然成都市加大文化市场监管力度，但其监管的内容还是主要涉及在原有传统文化内容，如音像制品、网吧等，而对新兴文化产品的内容监管还有漏洞，如 VR 内容。另外，由于不同类别文化产品市场的出现及发展，对逐步壮大发展的文化产品市场的监管还不到位，如艺术品市场内容违规、制假售假等问题时有发生。

同时，由于科技的不断进步，各种高科技手段的应用不仅让文化市场更加繁荣，也让一些不好的内容传播更广泛，特别是网络视听案件呈现上升趋势，但文化市场的管理手段却没有与时俱进，文化市场执法人员的专业素质和工作能力没有随之进一步提高。

四、成都健全现代文化市场体系的策略与路径

（一）成都健全现代文化市场体系的策略

1. 分类建设策略

建设现代文化市场体系，不仅是要完善文化产品和文化服务最终的市场门类，更重要的是建立健全文化要素市场，为文化产业要素的自由流动和合理配置提供相应的交易场所。因此，对于文化产品和文化要素市场，各自都要进行分类建设。通过建立统一的文化产品交易平台，打造文化展会品牌，发展现代流通组织形式等来提升文化产品市场，完善文化产品和服务的最终市场建设。同时，还要通过壮大产权交易市场，建设中介服务市场，完善文化人才市场等

---

① 王仲明，党华，邱明丰. 四川现代文化市场体系培育对策研究［J］. 四川文化产业职业学院（四川省干部函授学院）学报，2014（3）.

来进一步建立健全文化要素市场。

2. 资源共享策略

建设现代文化市场体系是一个系统性工程，不仅需要建立健全各类市场，还需要有文化产业项目、文化产品和服务类别、文化企业信用数据等各种资源数据进行共享，为现代文化市场体系的建设提供支持。只有将这些资源和数据进行共享，才能促进文化产品和服务、文化生产要素在文化市场中的合理配置。

3. 开放发展策略

现代文化市场体系不能是封闭的，而应能够符合生产社会化、经济全球化以及全面深化改革的需要。特别是我国改革开放近 40 年来，"一带一路"倡议、长江经济带战略的提出，表明我国对外开放更加注重东中西区域协调发展以及内外联动发展。这就要求文化市场加快对内对外开放，破除阻碍建立统一市场和公平竞争的规定和做法，使文化资源可以在国际国内两个市场中自由顺畅地流动，从而进一步增强文化市场的生机和活力。

（二）成都健全现代文化市场体系的路径

1. 提升文化产品和服务市场，扩大国际国内影响力

（1）建立成都市文化产品交易平台。作为西部文创中心，成都一定是西部最重要的文化产品市场，那么，为了加强与国内其他城市以及各国之间的文化产品交易，成都应建立具有文化产品鉴定、文化产品托管和保管、文化产品交易、咨询研究服务等功能的文化产品交易平台，发展基于互联网的新型文化市场业态。借助现有的非遗节、创意周等节庆活动，以成都文化产品交易平台为窗口，吸引国内外，特别是西部地区的文化生产主体、文化项目的集聚。

（2）打造国际知名的文化展会品牌。首先，突出质量型内涵式发展，着力提升非遗节、创意周等展会国际化、市场化和专业化水平。探索设立展会的海内外分会场，实行分会场考核末位淘汰制，提升分会场的文化内涵和产业发展质量。其次，要提高文化产品和服务的内涵和质量。文化产品和服务是文化交易展会活动的核心，只有文化产品和服务具有较高的品质，才能吸引更多国家、地区和企业参与到展会活动中，进一步提升展会活动的层次。因此，需要通过融合创新，着力培育文化品牌，鼓励传统文化企业与互联网企业合作，加快发展数字出版、网络视听等新兴文化产业，与演艺、影视、游戏等行业联合打造全产业链，增加互动体验，扩大消费群体。

（3）加快发展现代流通组织形式。从生产到消费，绝大部分文化产品离不

开流通环节。随着科技的发展，涌现出了很多低成本、高效益的流通方式，不仅可以节省流通费用，降低流通成本，而且还能突破传统时空观念，缩小文化产品和服务从生产者到消费者之间的距离，大大提高物流、资金流和信息流的传输和处理效率。因此，要健全现代文化市场体系，就必须要鼓励传统文化产业与电子商务相结合，文化产品市场与电子商务相结合，文化企业连锁经营与电子商务相结合，现代文化物流与电子商务相结合，大力发展电子票务，建立以成都为中心、贯通城乡的图书发行网络，发展跨区域、数字化电影院线等，扩大成都文化产品和服务的辐射面。

2. 搭建多层次的文化要素市场，促进文化资源的聚集

（1）发展壮大成都文化产权交易所和国际版权交易中心。进一步探索"互联网＋文化＋金融"的融合发展新模式，不断创新交易方式，并积极与其他平台进行合作，促进文化产业要素跨行业、跨地域、跨所有制流动，推动文化产权、版权交易发展。首先，对成都文化产权交易所和国际版权交易中心准确定位，要紧紧围绕建设全国重要的文创中心这一目标，扩大文交所和交易中心的服务范围、交易内容、提升服务质量等。其次，要加强与金融机构的合作、创新合作方式、创新文化金融服务、互联网金融服务等工作。最后，要形成具有特色的品牌效应。全国很多地方都有文交所和版权交易中心，成都要根据自身的地理区位和文化产业的发展基础，形成具有特色的交易内容和交易服务，不断扩大品牌效应。

（2）加强中介服务市场建设。文化中介机构是链接文化产业生产、流通和消费诸环节的服务性组织，是沟通政府、文化企事业单位、消费者和市场之间的桥梁和纽带。[①] 因此，中介服务市场是文化市场体系中不可或缺的部分。第一，制定文化中介机构管理办法，提高规范运作水平，健全行业规范。第二，充分发挥文化行业组织的协调、监督、服务、维权等职能，大力支持版权代理、文化经纪、推介咨询、技术交易、拍卖担保等文化中介机构的发展。第三，加快文化中介组织发展平台的建设，避免文化中介组织小、散、乱的弊端，充分发挥出集聚效应，提高整体竞争实力。第四，鼓励文化中介组织向规模化、网络化、品牌化、规范化方向发展，采取独资、合资、股份合作多种方式，形成多元产权的文化中介组织。

（3）加强人才、技术、信息等市场建设。继续巩固成都高新区的发展成果，扶持科技企业创新发展，鼓励社会加强科技研究，实施文化科技项目研发

---

① 冯玉军. 社会转型背景下应大力促进文化市场依法管理 [J]. 浙江社会科学，2013（8）.

计划。进一步完善技术市场运行机制，促进科技在文化市场中自由流动。积极搭建文化市场信息交流平台，加快推进成都市文化产业公共服务管理系统的建立和完善，对社会公众公开发布成都市文化市场信息，尤其是文化产业发展统计数据、文化产业专项资金申报、文化产业项目扶持、政府采购文化产品等重要信息，使文化企业能便捷平等地获取文化市场信息。稳步推进文化人才使用机制建设，深化文化事业单位人事制度改革，加强文化行业职业资格制度建设。

3. 建设互动联系的交易平台，有效整合文化资源

（1）推进文化展示、交易、投融资、服务等平台的互动联系。要将现有的文化平台进行有效整合，加强各个平台间的互动联系。通过非遗节、创意周等文化展会活动，建设和充实文化产品展示平台中文化产业项目库、资源库，与成都文化产权交易所对接，搭建文化项目与资本市场对接的渠道，实现后续优质和高效的延展服务。同时，也让展会活动日常化，使项目能真正落地。

（2）提升文化产业公共服务平台对文化资源的整合力度。首先，加快推进成都市文化产业公共服务管理系统的建设。将涉及文化产业发展的相关政府部门、行业协会、各类企业联合起来，完成成都市文化企业名录库、文化产业项目数据库、文化产业专家库、文化产业产品库等资源库建设。建设平台信息发布功能、培训服务功能、投融资信息服务功能、统计分析功能等。其次，更广范围整合文广新体系中现有信息化成果、数据成果，开展更多基于大数据的精准服务，基于文化产业不同细分行业的定制化服务等业务。

4. 扩大投融资渠道，为文化产业发展提供资金支持

（1）调动各方积极性投资文化产业。首先，加快完善文化产业投融资的政府主导机制。由于文化产业处于快速成长期，完全依赖市场，很难快速发展。因此，在此阶段，要加强文化产业投融资政府主导机制的建设，加大政府财政资金的投入力度，提高文化产业专项资金所占财政支出的比重，以贷款贴息、项目补贴、补充资本金等多种方式支持文化产业项目的发展，特别是要支持跨区域合作，文化与科技融合发展，大宗文化产品和服务出口，文化新产品生产等有利于成都建设西部文创中心的文化产业项目。其次，鼓励和引导社会资本投资文化产业。确定政府在文化产业发展中的职能边界，发挥主导作用，但并不是大包大揽，而是要充分调动起全社会的力量参与到文化产业发展中。放开社会资本投入文化产业的限制，降低社会资本进入的门槛，以独资、合资、合作等多种方式，吸引社会资本进入政策允许的文化产业领域，形成多种所有制共同发展的文化产业格局。最后，积极引进外资发展文化产业。通过外资的引

进，不仅可以提供比较充分的资金，而且也能带来先进的管理和投融资理念。这就需要进一步降低外资投资的成本，减少准入的限制，改善外商投资的环境来吸引外资进入文化产业领域。

（2）建立多元化投融资机制。第一，支持金融机构对文化企业贷款。鼓励金融机构向文化企业，特别是中小微文化企业提供贷款，尤其是对成都市列入《国家文化出口重点企业名录》，成都市文化出口基地和符合《文化产业投资指导目录》的文化企业优先予以信贷支持。第二，推进文化企业的直接融资。文化企业上市融资对文化产业的发展有巨大的意义，具有融资快、风险小的特点，能极大满足文化企业发展的资金需求。因此，要积极推动符合条件的文化企业上市融资，特别是中小板、创业板和新三板等板块，鼓励其依托资本市场进行并购和重组。支持成都文化企业通过债券市场进行融资，推动风险投资基金和股权投资基金与文化企业对接，进行投资。第三，加快并购重组，打造文化产业战略投资者。文化企业通过并购上下游企业，拓宽业务范围，做大做强自身的产业链，向文化企业集团方向发展，改善自身的治理结构，提高管理水平，扩大规模，进而获得大规模的投融资。第四，设立文化产业投资基金。由政府投入一定的财政资金，并通过定向募集方式发起设立，采取基金份额、信托受益凭证、发行股份等方式募集资金，并交与专业机构进行管理，用于投资文化产业。

（3）完善文化资产评估体系。文化企业最重要的资产不是有形资产，而是知识、创意等无形资产。之所以中小微文化企业融资难，也在于这些企业的有形资产不多。因此，文化资产评估体系对文化企业的融资起着至关重要的作用。首先，根据《文化企业无形资产评估指导意见》，在明确细分各文化行业不同类型无形资产的范围和特征的基础上，进一步完善对不同类型文化企业无形资产的辨识以及价值衡量，构建文化资产评估方法体系，形成较为完善的资产评估准则体系。其次，通过各种信息渠道收集文化资产评估的相关数据，让评估指标、评估要素、评估方法相对公开化，使文化资产评估更加公开透明，更具公信力。最后，加强文化资产价值评估理论研究和人才培育，促进相关理论的推进和人才队伍的建设，为文化资产评估体系提供理论和人才支撑。

5. 建立健全监督管理，构建现代文化市场管理体系

（1）完善文化市场管理机制。进一步深化行政审批制度改革，优化审批流程，加强对取消和下放审批事项的监督检查，严禁变相审批。建立行政权力清单、责任清单，推进事权规范化、法律化。健全重大决策合法性审查机制，完善法律顾问制度。

（2）完善文化市场法治建设。修订完善现有法规和规章，建立以法律为主体，以行政法规和部门规章为辅助的文化法制体系。建立文化市场综合执法权力清单制度和行政裁量权基准制度，完善举报办理、交叉检查、随机抽查、案件督办、应急处置等各项工作流程。依法"扫黄打非"，净化文化环境，维护意识形态安全。建立文化市场行政执法和刑事司法衔接机制。

（3）完善文化市场综合执法。加强执法队伍建设，严格实行持证上岗和资格管理制度，完善综合执法程序规范，严格执行行政执法案件移送司法的标准和程序，加大行政处罚决定司法强制执行力度。完善文化市场跨部门、跨区域执法协作联动机制。完善执法监督机制，实行执法办案评议考核制度、执法信息公示制度、案卷评查制度、执法过错责任追究制度、重大执法决定法制审核制度、执法全程记录制度。

（4）完善文化市场信息化建设。推进成都市文化市场综合管理信息服务平台建设，实行执法监管数据流程化、同步化，做到在线留痕、实时监控。畅通"12318"文化市场举报电话和网络平台等信息渠道，及时响应公众举报投诉。探索利用远程监管手段，开展非现场执法、移动执法和执法文书电子化，提升综合执法效能。

（5）完善社会共同治理。建立健全市场主体信用信息记录、文化市场警示名单和黑名单制度，实施市场信用主体分类监管，健全守信激励和失信惩戒的诚信约束机制。支持文化市场行业组织、专业化组织参与文化市场信用体系建设。推动基层文化市场综合执法网格化管理，推行文化市场委托协管和志愿服务。

6. 提高文化市场体系参与者的素质，促进文化市场健康发展

（1）提高文化市场体系参与者的思想政治素质。文化市场体系参与者的素质对文化市场体系的健康发展具有重要作用。文化属于意识形态的范畴，因此，无论是在文化市场中进行交易还是对文化市场进行管理，都需要具有较高的政治素质，很好地了解我国的意识形态。只有参与文化市场交易的人员和对文化市场进行管理的人员具有较高的思想政治素质，才能在文化产品和服务的交易中更注重文化产品和服务的社会效益，而不是盲目地追求经济效益。特别是要抓好行政执法人员的思想政治教育，使其牢固树立正确的世界观、人生观和价值观，不断增强法制意识，树立法律高于一切，法律至上的观念。因此，要通过开展定期培训、发放宣传手册、推送定制服务等各种手段，加强对文化市场体系参与者的培训和教育，不断提升文化市场体系参与者的思想政治素质。

（2）提高文化市场行政执法人员的执法能力。第一，要不断更新行政执法理念。随着文化市场体系的不断完善，不同阶段会出现新问题，这就需要执法人员不断更新行政执法理念，使文化市场行政执法更好地服务于经济社会发展。第二，进一步建立健全业务培训、考核等制度，对现有的行政执法人员进行业务、法律知识培训，并经常化、制度化，大力提高队伍的业务素质，使执法人员熟练掌握新法规、新知识、新技能，不断适应新形势的要求，提高依法行政的自觉性，增强依法管理政治、经济、文化和社会事务的能力。第三，要完善执法人员的奖惩制度。对行政执法队伍中的优秀工作人员要进行不同形式的奖励，扩大示范效应，对行政执法队伍中不称职、不适应行政执法工作的人员，要清理出行政执法队伍。

第八章　成都扩大文化消费的策略与路径

伴随宏观经济发展、居民可支配收入增加和城市消费结构升级，扩大文化消费既是从供给端突破文化产业发展瓶颈，形成新的经济增长点的现实需要，也是完善公共文化服务，丰富群众文化生活，实现"多位一体"协调持续发展的当然要求。本章针对成都文化消费有效供给不足、整体规模偏小、结构待优化、层次和水平需提升的现状，剖析其问题及成因，提出成都扩大文化消费的创新驱动策略、分类引导策略、特色发展策略和供需协调策略，并指出相应的实现路径。

一、文化消费的特点、分类和影响因素

（一）文化消费的内涵

文化消费是人们对精神文化类产品及精神文化性劳务的占有、欣赏、享受和使用等，其实质是对社会及他人提供的精神财富（物质形态和非物质形态）的消耗，同时这种消费过程又是精神财富的消化、继承、积蓄、再造和创新过程。[①] 简言之，文化消费是人类享用文化产品和文化服务的活动。

文化消费内容广泛，从消费对象角度，既包括专门的精神、理论和其他文化产品，以及文化消费工具和手段的消费，又包括对文化产品的直接消费、为消费文化产品而消费的物质消费品（包括文化设施）。从地域范围角度，既包括本地、本民族、本文化体系的文化产品和劳务，又包括世界范围的、外民族的、其他文化体系的文化产品及劳务。从消费者需求感知角度，既包括文化核心产品即狭义文化产品的消费，又包括文化相关产品和文化延伸产品的消费。从消费支出的统计角度，既包括直接以货币形式购买文化产品和服务的支出，又包括以其他方式获得文化产品和服务的支出。

---

① 苏志平，徐淳厚 . 消费经济学 ［M］. 北京：中国财政经济出版社，1997.

联合国教科文组织将文化产品分为文化商品和文化服务两大类，并分别对其做了详细分类：将文化商品分为核心层与相关层，核心层包括文化遗产、印刷品、音乐和表演艺术、视觉艺术、视听媒介，相关层包括音乐、影院和摄影、电视和收音机、建筑和设计、广告、新型媒介。文化服务同样也分为核心层与相关层，核心层指视听及相关服务、特许使用税和许可费、娱乐文化和运动服务、个人服务，相关层包括广告及市场研究和民意调查、建筑工程和其他技术服务、新闻机构服务等。[①]

国家统计局在《居民消费支出分类（2013）》（国家统计局公告2013年第1号）中，将文化和娱乐消费分为文化和娱乐耐用消费品、其他文化和娱乐用品、文化和娱乐服务、一揽子旅游度假服务四类（见表8-1）。

表8-1　国家统计局居民消费支出分类表（2013）

项目	说明	明细
文化和娱乐耐用消费品	购买用于文化、休闲、娱乐等目的，使用寿命较长，一般可多次使用的消费品支出	（1）声音和图像的接收和播放设备：电视机、录像机、收音机、唱片机、耳机、音响设备、家庭影院、MP3、MP4等； （2）摄像和摄影设备，配套光学设备及其配件：摄影机、摄像机、镜头、闪光灯等； （3）信息处理设备：电脑、电子词典、打印机、复印机等； （4）游戏和体育耐用消费品：游戏机、滑板、球拍、户外用品等； （5）乐器：钢琴、小提琴、小号、电子乐器等； （6）文化和娱乐耐用消费品的修理
其他文化和娱乐用品	购买文化和娱乐耐用消费品以外的文化和娱乐用品支出	（1）报纸、图书和文具：报纸、杂志、笔、订书机、胶水等； （2）游戏、体育用品：棋类、球类、救生衣等； （3）玩具、业余爱好用品：儿童玩具、花卉、宠物等； （4）以软件或光盘形式存储的图书、词典、多媒体资源、应用软件、游戏软件等； （5）其他文化和娱乐用品的修理

---

① 联合国教科文组织统计研究所，联合国教科文组织文化处.1994—2003年特定文化产品和服务的国际流通——国际文化贸易流通的定义和数据获取［A］//张晓明，等.国际文化产业发展报告［C］.北京：社会科学文献出版社，2007（1）：21-122.

项目	说明	明细
文化和娱乐服务	与文化和娱乐有关的服务支出	(1) 观看电影、话剧、歌舞剧、音乐演出等支出；参观博物馆、美术馆、图书馆及各类展览；参观历史古迹、公园、动物园等；订阅电视节目、有线电视费等； (2) 在足球场、赛马场、赛车场等参与娱乐性活动或观看比赛；在溜冰场、游泳池、高尔夫球场、健身中心、网球场、台球厅、保龄球场、滑雪场等活动；在游乐场、电子游艺厅活动； (3) 网吧、儿童室内游乐设施、歌舞厅、卡拉 OK 厅娱乐服务； (4) 乘坐滑雪场、游览景区的索道车、缆车和升降车，导游服务； (5) 以娱乐、休闲为目的的健身班、舞蹈班、歌唱班、俱乐部、会所等支出； (6) 租用各种文化和娱乐用品支出：借书、租用滑雪板、溜冰鞋等； (7) 摄影服务：拍摄、胶片冲洗、放大证件照、个人写真、婚纱照等； (8) 购买体育彩票
一揽子旅游度假服务	外出团体旅游支出	包括旅行、餐饮、住宿、导游等在内的全部服务费用，包括半日游、一日游等，还包括在旅游过程中的其他支出

综上所述，虽然对文化消费内涵的认识有差别，但也有共性：一是都将文化产品分为文化商品和文化服务两大类，二是文化服务所包含的内容大体相同。本章参考上述概念，结合成都扩大文化消费的实际，将文化消费划分为三大类：文化商品、文化服务和公益性文化产品。其中，文化商品指用于文化娱乐的耐用型与损耗型文化产品；文化服务包括旅游、网络、影视、演艺、展览、游乐园等；公益性文化产品指由政府或社会组织提供的公共文化设施、免费或低价的惠民文化产品与服务。

（二）文化消费的特点

文化消费具有经济性。总体上看，文化消费是一种因文化需要而引发的经济行为，是人类社会经济活动的组成部分。在社会经济水平满足了人类基本生存需要之后，文化消费潜力和活力才有可能得以释放。消费是生产的动力，伴随经济发展，文化消费的能力和水平提升，文化消费在社会经济生活中的地位不断提升。

文化消费具有层次性。文化消费与人们的价值观、审美观及兴趣偏好相互影响，联系密切。一般而言，文化水平越高，对文化的理解力越强，文化需求也就越多。由于消费者文化素质的差异，必然导致多层次、多方位的文化需求，继而形成不同层次的文化消费类型。一般来说，有普及型或大众化的文化消费和提高型或高品位的文化消费，有基于生存需要的文化消费，有休闲享受型的文化消费，也有发展型的文化消费。

文化消费具有共享性。文化产品没有物质产品那样的排他性，能同时被供需双方共同拥有。消费者之间也能共享文化产品——文化消费的信息、观念、内容及方式的传播，可以跨越时空的限制，被不同地区、民族、时代背景的消费者共享。

文化消费具有传承性。消费者所要实现的最终目的——精神文化需要，是顺应社会生活的变迁而逐步达成的，因此文化消费在最终目的上具有传承性。此外，文化消费在继承传统文化的同时，也吸收和消化外来文化并共同影响社会文化，因而在存在方式上具有传承性。

（三）文化消费的影响因素

影响文化消费的因素可分别归属于经济状况、社会人口、社会心理和消费环境四个维度。这四类因素相互关联，共同作用于文化消费（如图 8-1 所示）。其中，收入水平是文化消费的物质基础，消费成本（价格）导致的性价比和供需匹配度、政府文化投入等决定的供给条件是影响文化消费的经济因素，消费者的年龄、受教育水平、消费习惯和闲暇时间是影响文化消费的人口因素，压力感知和社会保障满意度是影响文化消费的心理因素，由文化消费氛围（含"社会网络"①）等形成的消费环境是影响文化消费的外围因素。

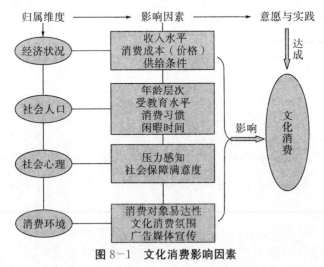

图 8-1　文化消费影响因素

———————

① 有国外学者将社会网络定义为个人和机构在特定的地域分享价值观、理念、交易和友谊，具有节点效应和联系的社会关系。国内学者认为其是通过社会网络联系给所有者带来收益的社会资本，具备鲜明的资本属性。因此社会网络具有鲜明的空间密集型、地域根植性以及范围经济性等特点。

实证数据显示，收入水平、消费成本（价格）、年龄层次和受教育水平是影响文化消费的主要因素，其余如供给条件、消费习惯、压力感知、消费环境等是影响文化消费的次要因素。

文化消费的层次不同，各影响因素的作用和力度随之不同。例如，对由基本需求引发的基础文化消费而言，受教育程度、政府文化投入是强相关因素，收入水平是弱相关因素；而对升级需求引发的中高端文化消费而言，收入水平变成强相关因素，受教育程度和政府文化投入变成弱相关因素。再如，相对理性消费，收入水平、消费成本（价格）是强相关因素，消费环境是弱相关因素；而非理性消费正好相反——消费环境变成强相关因素，收入水平、消费成本（价格）变成弱相关因素。

（四）我国文化消费的新趋势

20 世纪 70 年代以来，全球经济结构呈现出服务业主导的发展趋势，发达国家都经历了向以服务业为主的经济结构的转型和变革。在科技进步和经济全球化的驱动下，中国在 20 世纪 90 年代也开启了这一变革：服务业内涵更加丰富，分工更加细化，业态更加多样，模式不断创新。这一变革传导到消费端，引发文化消费呈现出以下变化趋势。

1. 文化消费水平稳步提高，但在社会消费中仍居次要地位

据国家统计局数据显示，2016 年城镇居民人均文化娱乐消费支出 1269元，比 2013 年增长 34.2%，年均增速 10.3%，比同期城镇居民人均消费支出年均增速高 2.6 个百分点；占城镇居民人均消费支出 5.5%，比 2013 年 5.1%的水平提高 0.4 个百分点。另据"中国文化消费发展指数（2016）"，我国文化消费综合指数持续增长，由 2013 年的 73.7%增至 2015 年的 81.5%，平均增长率为 3.4%。[1] 城镇居民文化消费水平的稳步提高，有力拉动了文化产业和经济的增长。但和西方发达国家成熟的文化消费体系相比，我国仍然存在较大的差距，文化消费在社会消费中仍然居于次要地位。

2. 文化消费结构的改善呈非均衡状态

改革开放近四十年，已是世界第二大经济体的中国步入中等收入阶段，居民的文化消费结构随之改善。有学者使用中国社会科学院 2013 年调查所得的CSS 数据，以被访者的财产占有状况（是否属于业主阶层），工作岗位的技术需要程度，工作中的权力支配关系等为标准，将阶层变量分类为业主阶层、新

---

[1] 彭翊. 中国文化消费指数报告［M］. 北京：人民出版社，2016.

中产阶层、老中产阶层、工人阶层与农民阶层。同时以家庭为单位，调查了以家庭人均教育、旅游等开支为内容的文化消费。结果显示：农民阶层、工人阶层和老中产阶层的文化消费发展滞后，新中产阶层与之相反，文化消费尤其是休闲享受型文化消费发展超前。[①]

3. 文化消费的地区差异出现区域版块化

据《中国统计年鉴》，就人均文化消费占消费支出的比重而言，全国大致分为东部地区、中部地区、西部地区和东北地区四大版块。2012 年，这四大板块人均文化消费占消费支出的比重依次是 7.95%（东部地区）、6.71%（中部地区）、6.20%（西部地区）和 5.38%（东北地区）。以区域文化消费指数排序，2013—2016 年，地处东部的北京、天津、上海、广东、江苏、浙江、山东的文化消费综合指数连续四年位居全国前 10，地处西部的四川和内蒙古在 2016 年首次进入全国前 10。[②]

4. 多元文化的跨文化传播使文化消费呈现趋同现象

西方主要是美国的文化和价值观念渗透到其他国家，"在文化上出现趋同现象，它模糊了原有的民族文化的身份和特征"[③]。洋快餐、洋服装、洋音乐等一系列象征西方文化和价值观念的文化符号如潮水般涌入中国城市，形成文化渗透。除了以美国为首的西方国家，韩国、日本等亚洲国家也占据着中国文化消费市场的相当份额。消费者中众多的"哈韩族""哈日族"分别成为韩国文化和日本文化的拥趸者，消费的国家边界日益模糊，以民族文化、本土文化、历史传统等文化认同为载体的文化消费逐渐被弱化、被遗忘。

5. "互联网＋"推动下的文化消费创新升级

20 世纪 90 年代以后，手机及互联网的普及迅速将居民文化消费由传统的实体消费转向网络消费，以移动互联网、大数据等为代表的"互联网＋"是消费智能化的主要手段。"互联网＋"极大地改变了居民文化消费方式，并以其扁平化、泛在式的存在方式，把居民吸纳为真正的网络原住民和网络移民，进而重构文化多元化的发展格局。如今，网络文化消费已成为文化消费主流。个性化、体验式、互动式等消费模式蓬勃兴起，衍生出规模与影响远甚于传统消费的粉丝经济、体验经济、"文化消费综合体"、微文化消费（以微信、微博为代表）等，催生了城市尤其是特大城市的"文化消费热"现象。

---

① 张翼. 当前中国社会各阶层的消费倾向 [J]. 社会学研究，2016（4）.
② 彭翊. 中国文化消费指数报告 [M]. 北京：人民出版社，2016.
③ 王宁. 全球化与文化：西方与中国 [M]. 北京：北京大学出版社，2002：106.

6. 创意文化需求对消费的带动作用显著

首先，"互联网＋"平台使消费者不仅参与到创意环节，还促使创意的生成，使文化创意者与最终消费者实现"链接"，客观上催生了粉丝经济和创客等新现象；其次，创意者借助大数据了解和挖掘消费需求，并进一步推导消费文化心理，有利于推动文化市场的结构平衡和对消费需求的价值引导；最后，只有得到消费者认可的创意才有生命力和持续性，借助创意的带动力和关联度，使文化产品实现市场认可、品牌建构和跨界营销，从而激发消费需求，带动文化消费。近年来，由创意文化需求引发的文化消费新形态不断出现，如网络自制剧等，在行业内渐获"话语权"，并成为年轻人青睐的文化消费之一。

7. 消费的文化象征意义日渐突出

在消费社会中，文化的资本属性与价值日渐凸显，文化生产与消费正处于"文化资本时代"。[①] 与传统消费看重商品的使用价值不同，文化消费更看重商品的文化象征意义，文化消费者通过个体选择来体现个性、品位、生活风格、社会地位和社会认同，对某类物品的共同消费将人们整合成"物以类聚、人以群分"的小群体。文化消费的区别化与整合性也会改变个人文化资本：通常文化消费越多的个体，其文化资本随之增多，而个人文化资本的积累，又进而促使社会越来越热衷文化消费。文化资本还能作为"流行符号"，引发文化消费的社会潮流，出现"赶时髦""追星族"等大众文化和流行文化。

8. 文化消费出现供需失衡及泛娱乐化

文化消费总量虽然同比逐年增加，但其增速远不及文化产业总体投资量和产出量的增速，有效消费需求没能与市场供给契合，从而扩大文化消费。"泛娱乐化"是当前文化消费的又一痼疾。灰色、黄色等不良文化消费借此重新抬头，泛娱乐化的极端现象被人形容为"娱乐至死"，随着互联网的扩张，这种倾向更有蔓延、泛滥的趋势。

二、国内外城市扩大文化消费的经验借鉴

（一）制定和完善文化消费政策与措施

基于城市文化和产业发展现状，制定针对性的文化消费政策与措施，调动居民文化消费的积极性和主动性。第二次世界大战结束之后，以美英为首的西

---

① 徐望. 文化资本时代的中国文化产业政策研究 [D]. 北京：中国艺术研究院，2010.

方国家颁布了一系列扩大消费、复兴文化的政策措施，成功培育出完整的文化产业链条、广阔的文化市场和成熟的文化消费者。

北京市作为中国文化中心，在制定扩大文化消费政策与措施方面起到了引领作用。特别针对当前普遍存在的文化产品和服务生产、供给机制远离消费者和市场的弊病，出台了《北京市关于促进文化消费的意见》《北京市惠民低价票补贴专项资金管理办法》《北京市基层公共文化设施服务规范》《关于促进文化与商务融合加快发展新型业态的实施意见》等系列政策，对释放文化消费潜力形成了政策指引。一是创新了财政资金支持方式和途径，财政经费支持遵循"适度竞争、消费挂钩、择优扶持"的原则，由直接补贴文化经营单位向补贴居民文化消费转变。同时，提高了对北京文化惠民卡加盟商户的扶持和绩效奖励水平，通过以奖代补，激发、提升文化企业的服务质量和惠民力度。二是加强了文化消费金融服务。鼓励金融机构开发演出院线、艺术品互联网交易等领域的支付结算系统，拓展文化旅游等方面消费信贷业务，提供灵活多样的金融服务，促进个人信用消费；鼓励第三方支付机构发挥贴近市场的优势，开发移动支付系统，提升文化消费便利水平。三是加大了文化消费项目建设支持。改进和完善政府投入方式，加大对文化消费项目配套基础设施建设的投入力度。[①] 此外，通过支持划拨或协议出让方式为文化消费项目建设办理用地手续等。这些举措对引导和扩大消费起到了积极作用，同时也推进了文化的有效供给和文化消费的供需平衡。

（二）构建文化产业和文化消费的良性循环

消费观念陈旧、文化产业结构不合理和文化事业发展滞后等因素，导致文化产业和文化消费供需失衡、相互掣肘，既制约居民多样化文化消费需求的满足，又阻碍城市经济转型升级和文化塑造。只有构建文化产业与文化消费的良性循环，提高二者的供需协调度，才能通过发展文化产业来扩大文化消费。

---

① 参见《北京市人民政府关于促进文化消费的意见》（京政发〔2014〕44 号）。

案例1　纽约、上海文化产业与文化消费良性循环

美国纽约每年举办类型多样的体育赛事——既有规模大、级别高、影响深的现代竞技赛事，也有极具特色，面向普通民众的传统型体育赛事。作为网球四大满贯赛事之一的美国网球公开赛，每年吸引全球大批球迷和游客前来观看，极大地推动了地方经济。有"世界上最受欢迎马拉松"美誉的纽约马拉松（NYC Marathon），2010 年的比赛为纽约城带来了创纪录的 3.4 亿美元收入，使其旅游、税收和经济显著提升，2014 年完赛人数超过 5 万，现场观众超过 200 万，在文化消费、慈善影响和城市经济三方面表现抢眼。①

上海坚持用"消费的生产"而非"供给的生产"的产业观来统领文化产业发展，把"制造消费者"确立为文化产业的生产重心和核心功能，保持文化产业活力。同时，引导居民树立正确的文化消费理念，发挥对文化消费的经济调控能力，通过多种方式鼓励高层次、高质量的精神文化消费，限制低速、劣质的文化产品和服务消费，构建文化产业与文化消费的良性循环。

（三）凸显文化产业和文化消费的城市特色

基于城市文化的个性与魅力，挖掘城市文化产业与文化消费的主题和方向，创新城市文化的表现形式。它们既是城市历史的积淀，也是城市发展与变迁的必然结果，并将深刻影响城市文化的未来。

杭州地处我国长三角，消费需求强势，产业发展空间巨大，民营经济发达，民间资本充足。针对文化产业跨行业，甚至跨产业特点设立市、区两级"文创办"，有效地解决了条块分割的传统管理模式所导致的管理混乱问题。②它还在全国率先提出打造"动漫之都"的战略目标，并使中国国际动漫节永久落户杭州。它是全国第一个拥有两家文创金融专营支行的城市，还拥有全国首个文化创意企业无形资产担保贷款风险补偿基金；它是联合国教科文组织"创意城市联盟——工艺和民间艺术之都"，全国首批"国家级文化和科技融合示范基地"和"国家三网融合试点城市"，拥有全国唯一的"两岸文化创意产业合作实验区"，③ 城市文化创意产业竞争力在全国名列前茅。与此同时，杭州文化演出市场活跃，文化产品质量普遍较高，居民观赏电影及各类演出成为时尚，收藏古玩字画逐步形成潮流，出国出境旅游成为杭州城镇居民文化消费的一大热点。

---

① New York Road Runners[EB/OL]. 2015-06-30. http：//www. Tcsnycmarathon. Org/results.
② 盘剑. 杭州文化创意产业发展的三大特点 [J]. 杭州（周刊），2012（4）.
③ 范周. 中国文创的杭州模式 [J]. 经济，2015（5）.

案例2　法国文化消费的城市特色

法国地方政府下设的公共文化机构拥有管理自主权，通过特色文化产业与消费，使城市各具特色，其中最著名的便是"世界城市"巴黎和"欧洲文化之都"马赛。此外，诸多城市文化特色享誉欧洲，甚至世界，包括红酒之乡波尔多的葡萄酒文化、香奈尔5号诞生地格拉斯镇香水文化、薰衣草之都普罗旺斯的阿维尼翁世界戏剧艺术节，以及比肩好莱坞的戛纳电影节。[①]

（四）优先发展技术含量高、市场需求广的新型文化业态

国内一些城市在促进文化消费进程中，非常重视并优先发展新技术条件下的新型文化业态，如以互联网为媒介的网络视频、网络游戏等最受当下年轻人青睐的文化业态。市民文化需求的扩增、原创 IP 全产业链开发的升温直接助推了新型文化业态的消费。

案例3　深圳等城市优先发展新型文化业态

深圳、长沙等地的网络自制剧发展迅捷。它以看点鲜明、受众精确、题材多元、怡情有趣等特点，吸引资金、团队和演员加入其中，网络自制剧在影视行业渐获"话语权"。它的火爆源于号召力强大的原创 IP（知识产权），深度挖掘顶级文学 IP 的价值，打通 IP 的全产业链。[②]

广州也高度重视高技术含量的新型文化业态。例如，利用传统的广府庙，开办"老骑楼·心触动——广府民居骑楼模型创意展"，赢得火爆人气和商气，还有以台湾诚品书店为代表的"文化消费综合体"业态。这些新型业态活跃市民的生活，同时打造了时尚、鲜明的城市名片，增强了文化影响力，促进了地方的文化消费，创造了经济新增长。

三、成都居民文化消费现状及问题

（一）成都居民文化消费的现状特征

1. 文化消费总量增长，消费潜力提升空间较大

观察近十年成都居民文化消费的数据，文化消费在居民消费结构中所占的比重不断增加，娱乐教育文化服务的支出占比仅次于食品支出和交通通信支出，居民文化消费总量和人均值都在绝对值上保持了持续的增长。数据（如图8-2）显示，2006 年到 2015 年，城镇居民家庭人均文化教育娱乐消费支出由1358 元增加到 2175 元，农村居民人均文化教育娱乐消费支出由 333.22 元增加到 1113.59 元。这表明成都居民文化消费总量稳步增长，文化消费能力总体

---

① 夏国涵. 法国文化产业的国家战略［J］. 才智，2013 年（13）.

② 张京成. 融合创新促进文化消费浅谈［J］. 北京联合大学学报（人文社会科学版），2016年（4）.

水平逐步提高，而娱乐教育文化服务支出占消费性支出比重总体平稳但略有下降。2006 年到 2015 年，城镇居民家庭人均娱乐教育文化服务支出占消费性支出比重从 13.18% 下降到 9.97%，农村居民家庭人均娱乐教育文化服务支出占消费性支出比重从 9.97% 下降到 8.76%（见表 8-2）。除去政府投入增加、居民消费种类多样化等因素影响，这一变化反映出居民文化消费的潜力有待深入挖掘和释放。

表 8-2 2006—2015 年成都居民人均收入、人均支出、人均文化消费支出及占比

年份	城镇居民家庭				农村居民家庭			
	人均可支配收入（元）	人均消费性支出（元）	人均娱乐教育文化服务支出（元）	娱乐教育文化服务支出占消费性支出比重（%）	人均纯收入（元）	人均生活消费支出（元）	人均娱乐教育文化服务支出（元）	娱乐教育文化服务支出占生活消费支出比重（%）
2006	12789	10302.4	1358	13.18	4905	3343.87	333.22	9.97
2007	14849	11702.8	1443.13	12.33	5642	3997.83	317.51	7.94
2008	16943	12849.9	1461.67	11.37	6481	4565.06	427.4	9.36
2009	18659	14087.8	1904.5	13.52	7129	5012.44	484.33	9.66
2010	20835	15510.9	2032.58	13.1	8205	5796.33	489.03	8.44
2011	23932	17795	2068.64	11.62	9895	7032.61	516.76	7.35
2012	27194	19053.9	2293.05	12.03	11051	8061.15	673.45	8.35
2013	29968	20362	2438	11.97	12985	8865.96	754.41	8.51
2014	32665	21711	2587	11.92	14478	9697.3	850.81	8.77
2015	33476	21825	2175	9.97	17690	12710.9	1113.59	8.76

注：根据《成都市统计年鉴》（2006—2015）相关数据整理推算。

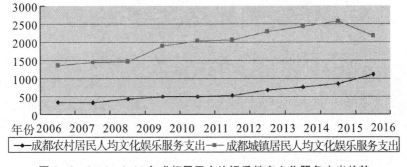

图 8-2 2006—2015 年成都居民人均娱乐教育文化服务支出趋势

观察成都城镇居民家庭的收支水平，其整体已步入富裕阶段。综观世界各国经验，这一阶段居民消费结构的一个显著特点是：消费领域持续扩大，消费热点交替更迭，由"传统的以实物消费为主"向"实物消费与服务消费特别是文化消费并重"转变。成都城镇居民的消费支出变化（如图8-3所示）印证了这一特点，除食品之外，其在衣着、家庭设备及服务、医疗保健、交通通信、娱乐教育文化服务以及其他杂项商品支出的比重，2006年以来都在逐年上升，而2015年各项消费支出转向下降，其主要原因在于受"购房热"影响，居住支出的大幅增加压缩了城镇居民其他各项消费支出的空间。

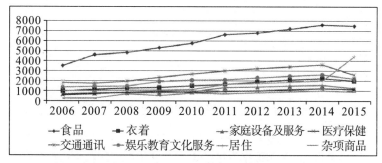

注：根据《成都市统计年鉴》（2007—2015）相关数据整理推算。

图8-3 2006—2015年成都城镇居民家庭各项消费支出变化

2. 公共文化服务投入增大，文化消费保障不断加强

从公共财政支出看，近年来成都在教育文化方面的投入持续加大。以全市在教育、科学技术和文化体育与传媒的地方公共财政支出数据测算地方政府在公共文化领域的支出，可以发现，公共财政在教育、科学技术、文化体育与传媒方面的支出逐年增加。2011年到2015年，全市教育支出从1178379万元增加到2283411万元，科学技术支出从147010万元增加到390170万元，文化体育与传媒支出从202887万元增加到321994万元，三项合计占财政总支出比例维持在18%~20%左右，表明其一直享有财政保障（见表8-3）。

表8-3 成都地方公共财政支出基本情况（单位：万元）

	2011年	2012年	2013年	2014年	2015年
地方财政总支出	8578696	9838477	11617542	13400433	14684242
教育支出	1178379	1622941	1790200	1830511	2283411
科学技术支出	147010	190863	205998	253590	390170
文化体育与传媒支出	202887	158849	323592	299427	321994
三项合计占财政总支出比例（%）	17.8	20	19.9	17.8	20.4

注：根据《成都市统计年鉴》（2011—2015）相关数据整理。

3. 文化消费需求持续增长，文化供需协调性不断提升

近年来，成都通过开发和创新文化产品，增加有效供给，激发和创造了文化消费需求，拉动和扩大了文化消费，提升了文化供需协调性。从统计数据来看（见图 8-4），2004 年至 2012 年，成都文化产业增加值占 GDP 的比重由 3.24% 提高到 4.96%，城镇居民文化消费总量占 GDP 的比重（文化消费率）由 1.04% 提高到 1.53%。两项比值的相关系数为 0.48，即在 48% 的程度上形成正向互动关系。可以理解为，当文化产业增加值每上升 1 个百分点，文化消费率就上升 0.48 个百分点。[①] 随着经济持续增长，成都文化产业重点行业加快发展，具备了提升文化消费的实力和竞争力。

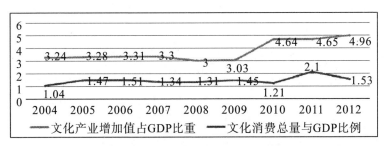

图 8-4　成都文化产业产值比与城镇居民文化消费率变动态势（2004—2012）

注：根据《成都统计年鉴》（2004—2012）、《成都市文化产业统计报告》（2004—2011）、《中国城市（镇）生活与价格年鉴》(2013) 相关数据演算。

（二）成都居民文化消费存在的问题

1. 文化消费水平整体滞后，文化消费类型总体偏向低层次

成都文化消费整体水平明显滞后于东部发达地区，2012 年成都城镇居民文化消费人均值位居第 15 位，在副省级城市中排名靠后；2005—2012 年城镇居民人均文化消费年均增速为 9.08%，低于全国 9.21% 的平均水平。调查问卷[②]显示，家庭年文化消费支出绝大多数在 3000 元以下，比例高达 93.8%，而其中 500 元内的就占到 45.2%，25.9% 的则表示没有此项开支。同时，居民文化消费层次普遍较低，大多偏好外出旅游、看电视、去 KTV、去游乐园或主题乐园等休闲享受型文化消费，智力、艺术类发展型文化消费相对滞后，比例偏低（如图 8-5 所示）。

---

① 尹宏. 文化消费促进文化产业发展的机理、模式和路径——以四川省成都市为例［J］. 成都行政学院学报，2016（5）.

② 2015 年，成都市社会科学院采取抽样调查的办法，在成都 21 个区（市）县实施了成都市城乡居民文化消费现状及需求专项调查。

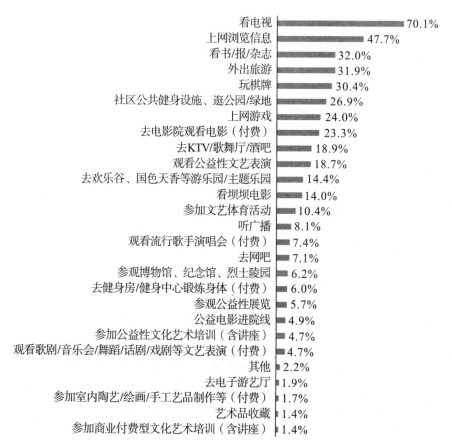

看电视　　　　　　　　　　　　　　　　　　70.1%
上网浏览信息　　　　　　　　　　　　47.7%
看书/报/杂志　　　　　　　　　　32.0%
外出旅游　　　　　　　　　　　31.9%
玩棋牌　　　　　　　　　　　30.4%
社区公共健身设施、逛公园/绿地　26.9%
上网游戏　　　　　　　　　24.0%
去电影院观看电影（付费）　23.3%
去KTV/歌舞厅/酒吧　18.9%
观看公益性文艺表演　18.7%
去欢乐谷、国色天香等游乐园/主题乐园　14.4%
看坝坝电影　14.0%
参加文艺体育活动　10.4%
听广播　8.1%
观看流行歌手演唱会（付费）　7.4%
去网吧　7.1%
参观博物馆、纪念馆、烈士陵园　6.2%
去健身房/健身中心锻炼身体（付费）　6.0%
参观公益性展览　5.7%
公益电影进院线　4.9%
参加公益性文化艺术培训（含讲座）　4.7%
观看歌剧/音乐会/舞蹈/话剧/戏剧等文艺表演（付费）　4.7%
其他　2.2%
去电子游艺厅　1.9%
参加室内陶艺/绘画/手工艺品制作等（付费）　1.7%
艺术品收藏　1.4%
参加商业付费型文化艺术培训（含讲座）　1.4%

图 8-5　成都居民对不同文化娱乐活动的喜好程度

2. 文化产品与服务对文化消费的地域特色和群体特点关照不够

文化消费行为的选择有明显的群体分化——以年龄为例，青年倾向于选择新兴型、商业化的文化消费类型，而中老年则倾向于传统型、公益性的文化消费类型。即使在传统的文化消费选择上，年轻人与老年人也存在差异。年轻人大多喜欢寻求新鲜、刺激的体验式和商业性的文化消费，如观看流行歌手演唱会、大型主题乐园游玩、去 KTV/歌舞厅/酒吧等娱乐场所、健身房健身、影院观影。而中老年人在消费支出上更节俭，消费行为更加保守和稳重，更青睐内容温和、价格实惠的公益性文化活动。

调查发现，成都市场上的文化产品与服务对文化消费的地域特色关照不够，首先是有地域特色和城市个性的文化产品与服务不充分，与外地游客和本地居民的需要不匹配，其次是缺乏吸引不同群体的文化消费内容，如引发中老年人共鸣的影视作品、曲艺演出，年轻人喜爱的传统文化消费结合新科技衍生而成的新兴消费方式，中小学生乐于参与的游学活动、文体活动等。

3. 公共文化产品的供给存在结构性短缺

一是公共文化基础设施还需完善。与北京、上海等发达城市相比，成都的公共文化基础设施无论是在数量上还是功能上，都居于中流。截至 2014 年，成都平均 65 万人才拥有 1 个图书馆、1 个文化馆。这一发展型的文化教育设施，远低于联合国教科文组织规定的图书馆与人口比例为 1∶300 的标准。此外，成都基层综合公共文化设施配置标准低、文化活动场地不足、设施老化陈旧、缺乏高水平演艺场地等问题较为普遍，群众对公共图书馆、博物馆、文化馆等公共文化基础设施建设的满意度不高。二是公共文化产品与服务的供需脱节现象有待改善。公共文化产品与服务供给都存在大一统推进问题，偏重文化产品和设施的标准化建设，而忽视了基层文化消费需求的差异性，从而造成了文化供给不足与公共文化产品设施闲置浪费的情况并存，这在农村地区表现尤为突出。

四、成都扩大文化消费的策略和路径

文创中心的建成，必须立足成都实际，针对文化消费现状问题，以保障人民群众基本文化权益，满足人民群众不断增强的文化需求为出发点，[①] 确立需求导向型文化消费发展战略，创新引导和扩大城市文化消费，实现全市文化消费的整体规模扩张和水平提升。

（一）成都促进文化消费的策略

1. 创新驱动策略：提升文化消费水平

准确把握当前文化消费发展特点和规律，立足消费者的消费行为和目标需求，以消费需求为导向推进文化消费的改革创新。相对于消费种类的增加，更重要的是消费理念更新和品质提升。文化消费要能迎合新时期大众的消费新习惯、新诉求，实现从形式到内容的体制机制创新、产品创新、业态创新、服务创新，提振文化消费欲望，提升文化消费能级和水平，力争形成良好的市场反馈和社会反响，使城市文化与经济共生共荣。

2. 分类引导策略：增强文化消费意愿和能力

从宣传文化消费战略意义的高度加强对居民文化消费的舆论引导，帮助培养文化消费习惯。细分文化消费群体，巩固和做优基本消费，指导和调整享受

---

① 王健，尹宏，胡燕. 新常态下扩大城市文化消费的路径［N］. 四川日报，2017－09－27.

型消费，鼓励和扶持发展型消费；对小众高端消费试行个性化的精品或定制模式，对大众基本或升级消费实行大众消费和精品消费的协调发展模式。通过分类引导文化消费群体，构建因地制宜、因时而进、因人而异的文化消费结构和模式，增强居民的文化消费意愿和能力。

3. 特色发展策略：释放文化消费潜力和活力

适应社会转型，经济处于新常态的时代要求，立足地方实际，发挥市场功能，转变单一依靠政府推动文化发展的思路，鼓励和扶持企业、社区、社会组织等多元社会主体参与文化建设。[①] 特色发展，激活潜力，提升居民文化消费满意度。

4. 供需协调策略：扩大文化产品有效供给

破解目前文化产品的供需矛盾，改变供需脱节的痼疾，杜绝或减少公共资源的浪费，推动金融资本、社会资本和文化资源相结合，建立多层次文化产品和要素市场，促使文化要素自由流动，优化资源配置，提高供需协调度和均衡性，扩大文化产品有效供给。

（二）成都扩大文化消费的路径

成都抓住建设文创中心的战略契机，利用城市文化资源，优化资源配置，突出特色，打造品牌，以总量适度、结构合理、品质更优、更有市场的文化产品投入市场，释放居民文化消费需求，扩大文化消费。

1. 创新科技平台，提升文化消费水平及层次

借鉴北京、上海等地的先进经验，强调创新驱动，突破扩大文化消费在体制和机制上的难点，出台促进文化消费的统筹性政策和实施细则，形成扩大文化消费的具体方案和阶段性目标，确定促进文化消费的重点任务和重大项目，创新促进文化消费的模式，制定有针对性的扶持政策、资金支持和制度保障，力争实现文化消费常态化、便捷化，形成良好消费习惯。

加快文化资源的数字化建设，统筹部署文化产业信息服务和公共数字文化服务系统，推进跨地区、跨部门、跨层级的文化信息共享。[②] 出台优惠政策鼓励数字产品和服务的研发，鼓励文化生产机构和部门积极利用数字、网络、3D、4D、多媒体、虚拟展示等高新技术，推进游戏动漫、会展演艺、图书出版、广播影视等领域的文化产品及服务的创意创新；加快相关文化产品与服务

---

① 王健，尹宏，胡燕. 新常态下扩大城市文化消费的路径 [N]. 四川日报，2017-09-27.
② 王健，尹宏，胡燕. 新常态下扩大城市文化消费的路径 [N]. 四川日报，2017-09-27.

创新的核心技术、软件和装备支持。在深入研究社会公众需求的基础上，加快推动文化消费与信息消费的融合，推动文化信息产品和服务开发的产业化与集群化发展。①

推广"互联网＋"的文化消费新模式。加快推进文化服务供给与文化市场主体间的深度联动、互动，创新文化消费方式。加快与微信平台、网络支付平台的合作，创新文化电子商务平台与互联网金融，开发新型文化消费支持服务模式，逐步建立健全覆盖全市的网络消费系统，实现文化景观、影院剧场、书城书店、教育培训、旅游度假、体育健身等领域的异地消费和网络消费。

2. 挖掘城市文化特色，做优文化消费产品

加强文化产品和服务的分类引导。文化企业抓住消费者追寻体验的心理动机，创新文化营销手段，引导消费者进行个性化消费体验。关注文化消费心理和行为特征，做好消费群体细分，采取针对性的产品和服务策略。鼓励文化经营主体与相关行业合作，合力激发消费潜力，如针对高端消费人群，建设时尚高端文化会所，推出艺术收藏品品鉴、高雅音乐会等活动，促进高层次文化社交的开展；对于武侯祠、金沙博物馆等收费文博单位，推行文创产品消费满额免费制度，或者消费达到一定数额加赠其他文化产品或服务项目，或者推行购买指定文化消费可赠送其他文化活动等。

采取特色发展策略，增强文化供给中的本地化和特色化创意。成都有得天独厚的文化资源，借助科技优势，将其转化为文化消费优势。例如，利用国际非物质文化遗产节、成都美食节、武侯大庙会、金沙太阳节、创意设计周等品牌大型节会、创新节会活动，彰显古老城市的优雅时尚；举办现代特色的展览展会，引进国外知名节会，如动漫游戏嘉年华、创意消费嘉年华，举办COSPLAY秀、动漫游戏角色体验SHOW、DIY创意制作体验、动漫主题音乐鉴赏、真人游戏任务体验等活动。将各类节事打包形成文化消费季，用常态化、多样化的节事活动，激发居民消费潜力和活力。

3. 做优文化消费市场，建立文化消费长效机制

一要加强文化产品市场建设。面对文创中心的建设机遇和日趋激烈的市场竞争和挑战，成都必须加强优质供给，扩大有效供给，丰富产品市场，提高供给结构的适应性和灵活性，以此刺激和扩大文化消费，助力城市经济持续增长。要发展动漫游戏、演出娱乐、旅游等传统文化产品市场，建设以"互联网＋"为载体的新兴文化产品市场。鼓励文化企业利用现代物流技术开展第三

---

① 王健，尹宏，胡燕. 新常态下扩大城市文化消费的路径［N］. 四川日报，2017-09-27.

方物流服务；构建以中心城区为中心，周边区（市）县相配套，贯通城乡的文化产品流通网络，努力实现文化产品低成本、高效率的流通和配送。①

二要推进文化资本市场建设。文化产权、人才、技术、版权、信息等要素是文化交易市场的基础性条件。加强文化生产要素市场建设，建立健全文化资产评估体系和文化产权交易体系。推进文化资本市场建设，促进金融资本、社会资本与文化资源有效对接，利用文化资本市场解决文化企业融资难的问题。

三要加强文化社会组织建设。文化社会组织是政府与市场主体之间的媒介和桥梁。坚持培育发展和管理监督并重，加强各类文化行业协会等行业组织建设，健全行业规范，完善行业管理，更好地履行协调、监督、服务、维权等职能。②

四要加强文化消费的权益保护。加强文化市场的规范执法和监管，依法严厉惩处盗版侵权、售卖假冒伪劣产品以及其他扰乱文化市场秩序的行为，扫除不健康的文化产品和服务。建立文化消费满意度评价体系，把群众的满意度反馈作为文化市场改进的重要依据。强化文化消费的维权服务，拓宽消费者监督举报渠道，鼓励消费者及时反映涉嫌制假贩假、价格欺诈以及不良文化经营等问题，并对其及时查处曝光，相关管理部门对文化消费纠纷及时介入、妥善处理，切实保护消费者权益。

4. 改善公共文化产品的供需协调，增强公共文化服务效能

增加文化建设的公共财政支出，加快公共文化设施升级，完善城市文化建设的规划统筹。一是推进便于居民消费的文化场馆规划和活动设计。在规划设计中，注意文化消费场所与居民生活区的联结，引导文化"小地标"的建设，倡导方便居民使用的中小综合型文化消费场所建设。二是积极打造便民亲民的文化消费平台。在影院剧场、书城书店、教育培训、旅游度假、体育健身等领域实现刷卡消费，如加快文惠卡与微信平台、网络支付平台的合作，建立统一的文化电子商务平台与互联网金融开发模式，为城市居民和文化企业搭建快捷的购销平台。三是逐步建立消费者低偿付费、多元惠补的公共文化消费模式。经验表明，消费者适度支付费用有助于提高消费成本意识，珍惜消费机会，防止公共文化资源的浪费。③ 因此，政府不宜"一刀切"地提供免费公益文化消费项目，而应根据不同类别和市场需求度，采用无偿、低偿、有偿、志愿参与等方式，逐步减少全免费供给，引导居民形成理性的文化消费习惯。

---

① 黄永刚. 从提高供给质量出发扩大文化产品有效供给［N］. 光明日报，2016－06－01.
② 潘峰. 进一步推进文化体制机制创新［J］. 理论学习，2013（12）.
③ 王健，尹宏，胡燕. 新常态下扩大城市文化消费的路径［N］. 四川日报，2017－09－27.

第九章　成都扩大对外文化贸易的策略与路径

对外文化贸易不仅能拓展文化产业的发展空间，而且还能提升一个国家或地区的开放水平和文化软实力。本章在将对外文化贸易的相关概念和特征进行界定和概括的基础上，借鉴国内外文化产品和服务贸易发展的经验，分析成都对外文化贸易的现状及存在的问题，指出成都要实施品牌塑造、资源整合、渠道拓展和主体培育策略，通过加强对外文化贸易统计，完善相关政策，搭建贸易平台，丰富营销渠道，壮大市场主体，培育文化贸易人才等来扩大对外文化贸易。

一、我国扩大对外文化贸易的宏观背景

对外文化贸易是全球服务贸易和世界贸易的重要组成部分，不仅是一个经济活动过程，而且还蕴含着丰富的文化内涵，是经济与文化互动的过程，[①] 有助于提升我国开放水平和国家软实力。成都要建设西部文创中心，势必要通过文化产品及服务的对外贸易，使成都成为西部乃至全国文化产品和服务"走出去""引进来"的主阵地，不断提升成都在国内外的知名度和影响力。因此，扩大对外文化贸易是成都建设西部文创中心的要义之一。

（一）对外文化贸易的概念及特征

1. 对外文化贸易的概念界定

关于对外文化贸易的概念，政府部门、国内外学者以及业内人士并没有统一的定义。联合国教科文组织给出的定义是：一种通过有形的产品，以及无形的产品，将文化内容向国内外输送的进出口行为。文化产品包含两方面，即文化商品和文化服务。李怀亮、阎玉刚认为，对外文化贸易是国家（或地区）之

---

① 王靖．国际文化贸易［M］．北京：清华大学出版社，2015.

间以货币为媒介进行的文化交换活动，是文化经济链条上的一个重要环节。①
张骞认为，对外文化贸易主要是指与知识产权有关的文化产品（Cultural
Goods）和文化服务（Cultural Services）的贸易活动，是属于国际贸易中一种
特殊的服务贸易，它不仅包括有形的商品，如纸制出版物、音像与录音制品
等，还包括无形商品，如版权等。② 总体看来，对外文化贸易是国际服务贸易
与文化产业的交叉融合，既是国际服务贸易的重要领域，也是文化产业链条中
在国际市场中的交换环节。

　　简单来讲，对外文化贸易就是在国际市场上进行的文化产品和文化服务
的贸易活动。文化产品主要是指以书籍、杂志、软件、电影、视听节目、手
工艺品等为载体传递思想、符号和生活方式的消费品。文化服务主要是指以
教育、体育、娱乐服务等为主要形式满足消费者文化需求和精神需求所提供
的行为。

　　2. 对外文化贸易的特征

　　一是与其他产业有着强烈的交融性。在当今世界，丰富的文化内涵和不同
的文化服务几乎融入了所有的产业和贸易领域，在不同的文化背景下呈现出多
样的文化价值取向。尤其是文化与科技融合发展后，更加速了文化的传播速
度，扩大了贸易范围，增强了文化产品和服务的可贸易性。二是对外文化贸易
具有高度垄断性。由于各国在文化生产和文化服务方面存在能力、技术和资源
禀赋的差异，文化贸易呈现出较强的垄断性，主要表现为少数发达国家（或地
区）的垄断优势明显，而发展中国家（或地区）相对劣势。三是贸易自由化的
"文化例外"。由于文化产品和服务贸易既有经济属性，也有意识形态属性，会
对进口国消费者产生潜移默化的影响。尤其是广播电视、演出服务、图书出版
等，直接关系到国家主权、国家安全和意识形态等敏感领域，因此，各国往往
会通过对文化贸易采取市场准入制度、非国民待遇等非关税壁垒形式进行限
制。四是存在"文化折扣"现象。由于不同国家（或地区）存在文化差异，那
么不同国家（或地区）的消费者对文化产品和服务具有强烈的偏好性。如果文
化背景不同，出口国家（或地区）的文化产品和服务就可能不被进口国家（或
地区）的消费者认同或理解，从而导致文化产品和服务的价值可能大打折扣。

---

① 李怀亮，闫玉刚. 当代国际文化贸易综述（上）[J]. 河北学刊，2005（6）.
② 张骞. 国际服务贸易与国际文化服务贸易之辨析 [J]. 江南大学学报（人文社会科学版），
2011-10（2）.

（二）我国扩大对外文化贸易的背景

近年来，在全球货物贸易增速明显下降的背景下，服务贸易快速增长。2005 年至 2015 年十年间，全球服务贸易年均增长快于同期货物贸易增长 1.5％，全球货物贸易中 30％是由服务贸易带动的[①]，而对外文化贸易是服务贸易的重要组成部分。当前，我国对外文化贸易已经进入了快速发展的黄金时期，其主要表现为：

1. 我国文化产业快速发展

产业发展是贸易发展的现实基础。经过多年的发展，我国文化产业在国民经济中的比重持续增长，已经成为国民经济发展的新增长点和转变经济发展方式的重要着力点。2016 年全国文化及相关产业增加值为 30785 亿元（其构成图如图 9-1 所示），比上年增长 13.0％（未扣除价格因素），比同期 GDP 名义增速高 4.4 个百分点；占 GDP 比重为 4.14％，比上年提高 0.17 个百分点。[②]

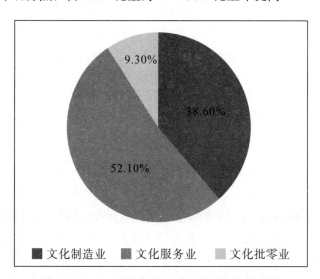

图 9-1　2016 年文化及相关产业增加值构成图

2. 国际市场需求扩大

国际市场需求是贸易发展的客观前提。随着我国经济社会发展实力的不断增强，贸易的不断扩大，全世界各国更加关注我国经济社会未来发展的走向，

---

① 服务贸易发展潜力大　成经济全球化重要推手［N］. 中国商报，2017-05-17. http：//news. zgswcn. com/2017/0517/777243. shtml.
② 2016 年我国文化及相关产业增加值比上年增长 13％［N］. 中国经济网，2017-09-26. http：//www. ce. cn/culture/gd/201709/26/t20170926_26316121. shtml.

希望加深对我国的了解，客观上也提升了对我国文化产品和服务的客观需求。特别是近年来，很多知名书展、影视制作机构主动到我国寻求合作伙伴，希望加强合作，在国际市场上推广更多的中国文化产品和服务。在此大背景下，我国对外文化贸易规模不断扩大，结构逐步优化，文化出口企业数量不断增加，文化领域境外投资步伐不断加快。

3. 我国文化影响力日益提升

对外文化交流力度不断提升。海外文化阵地和品牌建设不断加速，2016年全球中国文化中心总数已达到 30 个，在瑞典、希腊、白俄罗斯、柬埔寨等地都有设立。"欢乐春节"在全球 140 个国家 470 座城市举办了 2100 多项活动。同时，还在 20 个国家举办了"中华文化讲堂"，开展了 40 余场形势各异的中华文化宣介展示活动，以文化方式讲好中国故事，受到各国民众的热烈欢迎。[①]

"中国文化元素"成为世界文化产品的重要元素。我国经济实力的增强和人均收入的提高不仅推动我国成为巨大的文化产品市场，也推动了"中国文化元素"成为世界文化产品的重要元素，从而迅速提升了我国文化的影响力。例如，由于我国电影市场的份额在全球市场中的比重越来越大，使美国好莱坞电影越来越多地加入"中国元素"，并面向全球放映。

4. 我国对外贸易结构优化

2015 年以来，全球经济增速放缓，有效需求不足，各经济体面临较多的不确定性，使各国的外贸需求下降，全球贸易量出现萎缩。同时，我国劳动力成本逐年上涨，导致部分劳动密集型产品逐渐失去了竞争优势，我国加工贸易在出口的比重呈现逐步下降趋势。2015 年，纺织品、服装、箱包、鞋类、玩具、家具、塑料制品等 7 大类劳动密集型产品出口 4718 亿美元，同比下降2.7%，占总出口额的比重为 20.8%。[②] 与此同时，2015 年我国文化服务出口比 2014 年增长 37.2%，成为我国对外贸易的亮点。

（三）国家推动对外文化贸易的主要举措

"十二五"以来，我国为了促进对外文化贸易的发展，出台了一系列重要政策。党的十七大强调要加强对外文化交流，吸收各国优秀文明成果，增强中

---

① 中华人民共和国文化部 . 2016 年文化发展统计公报［EB/OL］. 2017－05－18. http：//news. xinhuanet. com/culture/2017－05/18/c_1120994698. htm.

② 商务部综合司 . 2015 年中国对外贸易发展情况［EB/OL］. 2016－05－10. http：//zhs. mofcom. gov. cn/article/Nocategory/201605/20160501314688. shtml.

华文化国际影响力；党的十七届六中全会提出要积极探索以企业为主体、以市场化运作为主要方式，参与国际文化市场竞争，拓展我国文化发展空间，实施文化"走出去"工程；党的十八大明确提出增强文化的整体实力和国际竞争力，扩大文化领域的对外开放，积极吸收借鉴国外优秀文化成果；党的十八届三中全会又进一步要求提高文化开放水平，坚持政府主导、企业主体、市场运作、社会参与，扩大对外文化交流，培育外向型文化企业，支持文化企业到境外开拓市场。

在此背景下，2014 年，国务院出台了《关于加快发展对外文化贸易的意见》。该意见明确了 2020 年我国对外文化贸易的发展目标，即培育一批具有国际竞争力的外向型文化企业，形成一批具有核心竞争力的文化产品，打造一批具有国际影响力的文化品牌，搭建若干具有较强辐射力的国际文化交易平台，使核心文化产品和服务贸易逆差状况得以扭转，对外文化贸易额在对外贸易总额中的比重大幅提高，我国文化产品和服务在国际市场的份额进一步扩大，我国文化整体实力和竞争力显著提升。要支撑这一目标，该意见从重点支持、财税支持、金融支持和服务保障四个方面，15 个分类全面系统地提出了支持对外文化贸易发展的政策措施。其中，在税收政策上有较大突破，明确了对国家重点鼓励的文化产品和服务出口全部实现增值税零税率或免税。在金融政策方面也加大了支持力度，为文化企业从事产品和服务出口、海外并购投资等业务拓展了新渠道，降低了汇率风险，提供了便利结算和有效担保。在服务保障方面，要求对文化产品和服务的出口提供海关便捷通关措施，减少对文化出口的行政审批事项，加强相关知识产品保护、公共信息服务等。

二、扩大对外文化贸易的经验借鉴

（一）美国扩大对外文化贸易的经验

美国是世界上文化产业最发达的国家，无论是电影产业还是动漫产业，都在国际上处于遥遥领先的位置。美国针对扩大对外文化贸易，采取的是市场主导型的发展模式，充分发挥市场机制，政府只是扮演服务者的角色，致力于为市场主体的正常生产经营创造良好的外部条件，如完善投资环境，加大人才培养，增强知识产权保护，加强立法等。具体来讲，主要包括以下几方面：

一是放松管制与对外扩张并举。与我国和其他很多国家不同，美国没有专门的职能部门来管理文化产业和文化贸易。文化产业和文化贸易的发展主要是依靠市场机制起主导作用，但并不意味着完全不需要政府，而是制定了市场化特征显著的文化产业政策，主要包括减少税收，为企业提供良好服务等内容来促进文化产业和文化贸易的发展。同时，政府在特定的经济形势下，会针对不同的文化产业领域制定和实施灵活机动的财税支持政策，特别是在经济危机中，政府会出台一揽子经济刺激与税收减免方案以促进文化产业的振兴和文化贸易的出口。例如，2009 年，美国密歇根州对在州内投资摄影，预算超过 5 万美元的影视片实行 42％的税收返还政策，优惠力度位居全美之首。① 另外，虽然美国没有主管文化产业发展的部门，但通过形成各种介于各州政府和具体文化产业部门之间的非营利性组织等，设立基金会，使文化产业和文化贸易的管理方式变得更加灵活多变，战略性极强。

二是科技创新与文化创意并重。美国在其文化产业中增加更多科技投入的同时，又辅之以较新颖的文化创意。以美国的电影产业为例，美国"大片"之所以能长期占领全球电影市场，其重要的原因就是在电影中运用了大量的以信息技术为代表的高科技。但是，仅仅依靠高科技，而缺乏文化创意是远远不够的。因此，美国电影也对电影的内容进行创作，如《泰坦尼克号》《魔戒》《疯狂动物城》等影片，都是将文化创意的内容植入影片中，使人们在享受电影特效带来的感官震撼外，更让人体会到其中的文化底蕴。同时，美国还将创意运用于文化产品和服务的投资、生产、宣传、营销等各个环节，进而提升文化产品和服务的品质，从而更好地促进文化产品和服务"走出去"。

三是人才引进与人才培育并行。美国利用其雄厚的资金和广阔的市场前景，从全世界吸收大量优秀文化艺术人才。据资料显示，仅 1990—1991 年间，美国仅从苏联就引进了 3 万多名文化创意人士，其中著名人才就达 1500 多人。② 在引进人才的同时，美国还注重培育高素质的文化产业发展人才。全美有 30 所大学开办了文化管理学、艺术管理学等专业，培养了一大批本科生、硕士生，甚至具有博士学位的高质量文化管理人才。③

（二）韩国扩大对外文化贸易的经验

在 1998 年亚洲金融危机后，韩国开始重视文化产业的发展，将其作为 21 世纪发展国家经济的战略性支柱产业进行培育和推进。近年来，韩国文化产业的规模和速度不断扩大和提高，且取得了很大突破。据韩国文化观光部公布的

---

① 任国信，黄文冰．美国文化产业发展的驱动力研究［J］．现代企业教育，2012（6）．
② 国外文化创意产业人才队伍建设的经验及对杭州的启示［EB/OL］．2015－11－19. http://www.hangzhou.gov.cn/art/2015/11/19/art_964462_261607.html.
③ 李小兵．美国文化产业的四大特点［J］．企业改革与管理，2011（1）．

数据显示，2008 至 2011 年间，韩国文化产业出口规模以年均 22.5％的速度快速增长。2012 年出口额达到 46.12 亿美元，同比增长 7.2％，创历史新高，贸易顺差达 29.38 亿美元。其中，电影、音乐和游戏业增长最为显著，分别达到 27.5％、19.9％和 11％。① 韩国文化产业对外贸易的高速发展与其出台的政策等手段是息息相关的。

一是以"文化立国"战略为目标，出台相关规划，制定政策法规，振兴文化产业发展，促进韩国文化产品和服务顺利走出国门。韩国从 1998 年提出"文化立国"方针和"韩国文化世界化"口号后，就在三年间制定了《文化产业发展五年计划》《21 世纪文化产业前景》和《文化产业发展推进计划》等一系列推进文化产业发展的规划。同时，还出台了《文化产业振兴基本法》《电影振兴法》《影像振兴基本法》等法律法规，保障文化产业的发展。另外，在促进文化产业发展的过程中，韩国政府还通过完善和落实各项文化经济政策，利用税收、信贷等经济杠杆，实行多种优惠政策，对文化企业的产品出口给予相关政策优惠。②

二是以国际化战略为导向，瞄准国际大市场，将文化产品打造成出口创汇的战略性商品。韩国为促进文化产业振兴，推动文化产品和服务出口贸易，专门制定了发展战略规划，主要内容就是要瞄准国际大市场，把以中国、日本为重点的东亚地区作为登陆世界的台阶，大力开发、促进出口，利用国内市场收回制作成本，通过海外市场赢利。③ 在这一过程中，韩国主要通过打造文化品牌，开发适销对路的产品，开展跨国生产合作，举办国际性展销洽谈活动，构筑海外营销网，支持重点出口项目，设立出口奖励制度等来促进文化产品和服务的出口。

三是以多渠道筹资为特征，加大国家财政投入力度，将资金聚集到文化产业和文化贸易的发展中。一方面，为促进文化产业的发展，在金融危机后，韩国的文化部门预算不减反增，且文化总预算也逐年增加。目前，每年投入文化事业的国家预算超过国家总预算的 1.1％。另一方面，韩国在投融资方面设立了多种基金会，如文化振兴基金、文化产业振兴基金、广播发展基金、电影振兴基金、出版基金等，用于扶持文化及相关产业的发展。此外，韩国还组建以社会资金为主，政府和民间共同融投资运作的"文化产业专门投资组合"。

① 韩国成为第五大文化强国解析韩国文化产业发展［EB/OL］.2016－02－12.http：//www.glxcb.cn/news/guoji/201602/201602C_145526775623402.html.
② 邓显超，袁亚平.文化产业走出去的韩国经验及启示［J］.前沿，2012（24）.
③ 李海英.韩国经验对发展我国文化产业的启示——以发展延边朝鲜族自治州文化产业为例［J］.边疆经济与文化，2010（12）.

（三）上海扩大对外文化贸易的经验

近年来，上海市不断开拓对外文化贸易新渠道和新空间，深入推进中国（上海）自由贸易试验区和国家对外文化贸易基地（上海）建设，对外文化贸易总量持续扩大。2015 年，上海市文化产品和服务进出口总额为 90.63 亿美元，比 2014 年增长 8.63%，总量规模持续扩大。其中，文化产品进出口额 53.19 亿美元，同比增长 4.72%；文化服务进出口额 37.44 亿美元，同比增长 14.70%。[①] 上海市促进对外文化贸易发展的主要做法如下：

一是政府的科学组织与引导。上海市积极组织文化企业走出去，支持和组织文化企业参与各类国际知名展会与交易会，如科隆动漫展、法兰克福书展、迈阿密艺术展等。同时，举办各种有利于推动文化贸易的进出口会议、会展、培训和论坛等活动，如上海电影节、上海电视节、中国国际动漫游戏博览会等。

二是为文化贸易提供政策支持。近年来，上海出台了一系列支持文化产业和文化贸易发展的政策，如《中国（上海）自由贸易试验区文化市场开放项目实施细则》《关于加快发展本市对外文化贸易的实施意见》《关于支持上海国际会展产业发展若干意见的公告》等，为上海对外文化贸易提供了政策支持。

三是加强文化产权版权交易。在已设立的上海文化产权交易所基础上，进一步加大国际文化产权和版权交易。通过建立重点产品交易目录，开发新品牌和重塑交易流程等，有目标、有步骤地推动中国原创文化产品版权的对外交易。

四是文化贸易基地高端平台的搭建。2011 年，我国首个对外文化贸易基地在上海揭牌。该基地集聚了我国境内首个文化产权交易中心，拥有"境内关外"保税展览场所以及大量的文化企业和机构。

五是合理的出口路径选择。上海围绕文化走出去，实施了"三在"工程，即"在港出口""在线出口""在地出口"，通过利用"境内关外"的特殊政策优势，发展依托互联网出口的各类文化信息服务产业，构建富有特色的文化旅游基地，吸引境外游客，使上海连续多年保持较大额度的文化进出口贸易顺差。

---

① 中共上海市委宣传部文化改革发展办公室，上海市商务委员会国际服务贸易处，上海市发展改革研究院.2016 年上海对外文化贸易发展报告［R/OL］，2017.

（四）深圳扩大对外文化贸易的经验

近年来，作为中国对外文化贸易的黄金口岸和推动中华文化走出去的桥头堡，深圳对外文化贸易规模日益扩大。数据显示，深圳的核心文化产品和服务出口占全国的六分之一。① 其原因主要有以下几方面：

一是加强政策创新，着力打造文化贸易的桥头堡。为了在更高层次上参与全球竞争和加快城市经济社会发展转型升级，深圳率先提出并实施"文化立市"战略，出台了《进一步加快文化强势建设的实施意见》，为文化创意产业的发展给予了重要的政策支撑。同时，为了进一步提高文化开放水平，深圳还专门出台了促进对外文化贸易专项政策，加大对外文化贸易政策的扶持力度，如支持文化创意企业参加国际展会，每年认定"文化创意企业出口十强"，鼓励与海外相关机构合作举办文化产业投资贸易推介活动等，极大地推动了文化产品和服务的出口。

二是推进基地建设，着力构筑文化贸易高端平台。国家对外文化贸易基地（深圳）于 2014 年 1 月挂牌成立，是我国第三个、华南地区唯一的对外文化贸易基地。该基地采取"平台+园区"的模式，打造了 8 个文化贸易专业服务平台，从产品交易、版权交易、资本融合、人才交流、理论研究等不同层次，整合各方资源，促进文化产业与国际市场对接，推动我国文化产品和服务加快走向世界。

三是立足科技创新，着力培育创新型文化贸易骨干企业。通过把握全球文化产业和科技融合发展的新趋势，充分发挥深圳科技创新能力较强、高科技产业较发达的优势，大力发展动漫、数字影视、电子竞技、主题乐园等新兴文化业态，培育壮大华侨城文化旅游科技有限公司、深圳华强集团等一批掌握核心技术，拥有自主知识产权的创新型文化企业，抢占对外文化贸易发展的制高点。

四是注重模式创新，着力推动文化企业组团出海。深圳非常注重科学规划文化贸易整体布局，不仅支持单个文化企业发展文化贸易，而且还通过打造 12 个国家级文化产业示范园区、基地和 50 多个市级文化产业园区、基地，鼓励在园区、基地内的文化企业组团出海，增强文化走出去的整体竞争力和影响力。大芬油画村年出口额近 20 亿元，笋岗工艺礼品城是国内最大的工艺礼品

---

① 林洲璐. 深圳成我国文化贸易重要基地核心文化产品出口约占全国 1/6〔EB/OL〕. 深圳特区报，2015-03-11. http: //www.sznews.com/news/content/2015-03/11/content_11284924.htm.

展示、交易和出口基地。

五是强化产品创新，着力培育文化贸易品牌。以"全球视野、时代精神、民族立场、深圳表达"为宗旨，把传统文化与时尚元素相结合，把民族特色和世界潮流相结合，积极创作体现中国风格，反映深圳质量，适应国外受众审美习惯的文化精品，逐步形成了文化贸易的"深圳品牌"。①

三、成都对外文化贸易的现状及问题

（一）成都对外文化贸易的现状分析

1. 文化产品出口规模逐步扩大

2016 年，成都市文化产品进出口总额为 52305 万美元，与 2015 年的 52608 万美元基本持平。其中，出口额为 29229 万美元，比 2015 年的 23664 万美元增长了 23.5%；进口额为 23076 万美元，比 2015 年的 28944 万美元下降了 20.3%（如图 9—2 所示）。②

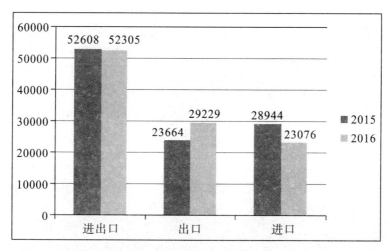

图 9—2 成都市文化产品进出口情况图（单位：万美元）

2. 文化产品进出口结构变化较大

文化产品核心层（出版物）的进出口额为 1324 万美元，较 2015 年的 1170 万美元增长了 13.2%，出口额和进口额分别为 938 万美元和 386 万美元。其中，图书的出口额为 555 万美元，较 2015 年的 522 万美元增长了 6.3%。

---

① 甘霖．探索文化贸易新模式［EB/OL］．深圳特区报，2013－05－18. http://sztqb. tetimes. com/html/2013－05/18/content＿2353806. htm? div＝－1.
② 数据来源：成都海关提供的 2015—2016 年统计数据。

文化产品相关层中的文化用品的出口规模快速扩大，进出口额从 2015 年的 3539 万美元上涨为 12624 万美元，增长了 256.7%；出口额从 2015 年的 3453 万美元上涨到了 2016 年的 12559 万美元，增长了 263.7%，持续保持顺差发展态势（见表 9-1）。其中，玩具、蚕丝及机织物等具有成都地方特色的传统文化产品出口步伐不断加快。

表 9-1 2015—2016 年成都市文化产品进出口情况表（单位：万美元）

文化产品名称	进出口			出口			进口		
	2016 年	2015 年	同比	2016 年	2015 年	同比	2016 年	2015 年	同比
出版物	1324	1170	13.2%	938	946	−0.8%	386	224	72.3%
工艺美术品及收藏品	14343	18184	−21.1%	14081	17745	−20.6%	262	439	−40.3%
文化用品	12624	3539	256.7%	12559	3453	263.7%	65	86	−24.4%
文化专用设备	24013	29713	−19.2%	1650	1518	8.7%	22363	28195	−20.7%

数据来源：成都海关提供的 2015—2016 年统计数据。

3. 动漫游戏成为文化服务贸易主体

据不完全统计，2016 年成都市文化服务贸易出口规模约为 2.36 亿美元，[①]与文化产品的出口规模基本持平。需要说明的是，文化服务贸易没有纳入单独统计的范畴，其数据是从各企业中搜集而来。其中，动漫游戏的出口成为文化服务出口的主角。据不完全统计，2016 年成都市数字动漫游戏的出口金额约为 1.76 亿美元，占整个文化服务出口贸易的 74.6%。近两年，成都数字动漫游戏的出口规模较稳定，2015 年约为 1.78 亿美元。[②]

4. 文化贸易企业数量日益增长

据统计，成都对外文化贸易企业数量不断增长，从 2012 年的 1000 个增长到 2016 年的 6336 个，年均增长 106.7%；而成都市对外贸易企业个数从 2012 年的 12924 个增长到 2016 年的 39492 个，年均增长为 41.1%（如图 9-3 所示）。对外文化贸易企业在对外贸易企业中的比重日益增长，2012 年对外文化贸易企业占整个对外贸易企业的 7.7%，2016 年则达到 16.0%（如图 9-4 所

---

① 数据来源：成都市商务委提供的 2016 年数据。
② 数据来源：成都市经信委提供的 2015—2016 年数据。

示）。① 可见，近年来成都市文化对外贸易的市场主体增长非常迅速。而且，成都文化对外贸易企业也不断成长壮大，有 7 家企业被商务部、文化部、财政部等五部委联合认定为 2015—2016 年国家文化出口重点企业（见表 9－2）。

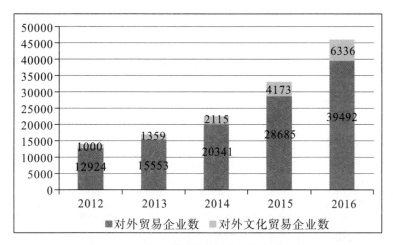

图 9－3　成都市文化对外贸易主体个数情况图（单位：个）

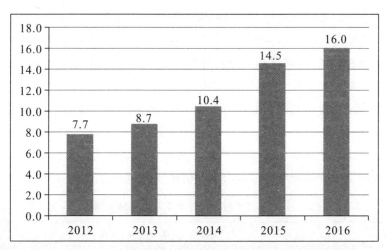

图 9－4　2012—2016 年对外文化贸易企业占对外贸易企业比例图（单位：%）

表 9－2　2015—2016 年度成都市国家文化出口重点企业的名单

序号	名称
1	新华文轩出版传媒股份有限公司
2	四川少年儿童出版社有限公司

---

① 数据来源：成都市工商局提供的 2012—2016 年数据。

序号	名称
3	成都精英设计制作有限公司
4	成都索贝数码科技股份有限公司
5	成都力方数字科技有限公司
6	成都博瑞梦工厂网络信息有限公司
7	维塔士电脑软件（成都）有限公司

5. 初步搭建起对外文化贸易平台

近年来，成都市通过"实体园区、网络平台、线上线下"立体结合，大力发展国际文化会展、保税文化交易、文化进出口仓储物流、国际文化市场信息服务等新兴业态，促进文化产品和服务的对外贸易。成都创意设计周、成都国际非遗节等展会在全球的知名度越来越高，影响力也越来越大，为成都文化产品和服务"走出去"提供了重要的平台。

同时，成都市也注重利用已经在国外建立的文化贸易渠道和能提供文化贸易服务的企业，发挥其先导、示范和服务作用，为成都文化企业提供文化产品和服务"走出去"的平台。因此，成都市在2016年认定了一批对外文化贸易基地（见表9-3）。这些基地通过自身的业务，统筹国际国内两个市场、两种资源，搭建起了具有较大辐射力的文化贸易平台。例如，四川艺思特彩灯文化传播有限公司就通过对彩灯这一核心业务，建立较为完整的灯会展出全产业链，创建具有核心竞争力的文化产品，推向美国菲尼克斯、洛杉矶等地。这不仅推动了自身文化产品和服务的出口，而且还带动相关产业的企业一起走出去，为成都文化产品和服务"走出去"搭建了新的平台。

表9-3　2016年度成都市对外文化贸易基地授牌单位名单

序号	名称
1	成都市锦思文化传播公司
2	成都演艺集团
3	成都天艺浓园艺术博览园
4	成都艺术剧院有限责任公司
5	成都桂森文化传媒有限公司
6	四川艺思特彩灯文化传播有限公司
7	成都豌豆肆文化传媒有限公司

（二）成都对外文化贸易存在的问题及原因

1. 对外文化贸易总量偏小

2016 年，成都市实现进出口总额为 410.1 亿美元，而文化产品的进出口总额占比仅为 1.27%。2015 年，成都市文化产品进出口总额占全市进出口总额也仅仅为 1.33%，文化产品出口额占全市出口总额的 1.33%，文化服务出口额占全市出口总额的 1.07%，总体上，文化产品和服务出口占全市出口总额的 2.37%。根据联合国贸易与发展会议（UNCTAD）、联合国发展计划署（UNDP）联合发布的《创意经济报告（2013）》对全球文化产品和服务贸易的统计分析来看，全球的文化产品与服务贸易日益活跃，2011 年全球创意产品和服务的贸易总额已达到 6240 亿美元，较 2010 年的 5595 亿美元增长了 11.5%。[①] 2016 年，我国文化产品进出口总额为 885.2 亿美元，占货物贸易进出口总额 36680 亿美元的 2.41%。可见，无论从全球文化产品与服务出口占比来看，还是从我国文化产品出口占比来看，成都文化产品和服务总量偏小，在总体进出口中的占比太小。

2. 创意类产品和服务短缺

从成都市文化产品和服务出口的情况来看，主要还是一些具有传统文化、单一的劳动密集型项目，如玩具、蚕丝、机织物、演出业等，涉及图书出版等知识密集型的核心层产品所占比重较小，2016 年，出版物的进出口额只占文化产品进出口总额的 2.5%。一些知识、科技含量较高的文化产品和服务的出口，如高科技电影、网络视听等，与杭州、上海、北京等发达地区相比仍存在较大差距。虽然成都的动漫游戏出口已经成为成都文化服务出口的主体，但在设计、体验、内容等方面的创新，以及在表现力上仍然无法与韩国、日本、美国等发达国家的动漫游戏媲美。在产品和服务上缺乏自主创新能力，最终导致缺乏能在全球推广的原创精品大作，阻碍了成都文化产品和服务在海外市场的发展。

3. 文化企业"走出去"竞争力不足

虽然成都市对外文化贸易的市场主体在数量上有了飞速增长，但具有较强实力的企业数量还较少。从成都入选 2015—2016 年度国家文化出口重点企业的名单来看，总体数量较少，仅为 7 家，其中还有两家是省属企业。而宁波市

---

① 魏鹏举，戴俊聘，魏西笑等. 中国文化贸易的结构、问题与建议 [J]. 山东社会科学，2017 (10).

入选 2015—2016 年度国家文化出口重点企业目录的企业共有 9 家，占浙江省国家重点文化出口企业总数的 1/3，培育出了浙江大丰实业、广博集团、海伦钢琴、音王集团等一批重点骨干文化出口企业，这些企业的出口额在全市核心文化产品及服务出口总额中所占比例约为 65%。在这些骨干企业的引领带动下，宁波市对外文化贸易发展迅速，2015 年出口文化产品总额就已经达到 18.83 亿美元。①

4. 观念意识比较淡薄

国家从 2014 年开始，先后出台了《关于加快发展对外文化贸易的意见》（国发〔2014〕13 号）、《关于进一步加强和改进中华文化走出去工作的指导意见》来推进我国的对外文化贸易。虽然近年来成都市非常重视文化产业的发展，也注重对外贸易的扩大，出台了《成都市文化创意和设计服务与相关产业融合发展行动计划（2014—2020)》等促进文化产业发展的政策，也出台了《促进成都航空货运发展的扶持政策》《大力实施"蓉欧＋"战略促进成都国际铁路港贸易服务型企业发展若干政策》等促进对外贸易的政策，但却未出台专门针对促进对外文化贸易发展的相关政策。这主要是由于对推进文化贸易发展的观念意识比较淡薄，在提及文化"走出去"的时候更多想到的是文化的对外交流，而非对外文化贸易。这也导致政府部门及相关工作人员对成都对外文化贸易的发展情况比较陌生，没有进行专门的统计和深入地调研，不清楚如何推进对外文化贸易。

5. 文化贸易渠道较单一

成都的对外文化贸易总量偏小，文化贸易渠道较单一，主要是利用文化交流的手段和参加举办"成都国际非物质文化遗产节""成都创意设计周"等国际文化节庆活动来进入国际文化市场。2016 年，成都市与文化部在摩洛哥共建"海外中国文化中心"，积极参与"欢乐春节"系列活动、打造"文化中国·四海同春"品牌，探索创新对外文化交流方式，出国（境）对外文化交流出访 30 批 400 人次，遍及 20 余个国家和地区；成功举办"成都·翁布里亚爵士音乐周"等文化交流活动 10 场。2016 年成都创意设计周签约国内外项目金额约 21.21 亿元，第六届成都国际非遗节中非遗产品销售和意向订单总额约 8100 多万元。这些签约项目和订单中虽然有国外的合作项目，但主要还是国内的合作项目。

---

① 宁波市文化"走出去"呈多元模式［EB/OL］．宁波日报，2016－10－27. http：//cs. zjol. com. cn/system/2016/10/27/021345339. shtml.

6. 文化贸易高端平台短缺

目前，虽然成都已初步搭建起文化贸易平台，如"成都创意设计周""成都国际非物质文化遗产节"等，但利用这些平台进行对外文化贸易的份额还较小。同时，成都缺乏更高层次和更大影响力的对外文化贸易平台。例如，成都市在 2014 年 10 月建立了成都艺术品保税仓库，这是中国中西部第一个专门的国际性艺术品保税交流平台。但目前艺术品保税仓的功能还比较单一，业务范围受限较大，没有交易环节，只是对国内外的艺术品进行展示，免税储存。

四、成都扩大对外文化贸易的策略与路径

（一）成都扩大对外文化贸易的策略

1. 品牌塑造策略

品牌对一个国家或城市文化的发展来讲极其重要，没有品牌就没有影响力，更谈不上对外文化贸易的稳定与可持续发展。因此，成都扩大对外文化贸易，首先就要塑造成都的文化品牌。依托古蜀文化、三国文化、大熊猫文化、南丝路文化等天府文化核心资源，注重成都文化品牌特色的凝练，加强成都文化产品和服务的创新，在塑造成都文化品牌的同时，进一步提升品牌效应，从而扩大成都的对外文化贸易。

2. 资源整合策略

成都要扩大对外文化贸易，进一步促进建设成为西部文创中心，这就需要整合政府、市场、社会各方资源，突破部门间、市场间以及区域间的壁垒，推动文化贸易的相关要素自由流动、合理配置，增强各要素的效能发挥。特别是要充分利用国际国内两个市场资源，改善成都在对外文化贸易中的弱势地位，这必然需要成都联合周边地区的文化贸易资源，进一步充实自身发展力量，以更大的能级参与到国际文化贸易中去。

3. 渠道拓展策略

要进一步扩大成都的对外文化贸易，需要创新思路方法，拓宽途径渠道，形成全方位、多层次、宽领域的文化"走出去"格局。在政府推进对外文化交流的同时，利用中国（四川）自由贸易试验区落户成都的优势，深入挖掘和展示成都天府文化的独特魅力，以国外消费者的文化需求和消费习惯为导向，积极探索市场化、商业化、产业化的运作方式，运用符合国际惯例和市场运作规律的营销手段，鼓励社会资本对外投资文化产业，拓展对外文化贸易的渠道。

4. 主体培育策略

对外文化贸易的扩大要依靠市场主体，因此，需要充分发挥国有文化企业骨干作用，鼓励民营文化企业、社会组织和个人积极参与，加快培育一批有实力、有竞争力的外向型文化企业，形成各种所有制文化企业参与的文化出口新格局，推进对外文化贸易的发展。同时，鼓励各类主体开展合作，发挥各自优势，以抱团的形式"走出去"，共同开拓国际市场。

（二）成都扩大对外文化贸易的路径

1. 加强统计和政策制定，提升对外文化贸易地位

（1）加强成都对外文化贸易统计。准确可比的数据可以更好地衡量成都对外文化贸易政策的影响和相关性。但是长期以来，我国对外文化贸易的统计数据一直存在较多缺陷。为落实国务院《关于加快发展对外文化贸易的意见》中关于加强对外文化贸易统计工作的要求，2015 年出台了《对外文化贸易统计体系（2015）》，该文件对我国对外文化产品和服务的各项指标做了详细的规定。但是，成都市还未依据该统计体系对成都市对外文化产品和服务的贸易进行统计，因此，成都市应根据《对外文化贸易统计体系（2015）》，形成全面准确的对外文化贸易统计体系，从而对成都市对外文化贸易的现状进行较全面清晰的认识，厘清成都对外文化贸易中的优劣势，为成都扩大对外文化贸易的发展奠定基础。

（2）完善对外文化贸易政策。文化产业的良好发展需要文化政策的积极引导，那么，扩大对外文化贸易也需要良好的对外文化贸易政策，增强成都文化产业的出口创汇能力。首先，要落实国家、四川省针对扩大对外文化贸易出台的相关政策。根据国务院《关于加快发展对外文化贸易的意见》，四川省也出台了《关于加快发展对外文化贸易的实施意见》，其中提出：力争到 2020 年，使四川对外文化贸易在对外贸易总额中的比重进一步提高，国际市场份额进一步扩大，努力建成西部内陆开放型文化产业发展高地。[①] 那么，成都市应积极贯彻落实国家、四川省在加快对外文化贸易发展的文件精神，尽快出台针对成都实际情况的实施意见。其次，梳理国家、四川省、成都市其他文件中促进对外文化贸易的相关政策。长期以来，国家、四川省以及成都市在促进文化产业发展，推进服务贸易发展等方面都出台了一系列的相关政策，那么，这就需要成都市将这些政策中能为对外文化贸易所用的相关政策进行梳理，将相关政策

---

① 参见《四川省人民政府关于加快发展对外文化贸易的实施意见》（川府发〔2014〕37 号）。

用尽用活，为成都扩大对外文化贸易发展提供良好的发展环境。

2. 强化文化产品创新，突出成都文化品牌

（1）深化对文化品牌建设的认识。当前对外文化贸易的竞争不仅是文化产品和服务在数量上的竞争，而且还是文化产品和服务在质量上的竞争，这就关系到文化品牌的建设。传统经济学原理认为，知名品牌不仅能够降低消费者搜寻自己需求产品的成本，而且还能减少企业的交易成本，极大地提高企业的经济效益。可见，文化品牌的构建对扩大对外文化贸易具有极其重要的意义。

（2）加强自主创新能力。文化品牌的建设离不开文化产品和服务的自主创新能力。一是推进原创产品的生产。英国《哈利·波特》以其 150 亿美元的品牌价值带动了将近 2000 亿美元的衍生产业利润，但其最终是依靠《哈利·波特》这一原创作品。因此，针对文学艺术、动漫游戏等产品和服务，首先要加强内容原创生产，使内容符合国外市场的需求。二是增强科技创新能力。要建立以企业为主体，以市场为导向的文化产业科技创新体系，加大高新技术在文化产业中的应用，特别是加强对传统文化产业的技术改造，从而进一步提升成都文化产品和服务的国际竞争力。

（3）合力构建成都文化品牌。通过推进实施"成都创意设计周、三国文化创意、大熊猫品牌营销"等重点文化项目，突出成都特色，打造知名品牌，开发具有国际竞争力的名牌文化产品。成都对外文化产品和服务在国际上有品牌效应的相对较少，如果以单打独斗的方式参与国际文化贸易竞争，其实力有限。那么，可以以天府文化这种组团的方式进入国际文化贸易市场，将"天府文化"树立为品牌，扩大成都文化产品和服务在全球的知名度和影响力。

（4）提升文化品牌效应。美国迪斯尼品牌之所以可以享誉全球，其主要原因在于迪斯尼公司创建出了"创、研、产、销"全方位的文化产业链。这也说明提升文化品牌的构建不仅仅是原创、研发等单一环节能够实现的。这需要文化企业拥有较强的品牌意识、自主创新的能力，以及后期的运营管理来共同推进文化品牌效应的提升，从而形成文化品牌和扩大其影响力。那么，要着力了解国际市场对文化产品和服务的各种需求，针对这些不同的需求提供相应的供给，加大宣传力度，拓宽投资渠道，提供个性化产品和服务等，促进文化品牌的建设和效应的提升。

3. 搭建对外文化贸易平台，增进国际交流合作

（1）打造综合性、专业化的文化贸易平台。借助自贸区建设的相关平台，打造文化贸易的信息咨询平台，整合文化贸易有关信息与资源，突破地域限制，为文化企业提供文化贸易相关咨询服务，特别是及时提供海外知识产权保

护、法律体系等方面的咨询；建设文化贸易的展示平台，组织本地文化企业参与国际国内的贸易活动，如国际服务贸易交易会等，加强国际文化贸易的展示与推介；搭建文化贸易的交易平台，为文化企业开展跨境电子商务提供各项服务，拓宽文化产品和服务的国外需求市场。

（2）积极争创国家对外文化贸易基地。利用自贸区的政策，加快文化保税区建设，为文化企业提供国际展销、国际采购、国际结算、保税服务、进出口代理、文化贸易咨询等全方位的服务，建立国际化、市场化、专业化的对外文化贸易服务体系，争取国家对外文化贸易基地落户成都。

（3）加强区域间对外文化贸易合作。成都发展文化产业，推动西部文创中心建设，不仅要形成辐射力，还要带动周边地区文化产业和对外文化贸易的发展。因此，成都应加强与周边地区的合作，借助自贸区及对外文化贸易平台，在成都经济区、成渝城市群的范围内将文化资源转化为文化生产的资本，使成都成为成都经济区、成渝城市群等更广泛地区的文化项目和产品进入国际市场的桥头堡。

（4）深化对外文化交流合作。文化贸易存在"文化折扣"问题，这就亟须文化交流发挥重要作用，使国外消费者对中国文化、成都文化的接受度不断提高。发挥"一带一路"桥头堡作用，与"一带一路"沿线国家共建"文化中心"，搭建对外交流前沿阵地、展示窗口和合作平台。利用联合国教科文组织、驻蓉机构、国际友城和重大国家对外文化品牌活动等资源，积极开展对外文化交流。支持各类文化机构、文创企业、社会组织参与对外文化交流合作机构建设，开展学术交流和文化外宣活动，形成多层次对外文化交流格局。拓展与国际创意城市、国家和地区间在产业对接等方面的合作交流，吸引国外知名企业和机构来蓉研发文化创意产业。

4. 加强目标市场研究，拓展市场空间

（1）加强目标市场的分析。要扩大成都对外文化贸易，促进成都文化产品和服务走向世界，就必须加强对外部市场的了解，充分了解国外市场对成都文化产品和服务的需求，避免出口产品和服务出现过剩或错位现象。

（2）采用差异化营销战略。在对目标市场进行分析的基础上，进一步细分目标市场，针对不同的消费群体进行定位，挖掘国外消费者尚未满足的个性化文化需求，最终根据不同的需求在产品、概念、价值、形象、推广手段、促销方法等多方面进行系统性的营销创新，使成都的文化产品和服务能获得国外市场的青睐。

（3）大力发展对外文化中介机构。加快文化贸易中介机构的引进和培育，鼓励涉及文化贸易相关业务的金融、保险、咨询、律师、评估等机构参与其中。加强文化产品和服务生产企业与对外营销机构、中介服务机构的对接，形成产销联盟。

（4）实施成都优秀文化产品和服务对外推广工程。推动川剧、川菜、川酒、川茶以及具有成都地域特色的当代艺术品、工艺美术品等文化产品走出国门，参与国际市场竞争。同时，还要推动成都文化服务"走出去"，走向国外文化要素市场和文化服务市场，如茶文化艺术与制作技艺、《大话西游》手游等。

（5）创新文化产业"走出去"的形式。鼓励文化企业通过新设、兼并、收购、合作等方式，在境外与当地的文化企业、演出剧场以及文化项目主体等进行各种形式的联合发展，以"本地化"方式输出文化产品和服务。支持文化企业投资兴办海外文化出口贸易基地，建立境外文化产品和服务营销网点，推广和创设具有中国元素和成都风格的自主文化品牌，逐步形成多渠道、多层次的国际市场营销网络。

5. 壮大文化市场主体，推动文化企业"走出去"

（1）做大做强文化企业。一是围绕提升国有文化企业的影响力、控制力和竞争力，以成都传媒集团、文旅集团、演艺集团等国有文化企业为龙头，实施集团化战略，推进内部制度改革，完善现代化运营体制，促进成都国有文化骨干企业快速成长。二是培育壮大中小文化企业。通过设立中小企业国际市场开拓资金，在境外投资信贷方面与相关金融机构合作推出促进中小文化企业"走出去"的金融支持政策，推进中小文化企业走出国门，扩大对外文化产品和服务的出口。

（2）大力支持重点出口企业和出口项目。鼓励成都文化出口企业参与国家文化出口重点企业和重大项目的遴选，对遴选上的优秀企业和重大项目予以资助。同时，加强成都市对外文化贸易基地评选的宣传，让更多的文化出口企业参与到基地评选中，从而更好地选择有发展基础和潜力的文化出口企业成为成都市对外文化贸易基地，给予政策、资金等方面的支持。

6. 培育文化贸易人才，强化文化"走出去"的人才保障

（1）开展对外文化贸易人才供需调查。培育和引进对外文化贸易人才，是建立在对现有文化贸易人才供给与需求进行摸底调查基础上的。只有开展了相关调查，明确成都在对外文化贸易人才中总体缺少多少，缺少哪一类人才，才能加强这方面的培养和引进。

（2）加大对文化贸易人员的培训。在鼓励培训机构开设文化贸易相关培训

课程的同时，鼓励文化企业中的文化贸易工作人员到培训机构进行定期培训，并对企业新进人员提供岗前培训。这样既可以保障从事文化贸易工作人员对文化贸易相关知识的实时性和思维的创新性，也能加快新进人员对文化贸易工作的适应。

（3）鼓励学校加强国际文化贸易专业的学科建设。国际文化贸易涉及的领域很宽泛，在学习内容上要注重文化和贸易的融合。同时，学院要充分利用校内、企业等各种资源，形成学校和企业联动性强的办学模式，使学生的实践能力和创新思维能力都能适应国际文化贸易的发展。

（4）引进优秀的海外文化经营人才。优秀的海外文化经营人才不仅熟悉国际文化贸易市场的运作模式，而且还能按照国外市场的需求和偏好将成都的文化产品和服务推广出去。因此，成都在加强培训国际文化贸易人才的同时，应该完善相关奖励制度，建立人才激励机制，注重海外文化经营人才的引进。

（5）促进文化贸易人才的国内外交流。通过组织国外培训、补贴等方式，组织文化贸易人员到国外进行交流和进修，尽快提升文化贸易人员的能力。同时，还可以邀请国内外优秀的文化贸易人才到成都进行交流。

第十章　成都强化文创人才队伍的策略与路径

　　人力资源是文化创意产业的核心要素。本章厘清了文创人才的概念、特征和发展趋势，介绍了国内外城市文化产业人才队伍建设的经验，并立足成都文创人才队伍建设的现状形势，对文创人才队伍建设的措施成效、存在问题进行全面梳理，提出了成都强化文创人才队伍的绩效激励策略、高端引领策略、内陆突破策略、全域开放策略和项目导向策略，并针对存在问题提出了相应的建设路径。

一、文创人才的概念、特征和发展趋势

（一）文创人才的概念

　　《国家中长期人才发展规划纲要（2010—2020 年）》明确规定，人才是"具有一定的专业知识或专门技能，进行创造性劳动并对社会做出贡献的人，是人力资源中能力和素质较高的劳动者"。目前，国际人才界定的通行做法是按学历、职位、薪酬、业绩等多元标准考察人才的知识、能力等综合素质。

　　"文创人才"是直接或间接从事文创产品及服务的"创意人才"，是"创意人才"的一个分支。知识产权、人的创造力、创意才能等都是甄别创意人才的标准。不是所有在创意产业工作的人员都是创意人才，只有从事"创造新观念、新技术和新的创造性内容"工作的人员才是创意人才。[1] 相较于"创意人才"，"文创人才"的概念还突出"产业"，包括了对文创产业提供技术支持和营销推广等工作的人才。

　　因此，本章所指的文创人才是指运用特定技能在生产、流通、经营文创产品及服务等工作中具有高技术水平的人才集合体。[2] 它包括文创产品和服务的

---

[1] 尹明明. 文化创意人才队伍建设研究 [J]. 临沂大学学报，2014（1）.
[2] 谭菲. 广东省文化创意产业人才现状与策略 [J]. 科技管理研究，2014 年（21）.

原创者、创意应用人才、创意流通人才、创意管理人才、其他复合型人才。按照我国的行业分类，文创人才不仅分布于文化艺术、传媒产业等传统的文化部门，而且分布于工业设计、建筑设计以及信息产业等多个产业部门。

（二）文创人才的特征

与传统意义上的人才相比，文创人才具有其独特性。

1. 思维活跃，富于想象，创新型特征明显

创意工作的思维过程基本无例可循，主要依靠灵感、知识禀赋和技术经验从事开拓性创新。想象能力是达到创新的另一种途径。这种创想过程往往是一种灵感闪现的过程，一种"无中生有"的创造过程。[①]

2. 具备综合人文素养，复合型特征明显

文创人才必须拥有合理的知识结构，扎实的专业基础和理论水平，在此基础上，知识创新能力、国际视野、审美能力、市场意识、经营理念等都不可或缺。此外，文创人才追求个性，乐于挑战，敢于冒险，重视自身价值，追求卓越。

3. 拥有国际文化视野，引领型特征明显

它不仅体现在文创人才外语能力、知识结构和人员交往的国际化，还体现在发展视野、合作平台和展示空间的国际化。[②] 只有具有国际化文化视野，文创人才才能更好地实现文化"走出去""引进来"，从而与国际接轨和对话，掌握并引领文创产业潮流。

4. 具备团队合作精神，精英型特征明显

在创意从初始到应用的过程中，无论何种类型的文创人才，无论其身处任一环节，总是离不开团队协作。拥有专业的团队背景，且合作团队精英化是文创人才进入事业发展成熟期的重要标志之一。[③]

（三）我国文创人才队伍建设的发展趋势

从 2004 年国家提出"人才兴文"战略至今，通过梳理这十余年来我国加强文化产业人才培养和学科建设的相关政策（见表 10-1），其演进过程可以大致归纳出我国文创人才队伍建设的国家要求，结合文创产业结构和文创人才的行业分布，我国文创人才队伍建设呈现以下发展趋势。

---

① 毕日生. 文化创意人才：未来世界经济的最主要推动力 [J]. 文化艺术研究，2014（4）.
② 陈恭. 国际文化大都市建设语境下上海文博人才发展战略思考 [J]. 科学发展，2013（4）.
③ 陈恭. 国际文化大都市建设语境下上海文博人才发展战略思考 [J]. 科学发展，2013（4）.

表 10-1　加强文化产业人才队伍和学科建设的政策一览表

时间	发文部门	文件名	核心内容
2004 年 4 月	文化部	《关于实施"人才兴文"战略，进一步加强文化人才队伍建设的意见》	无论是发展文化事业和文化产业，还是深化文化体制改革，都必须以人才为基础，让人才来推动和支持工作。必须要把文化人才队伍建设纳入文化发展的总体布局，大力开发文化人才资源，实施"人才兴文"战略
2006 年 9 月	中共中央国务院	《国家"十一五"时期文化发展规划纲要》	抓好高层次人才培养，继续实施"四个一批"人才培养计划，着力加强领军人物和各类高层次专门人才的培养，加强高等学校人才培养和学科建设
2008 年 1 月	文化部	《关于支持和促进文化产业发展的若干意见》	抓好文化产业人才培养工作，完善人才激励机制，拓宽人才选拔途径，创造优秀人才脱颖而出的环境。大力培养和引进经营管理人才、文化经纪人才和科技创新人才等文化产业急需的各类人才，吸引和聘用海外高级人才，实施引得进、留得住、用得活的人才战略
2009 年 7 月	国务院	《文化产业振兴规划》	继续办好经营管理人才培训班，培养一批熟悉市场经济规律，懂经营、善管理的人才。吸引财经、金融、科技等领域的优秀人才进入文化产业领域。注重海外文化创意、研发、管理等高端人才的引进，为我国文化产业发展提供强有力的人才保障
2010 年 8 月	文化部	《全国文化系统人才发展规划（2010—2020 年)》	文化系统第一部人才发展规划。提出文化人才发展的指导思想、基本原则、预定目标和落实措施
2014 年 3 月	国务院	《国务院关于推进文化创意和设计服务与相关产业融合发展的若干意见》	推动实施文化创意和设计服务人才扶持计划，打破体制壁垒，扫除身份障碍，营造有利于创新型人才健康成长、脱颖而出的制度环境。优化专业设置，鼓励普通本科高校和科研院所加强专业（学科）建设和理论研究。鼓励将非物质文化遗产传承人才培养纳入职业教育体系，发挥职业教育在文化传承创新中的重要作用，重点建设一批民族文化传承创新专业点

时间	发文部门	文件名	核心内容
2016年3月	国务院	《国务院关于进一步加强文物工作的指导意见》	实施人才培养"金鼎工程"，加快文博领军人才、科技人才、技能人才、复合型管理人才培养，形成结构优化、布局合理、基本适应文物事业发展需要的人才队伍
2016年5月	文化部等	《关于推动文化文物单位文化创意产品开发的若干意见》	以高端创意研发、经营管理、营销推广人才为重点，同旅游、教育结合起来，加强对文化创意产品开发经营人才的培养和扶持。积极参与各级各类学校相关专业人才培养，探索现代学徒制、产学研结合等人才培养模式，并为学生实习提供岗位，提高人才培养的针对性和适用性

1. 文创人才的市场化程度逐渐加深

2004年，国家文化部首次从意识形态视角提出人才和高素质文化人才的内涵，肯定人才对文化事业和文化产业都有基础和保障作用。自2006年起，为适应文化产业、文化市场各自的产业、行业、企业的特点和运行规律，国家逐步明确人才工作的当务之急是要培养和引进一批懂市场、懂经营的应用型人才，全面提高我国文化产业的市场运营水平。

2. 文创人才的知识结构趋于合理

文化产业强调产业融合、产业跨界，而很多传统文化产业从业人员虽从业经历丰富，但知识结构单一，产业融合和跨界的能力不足，与新时期文创产业的地位、作用、方向、动力、思路、格局和目的不符。为此，国家鼓励和引导与现代文创产业相协调的新的文化发展观，优化专业设置，鼓励产学研结合，加强人才培养，使文创人才知识结构合理化。

3. 文创人才成长路径与空间逐步拓宽

从因循守旧、创新乏力的从业人员到思维活跃、创意无限的优秀文创人才。国家致力于打破阻碍人才成长的体制机制壁垒，扫除人才身份障碍，逐步优化文创人才成长环境，拓宽人才成长空间。通过高等学校人才培养、现代学徒制、产学研结合等多种模式，扩宽文创人才的成才路径与空间。

二、国内外城市文创人才队伍建设的经验借鉴

文创人才通常是具有人文素养和专业技能的中高收入阶层，其更加关注城市的生态环境和人文环境。因此，营造城市创意生态环境有利于吸引和留住文

创人才。

（一）营造城市创意生态环境

一是培育创意生态环境，汇聚文创人才。城市应努力创新公共服务，倡导包容差异和失败的文化氛围，完善博物馆、剧场、公园、公共交通、商店、咖啡馆等生活服务，提高城市的包容性、便利性和宜居性，营造适合创意人群工作生活的环境。二是提升城市魅力留驻人才。重塑城市精神，倡导创业精神和创新意识，丰富和完善城市文化内涵。延续城市历史文脉，创新公共文化服务供给模式，突出城市文化特色，满足文创人才多样化的文化需求。

案例 1　新加坡等城市营造创意生态环境

新加坡是世界著名花园城市，也是国际知名创意城市。它注重城市自然生态环境的保护，注重对水体海岸线的规划利用，注重绿地公园和开放空间的建设，注重绿色廊道与休闲需求的耦合连接，其良好的城市生态环境为创意产业赢得了国际声誉，被誉为新亚洲创意中心。它还一直着力于从创意基础、创意需求和创意生产三方面来营造创意氛围。[①]全球第五大信息科技中心——"印度硅谷"班加罗尔科研结构林立，名牌院校众多，技术教育发达，源源不断为 IT 行业输入具有创意才能的行业人才。

杭州推出了"居住杭州计划""青年艺术家发现计划"和"中国杰出女装设计师发现计划"等，显示了城市文化特性与优势文创产业结合的特点，突出了城市创意氛围。

（二）健全文化产业人才储备培养体系

欧美日等文化产业发达国家将文化产业人才的培养提前至儿童时代，并在中学、大学以及职业教育阶段持续熏陶和指引。享誉世界的"意大利制造"得益于其创新教育模式：把握文化产业的学科交叉复合性，弥合信息技术、传播、艺术、设计等相互分离的教育板块，推动教育培训模式改革创新；推动校企互动的教育模式、跨学科教育模式和孵化培养模式，加强实践性教学环节；构建主辅结构的创意学科体系，建立孵化器对文创人才进行专业性培养。美国多所大学开办了文化管理等相关专业，并指导其进行科技创新。[②]日本的文化产业由市场运作，有完整、高效的创意产业链和各岗位文创人才，政府建立文创人才国际交流网络，积极促进国内外文创人才的交流与合作。

[①]　沈超. 国外发展生态城市的经验及启示 [J]. 广东科技，2010 (11).
[②]　邱瑛. 国内外文化产业人才队伍建设对辽宁的启示 [J]. 合作经济与科技，2015 (3).

案例2　佛罗伦萨等城市的文化产业人才储备培养体系

意大利佛罗伦萨政府投资创立的柏丽慕达时装学院被公认为全球四大顶级时装设计名校之一。学院由包括 Versace（范思哲）、GUCCI（古奇）、Ferragamo（菲拉格慕）、Tod's（托德斯）等在内的 30 家国际顶级时尚和奢侈品品牌公司联合成立，提供国际时尚奢侈品行业认可的高质量时装设计、时尚营销传播等课程。[①]学院有意大利时装业乃至欧盟时装业最重要的图书馆；除了教授时装理论，还传授品牌公司成熟的企业经验。

1997 年我国台湾地区推行"育成中心计划规划"，鼓励地方政府和民营机构设立中小企业创新育成中心，目前已建成 100 多所。[②]进驻企业约 80％属高科技领域，几乎覆盖全产业链。中心产学合作，以学带产，以产助学，培育知学能产的市场型文创人才。

（三）完善文创人才管理服务方式

一是建机制，制定配套政策支持文创人才。解除文创人才引进的编制、学历、工资、职称等因素限制，突破城乡、区域、部门、行业、身份、所有制等制度性障碍，打通高端文创人才落户通道，畅通文创人才流动渠道，创新人才评价标准，改变文创人才评价"一刀切"的现象。

二是搭平台，拓宽交流渠道激活文创人才。加快文创人才选拔任用的市场化进程，激励文创人才的市场开拓行为并为其提供保障，利用社会中介组织等平台，组织文创人才参加各类沙龙等活动，搭建文创人才间的沟通交流平台。

案例3　杭州、深圳的文创人才管理服务平台建设

杭州为帮助大学生就业，助推文化创意企业发展，自 2013 年起，杭州市文化创意产业办公室与杭州市发展研究中心、杭州市人力资源和社会保障局，整合浙江传媒学院、中国美术学院等高校资源，连续举办了 4 届文化创意产业人才招聘会，共吸引了来自全国 17 个省份的 1780 余家企业参会，提供就业岗位 28700 多个，吸引高校毕业生 37000 余人参加，达成就业意向 9000 余人。为服务草根创意阶层和大学生创业发展，先后推出了"西湖创意市集""酷卖街·动漫市集""西泠艺苑假日市集——溜达街"，辐射带动人群超过 5 万人。同时，还通过实施"居住工程""名家驿站"等项目，邀请国内外著名作家、艺术家来杭州进行短期旅居或开办工作室，进一步丰富杭州的文化生态。

深圳利用"深港通"优势加快本地文创人才的国际化，利用毗邻香港的地缘关系，开展深港文创人才互通工程，依托深港青年梦工场、博士后交流驿站等平台，开展深港两地文创人才和项目常态化合作，建立深港联合引才育才机制，每年举办深港行业协会文创人才合作活动。[③]

---

①　北京航天留学．意大利柏丽慕达时装学院就业优势分析［DB/OL］．http：//blog.sina.com.cn/s/blog_633701540101ff0l.html，2013-01-10.

②　杨菲，赖红波．台湾创意人才培养方式对上海创意人才教育和培养的启示［J］．设计，2015（4）．

③　关于促进人才优先发展的若干措施［N］．深圳特区报，2016-06-15（A06）．

三、成都文创人才队伍的现状及问题

（一）文创人才队伍的现状

1. 总量规模逐步扩大

根据成都市文广新局发布的统计数据，2004 年，全市从事文化产业活动的单位 5391 家，文化产业从业人员 15.21 万人，占全社会从业人员总数 2.6％；2006 年，全市从事文化产业活动的单位增至 6203 家，文化产业从业人员 16.93 万人，占全社会从业人员总数 2.65％；2013 年，全市文化产业从业人员超过 28 万人，占全社会从业人员总数 3.7％；2016 年，全市从事文化创意产业活动的法人单位共有 15444 个，其中，规模（限额）以上企业[①]法人单位 1552 个，文化产业从业人员 46.4 万人，占全社会从业人员总数 3.3％。其中，规模（限额）以上企业从业人员有 26.0 万人，占全部文化创意产业从业人员的 56.0％。

2016 年，省文化厅重点考察的成都市 13 个文化产业园区（基地）吸纳从业人员 4.5 万人，同比增长 166％。以动漫游戏产业人才为例，"成都高新区聚集人才 1.8 万多人，其中海外高层人才、博士、外国专家和其他高级人才 1500 多名。"[②] 四川大学、电子科技大学、四川师范大学、成都理工大学、成都大学等高校均设有与动漫游戏相关的专业，每年培养动漫游戏及相关专业人才近两万人。

2. 整体素质明显提升

从 2011 年启动"成都人才计划"至今，成都市共投入 2.6 亿多元，先后引进扶持 253 名高端人才、18 个顶尖团队来成都创新创业，[③] 持续实施"四个一批"人才培养工程和文化名家工程。建立高端紧缺文创人才引进平台，吸纳高层次文创人才，当代知名艺术家周春芽等被成功引入。目前，成都市拥有国家级工艺美术大师 10 余人。以成都蜀锦织绣博物馆为例，该馆拥有国家级蜀锦织造技艺代表性传承人 2 人、省级代表性传承人 4 人、市级代表性传承人 4 人、全国织锦工艺大师 3 人、四川省工艺美术大师 2 人、身怀绝技蜀锦老艺人 6 人。

---

① "规模（限额）以上企业"是指规模以上制造业企业、限额以上批发和零售企业、规模以上服务业企业和有资质建筑业企业。

② 肖明杰.成都市文化创意产业环境下动漫专业学生初次就业调查报告 [J].美术教育研究，2015（5）.

③ 徐雪，侯初初.人才创新筑梦成功之都 [N].成都日报，2015-08-31（01）.

近年来，通过举办人才发现计划和培训活动，成都共选拔近百名优秀本土人才出国培训，培养了上千名文创人才，实训大学生人数超过万人。目前，成都已跻身"全国动漫游戏第四城"。数字天空、尼毕鲁、迅游科技等众多本土动漫游戏企业和外来企业育碧软件、金山数字、金山互动、腾讯科技等集聚和培养了一批高端和中端动漫产业人才。

3. 优势行业和高端文创人才个体突出

据成都文化产业从业人员在营业收入亿元以上企业创利及行业分布情况（见表 10-2），核心层、外围层、相关层的从业人员分布比例为 42.6：46.7：10.8，核心层和外围层共同占据从业人员主体。从人才的行业分布看，成都文化产业从业人员主要流向了文化创意设计服务行业（25.6%）、信息传输服务（15.9%）和休闲娱乐与健康行业（15.6%）。这三大行业的产业增加值（亿元）也相应位列前三，优势行业突出。

表 10-2　文化产业从业人员在营业收入亿元以上企业创利及行业分布情况

层次	行业分类	单位个数	增加值（亿元）	文化产业从业人员（人）	文化产业从业人员的行业占比（%）
合　计		350	471.3	163070	100
核心层	新闻出版发行服务	7	22.9	9241	5.7
	广播影视服务	5	5.4	3269	2.0
	文化创意用品和艺术品	22	43.4	15093	9.3
	文化创意设计服务	78	198.2	41671	25.6
外围层	广告会展服务	5	2.6	495	0.3
	休闲娱乐与健康	67	60.3	25367	15.6
	文化创意咨询服务	3	1.6	842	0.5
	信息传输服务	23	54.7	25942	15.9
	茶叶、香料香精	8	5.0	1031	0.6
	文化创意辅助活动	65	45.1	22431	13.8
相关层	文化创意相关产业	67	31.9	17688	10.8

数据来源：成都市文广新局。

成都是继北上广之后的全国手游第四城。数据显示，2016 年，成都高新区网络游戏产业聚集企业 300 余家，从业人员约 1.3 万人，文创人才近 7000 人。51 家规模以上游戏企业实现营业收入 120.5 亿元，同比增长 43.5%。其中，营业收入过 10 亿元企业 2 家，过 5 亿元企业 3 家，过亿元企业 9 家，创业板上市企业 1 家。由成都网络工程师李旻担任制作人的《王者荣耀》成为一款全民现象级手游，荣登 2016 年中国泛娱乐指数盛典 "中国 IP 价值榜－游戏榜 top10"。

以《琅琊榜》的原著作者海宴为代表，成都涌现出数百名优秀原创网络作家，这些网络作家无论数量、知名度还是作品影响力，都在全国占据重要地位。"现今的网络文学第一网站——起点中文网，就长期活跃着林海听涛、七十二编、天子等成都网络作家，他们的作品长期位居排行榜前列。其中，林海听涛是公认的'足球小说第一人'。成都网络作家月斜影清，也是当年新浪第一位 VIP 稿费年收入过百万的女作家，由她原创同名小说改编的古装魔幻爱情剧《拐个皇帝回现代》在 2015 年年初成为网剧热播剧，开播两个月蝉联乐视网点击率第一，单月点击率更是高达两亿。

4. 文创人才的供给渠道更加多元

成都共有招收文化产业及相关专业的中等职业教育、高等教育学校近百所，其中全国 211 院校五所[1]，普通高等院校 50 余所，中等职业学校约 40 所。五所 211 院校都设有文创产业方向的硕士或博士。

专科教育以全国第一所独立设置的培养高端技能型专门人才的文化产业普通高校——四川文化产业职业学院为例，学校设有文化商学院、影视学院、文化传播学院、非物质文化遗产学院、数码学院、动漫学院、文博学院和文化旅游学院等 10 个教学单位，招生专业 41 个，每年招收新生 3200 人左右。学校建有特色鲜明的 8 个校内实践教学中心、89 个校内实训室以及 111 个校外实训基地。[2]

全市共有 10 余家技工院校、20 余家民办培训机构开展旅游服务管理、服装制作等文化产业相关培训，年均培训文化产业技能人才近万次。全市还有万余个文化企业、数十个园区基地、众创空间和孵化器开展产学研用人才培养。此外，还有国内外人才交流培养和文化产业研究和咨询机构、文化产业专家委员会、文化产业学会（协会）等的人才培养及智力支持。

（二）文创人才队伍建设存在的问题

1. 文创人才总量不足，比例小，对人才现状缺少科学统计

总量不足主要体现在两个层面：一是全市文创人才整体基数相对于文化产业的现状和未来发展趋势不足，二是文创人才相对于全市文化产业从业人员整

---

[1]　四川农业大学本部位于与成都毗邻的雅安市，都江堰校区和温江校区位于成都。温江校区是研究生院和科学研究院，2010 年 10 月正式启用。
[2]　参见四川文化产业职业学院 2017 年招生简章。

体基数不足。从国际上看，纽约创意产业的从业人员占该城市从业人口数的12%，伦敦是 14%，东京的比例更是高达 15%；① 北京、上海等城市文化产业从业人员数量大（分别占总人口的 9% 和 8.3%），而成都只有 3.3%（2016年）。文化产业的从业人员数量不足，那仅占从业人员很小比例的文创人才总量更是严重不足，人才比例落后于国际和国内先进城市发展水平。

人才政策滞后于产业发展，缺乏人才规划的先导效应。成都虽然颁行有《中共成都市委、成都市人民政府印发〈关于深入实施"创业天府"行动计划加快打造西部人才核心聚集区的若干政策〉的通知》（成委发〔2016〕1 号）和《成都市引进高层次创新创业人才实施办法》等，但对文创人才的认定、引进与支持缺乏创新和执行细则。2016 年，成都建立文化创意产业统计分类标准和统计制度，并于 2017 年一季度开展了 2016 年度的文化创意产业统计调查工作，初步摸清了全市文化创意产业从业人员情况，但对文创人才的认定、数量、分布，以及与产业发展水平的一致性等缺少科学统计。这既直接影响文化创意产业的监测和研究，也不利于政府决策和政策执行。

2. 文创人才供需不对称，供需对接有待加强

面对文创产业的迅猛发展，文创人才的旺盛需求，成都文创人才规划一直缺失，供需对接不力。首先，最新的成都人才发展规划对全市人才仅仅做到制定目标和预测规模，行业人才发展规划与城市总规无法充分衔接，无法对未来产业人才的结构、质量和分布进行规划引导。其次，成都未出台文创人才专项规划，实践中往往出现产业规划超前人才规划、人才供应跟不上产业发展步伐的现象。最后，成都文创产业中介组织和行业协会处于初级发展阶段，数量不够，层次不高，专业性不强，对文创人才的发展引导和人才队伍的科学配置作用不大。

以动漫人才为例，受高校扩招等因素影响，成都动漫产业从业人员并不缺乏，但他们中大量是高职生和本科生，受专业和水平局限，只能成批涌入平面设计、多媒体和界面设计等近似的职业区间，展开激烈的行业和生存竞争。而在成都有旺盛市场需求和广阔市场前景的动漫产业链前端的策划、剧本，以及后端和市场结合营销的品牌推广人才长期严重不足——动漫人才市场需求和人才供应在数量和质量上产生偏差。

人才预警机制缺失。政府行业管理部门对文创人才队伍的供需脱节缺乏预

---

① 石慧. 高职院校艺术设计类专业人才培养模式的创新实践与反思 [D]. 上海：华东师范大学，2017.

判和前瞻性引导。对我市当前和今后一个时期到底需要多少文创人才，需要哪些类型的文创人才以及文创人才的结构等问题缺乏市场研判，由于统计数据缺失和口径不一致，也无法进行全面准确的预测，致使文创人才队伍建设缺乏前瞻性、科学性、步骤性，市场需求同人才供给容易出现"断档""掉链"。以近年来一直位居成都各大职位需求网站前列的建筑设计人才为例，由于建筑设计师的培养和成才需要比较长的过程，市场上高层次，有10年以上从业经验的建筑设计人才更是炙手可热。调查显示，这批行业中坚人才大多常年忙于项目，长期处于疲惫状态，几乎无暇顾及专业研究突破或行业探索创新，职业群体的整体水平提升乏力，若不及时关注和干预，极易酿成人才危机。

3. 文创人才队伍的结构不合理，不足以支撑产业发展

这主要体现在四个层面。一是高级、中级和基层从业人员的比例需要优化。高级、中级和基层从业人员的理想比例应近似1∶1∶1，但成都目前文创人才的比例呈金字塔结构——高端创意人才稀缺且后续乏力，中端文创人才储备不足，低端文创人才竞争激烈，成长缓滞。没有一定数量的高中端人才，成都文创中心的建设难以实现。二是年龄结构不合理，根据抽样调查结果，在博物馆等传统文化事业（产业）单位，从业人员75％以上超过40岁，队伍老龄化趋势明显，亟待年轻生力军的加入和成长；而市场化的文创产业从业人员以45岁以下人员为基本主体，相当部分存在同质同类的低端人才竞争，生存状态不佳。三是从专长看，融会贯通的复合型人才非常缺乏，专业技能人才和经营管理人才比较缺乏。四是从行业看，非遗传承、创意咨询和文化经纪等行业的人才短缺。

成都文创人才队伍的结构不合理，一方面导致人才对文化产业发展支撑不足，另一方面说明文化产业体系尚不成熟，发展不均衡，在全国缺乏竞争合力，对人才，尤其是专业高精人才和行业领军人才的吸引力不够。

4. 文创人才培养、引进与支持的力度不够，人才长远发展存在潜在危机

过去几年，成都市文创人才培养基本建立起了"产学研结合"的培养模式。但从实际运行和调查结果来看，效果并不理想。首先，虽然成都有数十家高校开设有文创专业，每年毕业数万学生，但应试教育模式对创造能力的戕害，文创产业学科影响力的薄弱和传统教学评估及人事管理套路的掣肘，使文创教育改革举步维艰。文创产业的人才需求和成都的教育资源、教育规划之间未能形成有效的联动关系，成都的高等教育资源没有发挥其地缘优势和文创产业的战略优势。其次，虽然在"产学研"合作方面出台了具体举措，但仍存在合作单位间"捏合"而不是"融合"的现象——学生无法真正进入和感知市

场，行业人才难以找到能有效提升专业素养和实战技能的学习平台和渠道。最后，文创人才研究滞后于社会发展，研究力量不足。以成都的高等院校为例，除了四川大学文化产业研究中心，其他高校在文创产业的高等级研究方面都没有形成有全国影响力的研究力量和结构，导致成都文创人才研究的严重缺位，这也显示成都对文创产业的研究已落后于社会发展的需要。

人才引进与支持的力度不够。文创人才引进，尤其是高层次文创人才引进有难度，文创人才流失较严重，集聚效用不明显。缺乏全面系统的文创人才储备办法、实施方案和工作平台，对人才储备工作重视不够。文化企业培养储备人才缺乏积极性，除极少的大型文化企业能真正把人才储备做到位，绝大多数中小企业缺乏人才培养意识，缺乏规范的人才培养制度与模式，政府公益性文创人才培训开展不足。

对文创人才尚未建立文化行业职业资格制度。对于国有文化企业人才的绩效、股权方面的改革措施，政策突破性不强。加之国有文化企业体制改革不彻底，用人机制不灵活，导致部分高端、中端文化人才从国有文化企业外流。与此同时，我市仅有几家综合性人才市场，影响力弱，市场占有率低，国内外知名人力资源服务机构本地分支机构少，引进高层次文创人才缺乏平台支撑。此外，人才管理服务手段滞后，信息化程度不高，依托"大数据"开展文创人才预测、预警、培养、储备的水平较低。

四、强化成都文创人才队伍的策略和路径

（一）成都强化文创人才队伍的策略

1. 绩效激励策略，优化培养环境

创新文创人才发现、选拔任用、培养评价、激励保障与流动配置等机制，不唯学历、职称、身份，最大限度地激发人才的创造活力。打造尊重人才、见贤思齐的社会环境，公开平等、竞争择优的制度环境和鼓励创新、宽容失败的工作环境，促使优秀的文化创意人才脱颖而出。

2. 高端引领策略，兼顾优化结构

充分认识高端文创人才对成都经济社会发展的关键支撑作用和对人才队伍建设的引领带动作用。结合成都动漫、文化创意设计服务等重点行业，开发利用国内、国外两种资源，坚持保高端和全覆盖相结合，加快聚集和培育高端创意人才、科技人才和技能人才，充分发挥高端文化创意人才在各细分行业中的引领作用。加强大学生、留学生和具有特殊技术才能的基层文化创意人才和一

线文化创意人才队伍建设，不断提升应用型、技能型人才的综合素质。

3. 内陆突破策略，发挥后发优势

充分发挥市场在文创人才资源配置中的决定作用，完善政府宏观管理。围绕打造"文创中心"的战略目标，加快集聚优质资源要素，保障和落实文化事业单位用人自主权，促进人才链、创新链、产业链、资本链、技术链和市场需求的有机衔接，最大限度激发和释放文创人才的创造活力，促进产业发展。

4. 全域开放策略，集聚产业动能

主动适应成都建设国家中心城市的发展目标，以"立足成都、放眼全球"的国际化视野和战略眼光，充分开发利用国际国内文创人才资源，不唯地域引进人才，不唯文凭选拔人才，不拘一格用好人才，把各方面优秀人才汇聚于文化产业的发展，以人才集聚优势撬动产业发展优势。

5. 项目导向策略，强调产业衔接

依据文化创意产业细分门类特点，进行技术、人才、信息、资本和版权等文化产业要素的整合与协调，构建兼顾共性与个性的政策支持体系。坚持部门联动、合力推进，通过优化整合成都市文化创意人才工作政策，逐步消除人才政策的"碎片化""多小散"等问题，加快推进人才政策一体化，形成集中发力、效应叠加的局面。通过部门合力，发展联动机制，突破文化资源的部门分割和市场壁垒，推动文化要素整合流动，促成效能发挥。

（二）成都强化文创人才队伍的路径

文创人才队伍建设应调动社会各方力量——政府主要负责打造人才环境，从政策和资金层面扶持人才，并主导社会力量履行职责；高校和培训机构主要负责打造后备人才，在当代社会，民间草根型文博人才已经基本失去了其形成的社会土壤，高等学校成了各类人才的生源地，向社会输出后备人才的主力军；[①] 业界是人才培养和成长的现场，与高校和培训机构一起，同为文创人才队伍建设的主体。

1. 改善人才培养的机制与环境，增加人才供给

（1）创新文创人才开发激励机制

政府要对成都文创人才现状进行科学统计，摸清家底，找准差距，明确工作方向和目标。一是在全市范围内以考核选拔和鼓励荐举等渠道择选紧缺人

---

① 陈恭. 上海文博类人才开发刍议［J］. 人才开发，2009（3）.

才。落实激励机制，克服马太效应①，破除人为屏障，发现和培养文创人才，并鼓励人才合理流动，形成人才成长的有效动态机制。二是打破制度障碍和固有束缚，规范职位分类与职业标准，建立贴合产业、分类分层、实用性强的人才评价指标体系。三是发挥社会化的人才评价机构作用，并借此完善职称评定、薪酬制度、社会保障等配套政策体系。

（2）优化文创人才管理服务机制

针对文创人才的特征和需求，持续优化人才发展环境，营造创新氛围，助力文创更好服务经济，确保人才强市战略高效实施。提升文创人才服务管理手段，利用信息化，依托"大数据"开展全市文创人才储备、培养和使用工作，提高人才使用效能。建立各级业务指导部门对口联系高端文创高端人才制度；厚化人文关怀，完善人才住房政策、知识产权管理和执法体系，加强人才医疗、子女入学等保障。

（3）完善文创人才创新成果收益分配制度

支持文创人才以知识、技能、管理等多种创新要素参与分配。分配突出创新、应用、效益等指标的权重，充分释放政策红利，激励文创人才和团队迸发活力、创新成果、服务社会。设立成都"最优文创项目""最佳文创团队""文创卓越人物"等奖项，每年进行评比表彰，加大宣传，让尊重文创人才、尊重创新创造成为社会风尚。

（4）优化文创人才环境

优化文创人才环境可细分为社会环境、文化环境和工作环境。成都要结合本土语境与海外视域，优化法制环境、政策环境、舆论环境等社会环境；提高市民素养，健全文化设施，优化文化环境；营造良好的工作氛围、工作设施、人际关系等工作环境。

2. 动态联动，多效并举，做好文创人才的供需对接

（1）聚集高端文创人才

重点培养和引进一批文化产业领军人才、高层次文化经营管理人才、文化金融资本人才、文化科技创新人才以及文化贸易国际化人才。② 建设高端人才信息库，组织参加海外培训和项目考察，鼓励通过"走出去、请进来"的方式，加强与各国文化产业界的交流合作，培养国际化人才。出台高端文创人才

---

① 马太效应（Matthew Effect），指强者愈强、弱者愈弱的现象，广泛应用于社会心理学、教育、金融以及科学等众多领域。其名字来自圣经《新约·马太福音》中的一则寓言："凡有的，还要加给他叫他多余；没有的，连他所有的也要夺过来。""马太效应"与"平衡之道"相悖，与"二八定则"有相类之处，是十分重要的自然法则。

② 尹宏. 发展文化创意产业增强西部文创中心功能［J］. 先锋，2017（10）.

引进政策，采取柔性引进和多点执业等方式，健全人才引进工作体系和引进机制。加强文化产业智库建设，发挥好市属文化产业研究和咨询机构、文化产业专家委员会等在理论创新、智力支持、督查指导和项目评审等方面的作用。提高中介组织的专业性和规划性，提高从业人员素质，充分发挥文创产业中介组织对人才供需对接的调节作用。

（2）涵养创新型人才

深入实施文学、美术、音乐、影视、戏剧等青年人才培育计划，打造一支素质优良、结构合理的文创人才队伍。建设各类文化企业孵化器、大学生创业园、青年创业街区以及创业公寓，[①] 尽量降低文创人才创新创业成本。充分发挥行业管理机构、行业协会和有关专业机构作用，建立行业人才信息库。优化人才供给结构，积极探索文化创意与信息、技术、管理相结合的教育培养模式，加快人才培养。

（3）引导实用型人才

目前文创产业从业人员有大量的低端人才，由于年龄、教育背景等原因，他们大多社会资源薄弱，发展空间受限，且人才定位区别不明显。据麦可思历年职业调查的结果显示，多个文创产业相关的职业类别被列为职业发展空间和稳定性最差的门类。[②] 要引导他们成为有用武之地的实用性人才，一是以文创中心的建设为引领，优化文化产业相关学科专业建设，鼓励有条件的高等学校、中等职业学校和其他教育机构等开设特色化、差异化的产业课程和实训项目。二是建立政府指导下的以企业为主体，以院校为依托，以市场为导向，多举并用的"产学研"战略联盟。发挥各自优势，推出一批具有示范性的高技能人才培养基地和公共实训基地试点。三是充分发挥四川大学、电子科技大学及其他在蓉高校的科教资源优势，结合行业发展最新趋势，在人才培养中加大文化科技硬件和软件投入，创新文创人才吸纳和储备机制。

3. 优化文创人才结构，助力文创产业发展

（1）高校培养文创人才以"宽口径、厚基础"为基本要求

除极少数民间草根型文创人才，高等学校教育是文创人才成长的必备环节。针对文创专业大学生重课堂轻实务的弊端，高校的专业设置所培养的人应该符合"宽口径、厚基础"的基本要求，可以适应文化产业各个领域或子行业

---

① 尹宏. 发展文化创意产业增强西部文创中心功能［J］. 先锋，2017（10）.
② 段莉. 人才：文化创客：人与产业平衡发展新探［J］. 福建论坛（人文社会科学版），2016（10）.

的经营管理需要和市场营销需要。① 动漫产业是成都的特色产业，以高校动漫专业人才的培养为例，今后建议加强院系整合与学科建设，在电子科技大学、四川大学等重点高校的计算机及相关学院强化动漫设计、电竞设计等专业的学科力量。

（2）提高文创人才岗位锻炼和培训交流的效能

改变产学研单位捏合而不融合，从业人员岗位锻炼和培训交流走过场等痼疾，提高其效能。一是岗位锻炼。领导层需要解放思想，开阔视野，慧眼识金，识才育才。对于准人才和潜人才来说，只有获得机遇，将理论与实践相结合，才能显示出人才的潜能，并得到充分发展。② 二是国内交流培训。构建人才交流合作网络，互通有无、取长补短，相互借鉴。三是国外进修访问。适当出国考察学习，有目标地甄选境外考察地点，精心安排国际交流活动，开阔视野，在全球多元文化竞争中占据主动。

（3）突出文创人才特色

成都将突出发展音乐产业、艺术品服务等特色行业。基于成都现有文化优势，快速整合资金、土地、人才等资源，加快建成音乐产业基地。③ 音乐产业及相关产业的文创人才属成都急需的特色人才。成都应积极对接《中国传统工艺振兴计划》（国办发〔2017〕25号），通过创新手段推动传统工艺向文化创意产业转变。大力引进全球和国内的领军音乐企业、业内优秀专业人才，挖掘和保护非遗文化传承人。鼓励社会力量高度参与，发展原创力，提升成都音乐产业的核心竞争力，让成都音乐、成都艺术成为成都新名片。④

（4）发挥文创人才集聚效用

成都应根据低层次人才过多，中、高层次人才缺乏的现状，调整人才战略，重新认识创新人才、创意人群以及不同类型、产业人才在社会协作、价值创造中的关系，让各行各业的有生力量都能汇集到文创产业中，让策划、中介和原创等人才群体更加丰满，以赢得成都在国际国内文创产业竞争中的优势地位。

4. 加大文创人才的培养、引进与支持力度，拯救人才发展危机

（1）创新搭建文创人才平台载体

一是加强文化创意产业园区建设，为创意名人、青年文艺家、大学生和初创者提供创业平台。二是鼓励创办大学生创业孵化基地和实训基地。鼓励文化

---

① 钟龙彪. 天津文化产业人才队伍建设的现状分析与对策思考［J］. 求知，2013（7）.
② 陈恭. 上海文博类人才开发刍议［J］. 人才开发，2009（3）.
③ 刘洪. 关于成都文化创意产业发展的思考［J］. 先锋，2017（8）.
④ 刘洪. 关于成都文化创意产业发展的思考［J］. 先锋，2017（8）.

创意产业园区、高校参与兴办大学生创业孵化基地，为大学生创业提供研究开发、成果转化、产业孵化、技术服务、人才培养等服务。[①]

三是积极整合高校与科研机构资源。推进电子科技大学文化产业研究中心、四川文化产业职业学院校内实训室和校外实训基地等平台建设工作，进一步发挥高校与专业研究机构的作用，为成都市文化创意产业发展提供人才支撑和智力支持。四是以平台构建助力创业创新。加强对网络、图书馆、公园绿化、咖啡吧、书店等方面的投入，不断优化艺术馆、美术馆、博物馆和艺术家群落，支持街头艺术活动的开展，推动文艺与生活相结合，为大众创业提供"参与"与"体验"式的创客空间。面向高校大学生和广大创业青年开设寒暑期"青年创客训练营"，支持成立创客联盟、创客专委会，开发创客启蒙、进阶教育等培训课程。定期举办成都创客周活动，推动创客空间向青年开放，激发青年的参与热情，促进创新成果转化，着力建设成都全国创客中心。

（2）探索文创人才培养渠道

为建设文创中心，成都应探索一套"发现集聚人才－提升人才素质－促进人才创业"的文创人才培养渠道，促进文创人才规模壮大、质量提高和结构优化。抓好"高科技人才培养引进工程"等重点人才项目，推动形成立体化、多层次人才培养体系。引导和鼓励高校毕业生深入基层，积累职业技能。鼓励文创企业选送优秀员工参加专业培训，对完成培训课程、学习成绩优秀的员工给予培训费资助。鼓励由行业牵头、主管部门组织开展的创意设计大赛、展会、展演、论坛等活动，发现和挖掘文创人才。完善职业技能鉴定制度，疏通文创人才成长路径，推动文创人才职业化和专业化。

推进"非遗文化传承人计划"，策划"成都音乐坊"系列活动，鼓励发展非物质文化遗产传承人才的职业化教育，培养一批具有文化创新能力的职业技术人才。充分整合成都文化创意协会、成都文化创意产业研究中心等资源，启动成都文创产业智库建设项目，聚焦成都市文创产业面临的现实问题，开展应用对策与战略研究，培养并造就一支具有全国影响力的文创产业研究队伍，打造文创产业研究高地。依托重大人才计划和科研工程、产业攻关等项目，采用"订单式"人才培养模式。发挥"中国国际非遗文化节"等重大活动平台的展示交流和宣传推广作用，在实践中集聚和培养创新人才。

（3）优化文创人才引进战略

相比自我培养，人才引进周期短、见效快。成都有吸引人才的整体环境，

---

① 单丽.南京市模范路文化创意产业发展研究［J］.经济研究导刊，2011（33）.

应依据绩效激励和全域开放策略，在设定文创人才标准，优化文创人才引进战略和细化落实文创人才引进政策上下功夫，不排异己，不问出处，形成吸引国内外优秀人才的谷地。结合成都文创产业的发展目标，建立开放共享的文创人才数据库，以国内引进为主，国际引进为辅，在户籍、薪酬、住房等方面实行灵活政策。在文化经纪等产业经营管理领域，可尝试从国外引进优质师资和行业精英，加强对本土人才的培养。同时，一方面鼓励以短期聘用、兼职、合作研究、项目招标、技术指导等方式，优先引进成都市文创产业重点项目、关键技术等急需的文创人才，另一方面应组织定期交流学习，尤其是形式多样的国际交流，了解并参与全球多元文化竞争。

第十一章 成都构建文化产业政策体系的策略和路径

文化产业政策体系是以产业发展需求为导向，在细分文化产业行业的基础上，对财政扶持资金、税收、投融资、科技创新、土地、人才等与文化产业发展密切相关要素制定的政策系统。成都文化产业政策从无到有，经历了从宏观性、方向性向具体性、操作性、激励性演进的过程，在取得一定成效的同时，也存在着尚未形成体系、创新性不强等问题。本章针对成都的文化产业政策现状和特点，着眼构建成都文化产业政策体系，推进文化产业及其内部各行业的协调发展，营造平等有序的市场环境。借鉴国内其他城市的宝贵经验，加强与全国、四川省文化产业相关政策的配套和贯彻执行，构建多层次的文化产业发展政策体系，规范管理，加大扶持引导力度，提高文化产业政策对产业发展促进的效力。

一、文化产业政策体系的内涵与构成

（一）文化产业政策体系的内涵

文化产业政策是政府为了正向引导文化产业市场机制的发育，及时纠正市场机制的缺陷及其偏差，围绕人才、技术、资本等核心发展要素，在产业导向、投融资、税收减免和人才配置等方面对文化产业的发展加以引导、扶持和规范的一种带有宏观性和中长期性的经济政策。

对于现代文化产业发展而言，相对完善的文化产业政策体系的推动作用远大于单项的文化产业政策。文化产业政策体系是指以产业发展需求为导向，在细分文化产业行业的基础上，对财政扶持资金、税收、投融资、科技创新、土地、人才等与文化产业发展密切相关要素制定的政策系统。纵向而言，各地的文化产业政策应积极响应国家文化产业政策的纲领性政策法规，结合自身发展特点，细化政策，尽快出台涉及面广、指导性强的多项地方配套扶持政策和法规，做到上下配套贯通。横向而言，应具备文化产业的综合政策、重点支持产业的专项政策，以及鼓励新兴业态的发展政策等各方面政策，并且政策间相互协调促进，结构优化，系统性强。同时，需要全面推进政策的发展战略、政策决策过程、政策实施过程和政策效果评估、政策监管等全过程。

（二）文化产业政策体系的构成

目前学界关于文化产业政策体系的研究，大致是依据产业经济学关于产业政策的论述，认为由文化产业结构政策、文化产业组织政策、文化产业发展政策三方面构成了文化产业政策体系。[1]

文化产业结构政策是政府对产业内部的结构进行优化、协调的干预政策。包括对产业结构的高级化目标的规划，对主导产业的前瞻性选择，安排产业发展的内部序列，对于产业的保护、扶植或限制政策，以及对衰退性产业的调整援助政策，保障产业的有序收缩，减少退出震荡，促进社会安定。

文化产业组织政策是旨在建立公平合理的市场竞争秩序，属于秩序政策，其政策重心在于调整政府与产业、企业之间的关系。产业组织政策包括市场结构、市场行为、市场绩效三方面的政策内容，针对发挥市场机制作用过程中所存在的问题，采用金融、税制等政策手段，"禁止垄断"和"反不正当竞争"等，带有直接性、强制性，约束力更强。[2]

文化产业发展政策是围绕产业发展而制定的一系列政策的总称，主要包括产业技术政策、产业布局政策和支撑产业发展的杠杆性政策。政府利用多样化的政策手段，对文化产业的技术条件、技术结构、人力资源开发等所进行的现状评估、前景预测、创新规划以及相关方面的协调、服务、监督等，对文化产业项目布局制定的规划、审查、备案等，以及对文化产业的金融、财税、收入分配等进行杠杆调节的政策。

上述三类政策之间相互制约、相互促进，文化产业结构政策是调控文化产业内各行业之间的相互联系及比例关系的，文化产业组织政策是保障文化企业在市场上形成合理健康关系的，而文化产业发展政策则是促进文化企业内各生产要素相结合的综合素质发展的。文化产业结构政策是最高层面，文化产业组织政策是中间层面，而文化产业发展政策则是基础层面。这三个层面构成了一个完整的文化产业政策体系（如图11-1所示）。

① 陈家泽. 政府作用与文化产业政策设计 [J]. 西南交通大学学报（社会科学版），2006（5）：89-91.
② 邬义钧，邱钧. 产业经济学 [M] 北京：中国统计出版社，2001：167.

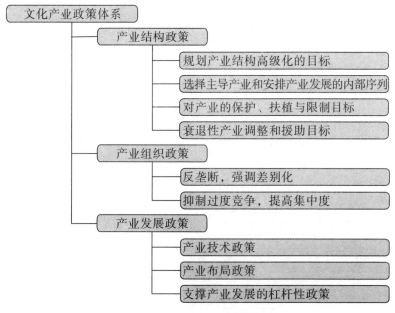

图 11-1　文化产业政策体系构成图

（三）我国文化产业政策的演进

我国文化产业政策的演进过程，大致上可分为战略模糊、战略清晰、战略自觉三个阶段。[①] 首先，文化产业政策战略模糊阶段（2001 年初至 2002 年底），我国的文化产业开始步入快速发展阶段，文化产业政策也在摸索中进一步发展和规范，相继出台了《著作权法》《出版管理条例》《音像制品管理条例》《电影管理条例》《文化产业发展第十个五年计划纲要》等系列政策法规。这一阶段我国的文化产业政策多为尝试性、探索性、方向性和暂行性的，在具体细节和可行性措施方面，还缺乏合理和系统的规范。

其次，文化产业政策战略清晰阶段（2002 年底—2007 年底），相继出台了《关于支持和促进文化产业发展的若干意见》《关于印发文化体制改革试点中支持文化产业发展和经营性文化事业单位转制的两个规定的通知》《关于深化文化体制改革的若干意见》《国家"十一五"时期文化发展规划纲要》《文化标准化中长期发展规划（2007—2020）》，在对我国文化产业发展进行中长期规划的基础上，还首次明确区分了文化事业和文化产业，并对文化产业的重点行业进行分类，起步了我国文化标准化建设，从财政税收、投资融资、资产管理、工

---

① 韩美群 . 2001—2010 年我国文化产业政策演变与发展状况检视 ［J］.《重庆工商大学学报》（社会科学版），2016（3）：1-4.

商管理、分配等方面对文化产业的发展做了具体的政策性指导。这一时期我国的各种文化产业政策逐渐规范化、明晰化，一些较为完善和系统的规范性政策文本逐步形成。

最后文化产业政策战略自觉和主动阶段（2007年底—2010年底），陆续颁布了《文化产业振兴规划》《关于加快文化产业发展的指导意见》《文化部文化产业投资指导目录》等政策文件，涉及文化产业综合创新改革、文化企事业的分离改制、文化产业微观主体改革、文化产业结构调整、文化市场规范、文化产业准入政策、文化产品与服务出口政策等。我国文化产业被列为国民经济支柱性产业，已进入国家发展战略之中，已能更为自觉和主动地把握文化产业发展规律，文化产业政策也开始逐步走向成熟。

我国的文化产业政策在发展中逐渐形成体系，其体系的结构大致体现出：从侧重推动文化体制改革为目标的产业组织政策，到以对文化产业的技术条件、空间格局等进行要素配置的产业发展政策，以及关于文化产业中的高级化产业、前瞻性选择主导产业的结构政策为主的演进脉络。

二、国内城市构建文化产业政策体系的经验借鉴

（一）北京

北京文化产业从20世纪90年代后期开始萌芽和起步，二十余年来，先后出台近五十项各类文化产业政策，文化产业政策体系也逐步建立。根据前文关于文化创意产业政策体系构成的分析，对北京的文化产业政策做如下分类整理（见表11-1）。

表11-1　北京主要文化产业政策分类表

政策类型		政策名称
产业结构政策	总体性指导意见、中长期发展计划	《关于加快北京文化发展的若干意见》《北京市文化创意产业功能区建设发展规划》《北京市文化创意产业提升规划》《发挥文化中心作用加快建设中国特色社会主义先进文化之都的意见》及中长期规划等
	规划产业结构高级化目标	《北京市促进软件和信息服务业发展的指导意见》等
	前瞻性主导产业	《关于促进旅游业改革发展的实施意见》《北京市促进设计产业发展的指导意见》
	保护、扶植与限制目标	《北京市保护利用工业资源发展文化创意产业指导意见》《关于进一步加强金融支持小微企业发展的若干措施》，鼓励和引导民间资本投资，加快对外文化贸易基地建设、实体书店扶持，惠民文化消费电子券等多项具体政策

政策类型		政策名称
产业组织政策	秩序政策	《深化文化体制改革加强全国文化中心建设的实施意见》
产业发展政策	产业技术政策	《中关村国家自主创新示范区企业登记办法》《北京技术创新行动计划（2014—2017年）》《关于积极推进"互联网＋"行动的实施意见》
	杠杆性政策	《北京市文化创新发展专项资金管理办法（试行）》等关于贷款贴息、创业投资引导基金、担保资金、创新发展专项资金等的管理办法以及实施细则等

案例1　北京实施特色文化产业政策的介绍

　　为推动北京作为政治、文化中心功能和重要经济功能，集中体现地区的文化发展，北京市于2010年出台《关于大力推动首都功能核心区文化发展的意见》（京办发〔2010〕23号），提出按照一核、一线、两园、多街区的空间布局，突出特色，加快推进首都功能核心区的文化发展，充分体现核心区的文化魅力，使核心区成为中国文化和古都风貌的展示区。文件从挖掘历史文化资源价值及社会功能；完善核心区公共文化设施，提升公共文化服务水平，建设一批重点文化工程，辐射带动公共文化事业发展；重点发展与核心区功能相适应与传承历史文化，体现地区特色相一致的高端文化创意产业，建设一批有国内外影响力的文化创意产业集聚区，加快建设有国内外影响力的文化要素市场；积极开展对外文化交流合作，强化国际交往职能，提高国际文化影响力等方面，为北京的文化发展做出了宏观而长远的规划和指引。这对于北京保护传承历史文化传统和展示现代国际城市形象，具有十分重要的历史和现实意义。

　　北京的文化产业政策值得借鉴的经验：一是注重政策的可操作性。其政策中有大量管理办法、实施细则、产业分类标准、评审细则、指导目录等很具有操作性、执行力较强的政策。二是注重政策的针对性。近年来，北京密集出台各类文化产业政策，仅2016年一年就出台18项。细分各行业，尤其针对文化产业中新兴行业发展，及时制定政策，鼓励技术性行业，鼓励文化产业向高级化目标推进。三是注重政策的协调性。如仅2016年，就先后出台文化创意产业发展专项资金的企业项目征集评审管理办法、项目补助实施细则、项目奖励实施细则、项目贷款贴息实施细则、项目贴租实施细则、项目贴保实施细则等，各项政策相互协调配合，发挥最大效力。

（二）杭州

　　杭州的文化产业政策与全国的文化产业政策一样，起步于20世纪初，在近二十年的发展中，已基本构建出较为完善的文化产业发展政策体系。据不完全统计，杭州先后出台的文化产业政策多达55项，当前正在执行的也有32项之多，这在国内城市中几乎居于首位（见表11-2）。

表11-2　杭州主要文化产业政策分类表

政策类型		政策名称
产业结构政策	总体性指导意见、中长期发展计划	《杭州关于加快文化产业发展若干经济政策的意见》《关于进一步推进杭州大文化产业发展的若干意见》《关于加快"一名城、四强市"建设的若干政策意见》《杭州关于打造全国文化创意产业中心的若干意见》以及中长期规划等
	规划产业结构高级化目标	《关于鼓励和扶持动漫游戏产业发展的若干意见》《杭州关于加快信息服务与软件业发展的若干意见》，以及关于促进杭州建设"天堂硅谷"、全国数字内容产业中心等的政策
	前瞻性主导产业	《杭州市文化创意产业八大重点行业统计分类》《关于推进电影院线建设加快电影产业发展的实施意见》等
	保护、扶植与限制目标	《关于加强杭州市重点文化创意企业（集团）培育工作的实施意见》等，关于文化创意产业基地、文化创意产业园区、文化创意产业特色楼宇、文化产业先进发展单位、文化类民办非企业单位、政府采购公益文化产品和服务等的认定、管理、扶持和奖励等政策
产业组织政策	秩序政策	《关于深化文化体制改革促进文化产业发展的若干政策意见》
产业发展政策	产业技术政策	《关于加快推进高新技术产业由"点"到"面"发展的若干意见》《关于加快建设知识产权强市的实施意见》等鼓励技术创新的政策
	杠杆性政策	《杭州市文化产业扶持项目立项管理暂行办法》以及为文化创意企业提供融资服务、融资担保、财税优惠等政策

　　杭州文化产业政策体系构建中值得借鉴的经验：一是注重对文化产业进行精细化的管理和引导。细分行业和主体，制定大量个性化的、针对性强的政策，如针对文化创意产业基地、文化创意产业园区、文化创意产业特色楼宇、文化类民办非企业单位等都出台了专项管理和鼓励政策。二是注重文化产业政策的自我完善机制培育。已基本形成从暂行、评估到修订、补充的政策完善机制，大大提升和促进了文化产业政策的有效性。

> **案例 2 杭州鼓励和扶持动漫游戏产业发展的政策完善进程**
>
> 杭州市 2005 年出台《关于鼓励和扶持动漫游戏产业发展的若干意见（试行）》（杭政办〔2005〕18 号），2006 年又制订《<关于鼓励和扶持动漫游戏产业发展的若干意见（试行）>的实施办法（试行）》（市宣〔2006〕23 号、市动漫办〔2006〕2 号、杭财教〔2006〕425 号），2007 年颁布《关于鼓励和扶持动漫游戏产业发展的补充意见》（杭政办〔2007〕39 号）对《意见》进行补充，2010 年又再次出台《关于进一步鼓励和扶持动漫游戏产业发展的补充意见》（市委办〔2010〕3 号），在执行《意见》和《补充意见》的基础上进一步补充政策。在短短五年时间内，对动漫游戏产业的发展四度出台政策，针对行业发展的新要求、新变化，不断调整和新增政策，如根据产业发展需要，加大财政扶持力度，动漫游戏产业发展专项资金从 5000 万增加到 7000 万。

（三）深圳

自 2004 年深圳提出"文化立市"战略十三年以来，深圳文化产业保持了平均 20% 的增长速度，2016 年，深圳文化产业增加值 1949.70 亿元，增长 11.0%，占全市 GDP 的 10%。[①] 深圳文化产业政策（见表 11-3）引导和保障着其文化产业的持续快速发展。

表 11-3 深圳主要文化产业政策分类表

政策类型		政策名称
产业结构政策	总体性指导意见、中长期发展计划	《深圳关于大力发展文化产业的决定》《深圳市文化产业促进条例》《深圳文化创意产业振兴发展政策》《深圳文化创意产业振兴发展规划（2011—2015）》以及中长期规划等
	规划产业结构高级化目标	《深圳关于扶持我市动漫游戏产业发展的若干意见》等政策
	前瞻性主导产业	《深圳关于促进创意设计业发展的若干意见》
	保护、扶植与限制目标	《深圳市鼓励三旧改造建设文化产业园区（基地）若干措施（试行）》，文化产业园区（基地）、重点文化企业的认定、考核、管理和建设实施意见等政策
产业发展政策	产业技术政策	《深圳市人民政府关于促进创意设计业发展的若干意见》
	杠杆性政策	《深圳市文化产业发展专项资金管理暂行办法》《关于加快文化产业发展若干经济政策》等

深圳文化产业政策值得学习借鉴的经验：一是注重政策的及时性和创新性。深圳的文化产业政策往往具有开风气之先的创新性，深圳 2005 年颁布的

---

① 深圳文化产业走向内涵式发展 [N]. 深圳特区报，2017-04-10（1）.

《深圳关于大力发展文化产业的决定》，是国内最早明确提出大力发展文化产业政策的城市。2011 年 10 月正式出台的《深圳文化创意产业振兴发展规划（2011—2015）》及配套的《深圳文化创意产业振兴发展政策》，将文化创意产业定位为重点和优先发展的战略性新兴产业，在国内城市尚属首次。二是注重加大政策的扶持力度。早在 2005 年，就在文件中明确规定，"十一五"期间，每年以 3 亿元作为深圳文化产业发展专项资金①，到 2011 年，又将文化创意产业发展专项资金增至每年 5 亿元②，继续加大对于文化创意产业发展的扶持力度。

三、成都文化产业政策的发展历程和现状

（一）成都文化产业政策的演进

成都文化产业政策演进的第一阶段是在"十一五"之前，主要包括 2004 年出台的《成都关于加快文化体制改革和文化产业发展的实施意见》，以及 2005 年颁布的《成都关于进一步加强文艺工作的意见》等。同时，相继出台了《关于发展成都数字娱乐产业、建设成都数字娱乐产业基地的实施意见》《关于鼓励成都市数字娱乐产业发展的实施细则》及《数字娱乐产业发展规划（2005—2014）》等一系列引导性文件，推动动漫、游戏、影音、数字出版、数字教育培训等数字娱乐产业发展。这一阶段成都文化产业政策主要是政府性的宏观意见，为产业发展提供了方向性的指导。

成都文化产业政策演进的第二阶段是"十一五"期间，相继出台了《成都市"十一五"时期文化发展规划纲要》《成都市文化创意产业发展规划（2009—2012）》等规划性政策，为成都文化产业的发展规划了明确的目标，提出要将文化产业发展为支柱产业，确定了文化产业的战略、空间布局、重点行业及保障措施等。同时，这一时期也颁布了《成都市市级文化专项资金使用管理暂行办法》《成都市市级文化专项资金增量部分调剂使用办法》等，为文化给予专项资金扶持。这一阶段成都文化产业政策逐渐明晰，主要以规划、专项资金的扶持办法等形式出现，其操作性和激励性增强。

成都文化产业政策演进的第三阶段是"十二五"期间，出台了《中共成都市委关于深化文化体制改革加快建设文化强市的意见》《成都市"十二五"时

---

① 参见《深圳市文化产业发展专项资金管理暂行办法》（深府〔2005〕220 号），第一章第二条。
② 《深圳文化创意产业振兴发展政策》（深府〔2011〕175 号），第五课：增加市级财政投入。

期文化发展规划纲要》等，提出建设全省文化产业核心发展区，进一步加快将文化产业培育成为成都国民经济支柱性产业的发展目标。同时，出台了《成都市文化产业发展"十二五"规划》，这是成都首次对文化产业发展进行专项规划，以及《成都市促进民办博物馆加快发展的意见》《成都市实体书店扶持奖励办法（试行）》《成都市深入推进文化金融合作实施意见》《成都市文化创意和设计服务与相关产业融合发展行动计划》（2014—2020）等，针对特定市场主体及推进文化产业发展中新趋势的专项政策陆续出台。这一时期，成都文化产业政策进一步细化，形式上表现为专项规划、专项发展意见、实施意见等，政策更加聚焦，更具有指向性。

成都文化产业政策演进的第四个阶段是2016年以来，一是优化文化产业结构的政策开始出台，如《成都市动漫产业发展项目资金管理办法》《成都市人民政府关于支持音乐产业发展的意见》等，对动漫游戏产业、音乐产业等成都文化产业发展的方向和重点领域进行政策引导和激励。二是促进文化产业的专项标准和扶持政策出台，如《成都市文化创意产业统计实施方案》，为成都文化创意产业确定门类标准、建立统计体系等，又如《成都市市级文化产业发展专项资金管理办法》，为成都文化产业的发展提供专项资金扶持。这一阶段成都文化产业政策表现出对于产业结构的关注，对于产业发展的高级化目标、主导产业等进行政策指引和培育。三是在建设国家中心城市、文创中心的背景下，相继出台了《成都市文化产业发展"十三五"规划》《文创中心建设行动计划》（2017—2022），对成都建设全国文创产业发展标杆城市、具有强劲竞争力的国际创意城市进行了中长期规划。

（二）成都文化产业政策的成效

成都的文化产业政策对产业的发展起到了较好的引导和激励作用，目前成都的文化产业稳步增长，具有较大的发展潜力。截至2016年，成都已有15000多个法人单位从事文创产业活动，实现营业收入2600多亿元，文创产业增加值633.6亿元，占地区生产总值的5.2%。成都文创产业已经初步形成以传媒、文博旅游、创意设计、演艺娱乐、文学与艺术品原创、动漫游戏和出版发行等行业快速发展的格局，是国家级文化和科技融合示范基地，"全国动漫游戏第四城"和"中国手游第三城"，并打造了中国成都国际非物质文化遗产节、成都创意设计周、成都国际音乐诗歌季、中国网络视听大会等文创交流品牌活动，拥有内陆第四个、中西部第一个专门的国际性艺术品保税交易平台。①

成都文化产业专项扶持政策效果显著。其一，成都民办博物馆扶持政策成效突出。在《成都市促进民办博物馆加快发展的意见》的推动下，目前，成都民办博物馆数量达到99家，位居全国城市第一位②，成都民办博物馆的质量亦位居全国第一，全国共有11家非国有的国家级博物馆，成都就占5家，成都已成为全国博物馆数量最多、质量最好、示范领先的"博物馆之城"。③2016年9月，第七届中国博物馆及相关产品与技术博览会在成都召开，国际国内众多博物馆齐聚成都，这是成都文博产业综合实力和影响力的充分展示。

其二，成都的实体书店扶持政策收效良好。成都2015年颁布了《成都市实体书店扶持奖励办法（试行）》，成为中西部首个实施扶持书店的城市。通过新店开办补助、贷款贴息、阅读活动补助、书店经营奖励等多样化的扶持方式，2015、2016年两年累计扶持奖励实体书店41家，扶持奖励资金总额达1150余万元。在国内实体书店普遍面临挑战的严峻态势下，成都的实体书店数量增加、风格多元、业态丰富，完成了一次完美逆袭。④成都的实体书店数量、出版物发行整体经济指标，在2009年至2014年连续五年下滑的情况下止跌回升，出版物零售总额在2015、2016连续两年增长。2016年成都市出版物销售总额达5.82亿元，实体书店达到约770家。⑤成都的实体书店不仅是销售书籍，更是成为富有吸引力和创造力的文化空间，文化讲座、艺术展览、文创产品等巧妙地穿插在书店中。方所、言几又、见山书局、散花书院，以及24小时书店象形书坊等林林总总创新模式，使成都的实体书店生动鲜活、蓬勃发展。

（三）成都文化产业政策存在的问题

1. 文化产业政策体系尚未形成

一是成都的文化产业政策数量较为有限，政策的覆盖面还应进一步扩大。成都文化产业政策主要集中在设计服务与相关产业、音乐产业、动漫产业、版权管理以及产业统计等重要领域和环节，而对于"互联网＋""文化＋"等文

---

① 参见《文创中心建设行动计划》（2017—2022年）。
② 成都成全国民办博物馆领头羊［N］. 成都日报，2016-09-19.
③ 成都非国有博物馆今年将突破100家18家今年免费开放［N］. 成都日报，2015-03-21.
④ 成都实体书店逆势扩张为什么？［N］. 成都日报，2017-09-06.
⑤ 揭秘成都770家实体书店赚钱之道［N］. 每经影视，2017-09-08. http://biz.jrj.com.cn/2017/09/08135623083185.shtml.

化产业新兴业态还缺乏政策引导和规范。二是尚未搭建起文化产业政策体系。成都的文化产业政策多是零散点状分布的，政策种类也不够齐全。文化产业结构政策占较大比重，文化产业组织政策和文化产业发展政策较为缺乏，尤其是缺少使用财税、金融、收入分配等手段的杠杆性调节政策。

2. 文化产业政策创新性还有待加强

成都文化产业政策以贯彻执行和落实跟随中央、四川省相关政策为主，在宏观性的文化产业发展规划、行动计划以外，缺乏探索性和创新性政策。一是对于政策的前瞻性不够。对于文化产业的新兴业态、新发展趋势等的政策关注不够，未能及时出台具有前瞻性的引领和指导政策，不能满足当前文化产业的发展新要求。二是政策的探索性和创新性不够。相比上海、深圳等城市，成都文化产业政策在培育内容、扶持力度、激励方式等方面都较为保守，缺乏探索性，政策手段也较为单一，应在专项资金之外增加文化产业基金，在直接补贴和奖励之外增加贷款贴息、配套资助、无息借款等创新性政策手段。

3. 政策自身的完善机制还有待形成

目前，成都文化产业政策大多较为单一。一是尚未形成各类型政策相互协调、共同促进产业发展的良好氛围。杭州等城市已形成在同一行业中，意见、实施办法、补充意见等不同类型、不同层次的政策互惠互利、合力推进产业发展的良性循环机制，成都与之相比还存在较大差距。二是尚未形成同一政策的自我完善机制。成都文化产业政策从暂行、评估到修订、补充的路径，以及健全政策自我完善的机制还未畅通。

四、成都构建文化产业政策体系的策略和路径

（一）成都构建文化产业政策体系的策略

1. 搭建体系策略

为使成都文化产业政策最大限度地发挥对产业的引导和激励作用，就不能只是出台单项政策，而是要增强政策的关联性，搭建出符合自身实际情况的政策体系，发挥系统最大合力。

2. 平衡结构策略

相对完备的文化产业政策体系，应由文化产业结构政策、文化产业组织政策、文化产业发展政策三方面构成，三类政策之间相互促进、相互制约。成都在构建文化产业政策体系时，应注意丰富政策类型，平衡政策结构比例。依据目前的政策现状，尤其是应该巩固有关主导产业、优势产业的产业发展扶持政

策，补齐缺失产业组织政策的短板。

3. 效率提升策略

文化产业政策的扶持力度，是文化产业政策发挥效力的重要支撑。成都构建完备文化产业政策时，应注重学习其他先进城市，在专项资金、财税优惠等手段上加大力度，提高额度，增强对文化产业的促进作用和政策效力。

4. 方式创新策略

文化产业政策在政策模式、政策手段、政策内容等多方面的创新性，直接决定着政策的运用广度和实施效果。因而成都在构建文化产业政策体系时，应借鉴国内外城市经验，注重提高政策的创新性，灵活政策手段，增强政策的时效性，以便更好满足文化产业发展的新要求。

（二）成都构建文化产业政策体系的路径

1. 加强产业结构引导政策，优化文化产业结构

（1）注重优化结构，支持新兴业态

针对"文化+""互联网+"及文化与科技融合，文化产业与相关产业融合等新发展趋势，加强中长期规划引导，突出融合发展理念下的文化产业结构高级化的方向和目标。出台以减税、补贴、贴息、种子基金等为手段的对新兴产业的扶持性、保护性政策。尤其是增加实施细则，管理办法，若干措施、标准、规范等内容细化，具有较强操作性的政策形式，以便对新业态、新趋势发展中遇到的新问题做出及时有效的引导和规范，推动文化产业结构中的高级化目标的实现。

（2）加大引导力度，巩固特色行业优势

结合产业发展现状和基础，对于成都文化产业的主导行业继续加强引导和扶持力度，主导行业即是具有良好产业基础，已形成一定规模的支柱性产业，如信息产业、传媒产业、会展产业、创意设计产业等优势行业，以及动漫游戏、新媒体、音乐等新兴主导行业。一方面，利用金融等政策继续扶持传统性支柱行业，扩大产业规模，培育骨干龙头文化企业。另一方面，通过政策制定，依据产业发展新趋势，科学合理安排产业发展序列，突出动漫游戏、新媒体、数字音乐等新兴主导行业的地位，保障其优先发展。

（3）深入细化政策，提升扶持效力

细化市场主体分类，针对文创企业、文创园区（基地）、文化特色楼宇等多样化的主体，制定与之相适应的配套政策，有的放矢，分析利弊，引导文化消费，培养文化消费观念，改善消费结构，从市场需求出发，积极提高文化产

品的有效供给。逐步改善文化产业结构性供需失衡的现状，实现有针对性、个性化的有效文化产品供给和消费。

2. 制定产业组织政策，规范文化产业市场环境

(1) 理顺体制机制，实现最佳配置

通过出台文化产业组织政策，理顺市场体制机制，处理好政府与产业、企业之间的关系，以文化产业最佳资源分配状态为目标，调整文化产业结构，推动文化产业结构高级化的实现，促进文化产业的供给侧结构改革。

(2) 完善产业组织政策，保障公平竞争秩序

尊重市场规律，针对发挥市场机制作用过程中所存在的问题，采取各种措施补齐短板，推进健全知识产权、版权交易、市场规则、信用机制等为核心的政策，制定维护市场秩序的系列政策，规范文化产业市场环境，促进公平有序的竞争，优化文化市场支撑体系。一是营造平等有序的市场环境。尤其是强调不同所有制、不同规模的市场主体之间的平等竞争关系，打破体制和竞争壁垒，增强企业竞争活力。二是助推骨干龙头文化企业的成长。以政策手段保护和扶植文化企业，促进专业化协作，引导文化企业提高技术水平，降低生产成本，不断提高龙头文化企业的综合素质，发挥对本地文化产业的带动作用。

3. 侧重产业发展激励政策，推动产业稳步提升

(1) 突出产业技术政策，保障创新驱动

文化与科技的融合发展是文化产业发展的重要方向，因此，成都未来文化产业的政策应突出产业技术政策的研究和出台。一是针对文化产业的科学技术研发、运用等领域，出台规划、管理办法等，确定文化产业发展的目标、方向和重点发展的领域，鼓励高新技术在文化产业发展中的融合利用，对文化产业与科技融合的发展前景做出科学预测和规划，制定具体实施的步骤和时间安排。二是对过程中出现的问题做出及时的协调、监督和服务。三是提升文化产业发展中技术含量，以政策的形式鼓励和保护文化产业结构中高科技行业的发展壮大。

(2) 创新配套政策，促进人才战略

高素质的专业人才是促进文化产业转型升级的关键之一。为了更好地吸引文化产业人才，成都应进一步完善相关配套政策，加大对文化产业人才的激励。一是创新分配制度、晋升制度等配套政策。吸引国内外人才的汇集，调动各层次人才的积极性，保障文化产业创新发展的内在驱动力。二是加强人才教育培养的政策支持。扩大对文化产业人才的专业教育、职业教育、终身教育、出国交流培训的投资和支持力度，促进多层次人才结构的培养，为成都文创中

心建设输送源源不断的高素质人才。

（3）强化产业布局政策，优化资源配置

一是充分发挥成都地域文化资源优势，结合前期文化产业发展的基础，促使资源配置在空间上达到最有效率的状态，精细化制定文化产业内各行业的专项政策，提高政策的覆盖面和指导性。二是按照创新、协调、绿色、开放、共享的五大发展理念，以及统筹规划、因地制宜、发挥优势、分工合作、协调发展的原则，推动文化产业空间的科学合理布局，处理好各区（市）县在合作发展、错位发展上的关系。三是科学确定主导行业。根据本地资源、产业优势、市场容量以及技术实力等，科学合理地确定主导行业，加大对主导行业的政策支撑，保障主导行业在投融资、基础设施建设、市场培育、技术支持、成果转化等多方面的健康发展。

（4）注重杠杆性政策，提升政策引导力度

一是注重财政、税收、专项资金的管理使用，尤其是利用产业基金撬动社会资本等政策调整手段，发挥财政税收政策和财政资金优化限劣的作用，[①] 从政策上加大对于文化产业的新兴行业、高效益行业及主导行业的资金投入。二是通过创新借款政策和专项资金的使用办法，拓宽我市文化产业的融资途径，提高资本聚集效率。

4. 提升政策科学性，完善政策运作机制

文化产业政策体系是一个不断自我完善、自我发展的系统，在构建成都的文化产业政策体系的过程中，一是要切合本地实际，根据自己产业发展的方向和目标，有针对性、有目标性地构建覆盖产业结构、产业组织及产业发展等全方位的政策体系。二是要注重政策的可执行性、落地性，从宏观的中长期规划、指导意见，到微观层面的实施细则、管理办法等，丰富政策的层次，创新政策的手段，提高政策的有效性。三是要加强政策的科学性。在政策制定的前期，充分调查研究，强化政策的科学性、前瞻性，同时注重与上级政策、同级其他政策的协调性，按照政策互补的原则，确保多层次的政策形成合力，共同推进成都文化产业的发展。四是要加强政策的自我完善，对政策的效力进行及时评估和修订，提升政策措施的作用力度，推进成都文化产业政策的系统性、稳定性和连续性，构建科学有效的文化产业政策体系，更好地促进文化产业转型升级，推动成都建设文创中心。

---

① 邬义钧，邱钧. 产业经济学 [M]. 北京：中国统计出版社，2001：181.

第十二章　成都推进文化治理现代化的策略和路径

　　"文化治理"是文化管理的高级形态，是"治理性"观念在文化领域的发展。"文化治理"的核心是寻求政府、社会和市场三者之间的合作和互动，达到公共文化事务得以"善治"的方式。由于历史文化传统、政治经济制度和经济社会所处的发展阶段不同，各个国家和地区文化治理的思路、模式和做法存在诸多差异。作为国家文化体制改革试点城市，成都文化治理表现出治理主体从一元到多元，治理客体由内部到融合，治理手段从单一到综合的演进逻辑。本章借鉴文化治理的国际经验，在回顾成都文化治理历程，分析现状特征的基础上，提出在建设文创中心的目标定位下，推进城市文化治理能力现代化的五大任务。

　　"完善和发展中国特色社会主义制度，推进国家治理体系和治理能力现代化"是党的十八届三中全会提出的全面深化改革的总目标。文化治理是国家治理体系和治理能力现代化的重要组成部分。文创中心是成都建设国家中心城市的主要任务之一，旨在服务全国文化发展战略，起到区域示范和带动作用。推动城市文化治理能力的现代化，是建设文创中心的重要内涵。文化既是治理的客体，又是治理的工具，具有明显的双重属性。推进文化治理的目标是实现文化善治。成都推进文化治理能力现代化，就是要在文化领域内充分体现治理理念，从主体、对象、功能、机制以及方式等方面全面升级转型，提升城市文化软实力。

一、文化治理的理论溯源

　　"文化治理"英文为"culturalgovernance"，由西方学者提出，多见于文化政治学、公共管理学等领域。"文化治理"的提出，是现代社会文化发展以及对文化政治关系认识深化的反映。首先，随着市场经济体制的全面建立和现代化的全面推进，文化逐渐由一个从属的、不够独立的领域，分化为一个相对独立的领域，管理压力增大。其次，文化与政治之间，一直有着复杂的关系。当代社会，文化与政治的相互渗透融合进一步加强。梳理"文化治理"的思想史，主要以福柯的治理理论为发端，表现出从政治治理到文化治理的逻辑线索。

（一）西方视野中的文化治理理论

1. 米歇尔·福柯（M. Foucault）的政治治理理论

20 世纪 70 年代，法国哲学家米歇尔·福柯提出"治理性"（governmentality）概念，强调"治理术"不同于先前统治方式的一些特点（见表 12-1），认为治理是对事物的准确布置，通过安排，将其引向合适的目的。从"法则"向"策略"（tactics）的转变是福柯治理艺术的重要特征，并突出了对机制和程序的考量。治理的对象是"事物"（things），也就是"人处于和各种物的关系之中"。在福柯看来，"治理性"是治理的技术及治理的理性基础（rationality）之集合①。"治理性"是一种"对事物的支配权"，一个有别于主权式的权力概念，有别于从阶级斗争立场出发的"意识形态国家机器"② 和"文化领导权"③。治理在某种程度上也就是"依经济学的模式运用权力的艺术"④。

表 12-1　统治与治理的区别

	统　治	治　理
内涵	从外部施加对国家的统治	对事物的准确布置，通过安排，将其引向合适的目的
主体	君主	"治理者"内在于国家之中
对象	领土以及生活在领土上的人	事物（things）、人与物的关系
手段	一元化的法则，单向度自上而下的压制	多样化的策略与机制，自治与他治的"多元化平衡"
特征	唯一性、外来施加性	多样性、内在性

2. 托尼·本尼特的文化治理理论

英国文化研究学者托尼·本尼特从治理实践的角度，将福柯的治理思想运

---

① Foucault，Michel. *"Governmentality" in G. Burchill，C. Gordon and P. Miller（eds），The Foucault Effect：Studies in Governmentality*［M］. Chicago：University of Chicago Press，1991：102-103.

② Althusser，Louis. *Lenin and Philosophy and Other Essays*［M］. London：New Left Books. 1971.

③ Gramsci，Antonio. *Selection from the Prison Notebooks，ed. and trans Quentin Hoare and Geoffrey Nowell Smith*［M］. New York，1971：12.

④ Foucault，M. *Security，Territory，Population：Lectures at the College de France*，1977—1978［M］. Basingstoke and New York：Palgrave Macmillan，2009.

用到文化领域，认为审美、治理和自由体现了文化治理的"自我"向度，文化既是治理的对象，又是治理的手段，强调"自治"与"他治"的共生。文化治理既是自我与他人的关联，又是主体与客体的关联。将自由视为联结审美与治理的纽带。本尼特认为：博物馆、艺术馆、图书馆等文化机构都具有文化治理的潜能，对理想公民的塑造起到了积极作用。这类机构的历史演变过程及其物质空间中渗透的各种微观技术都值得仔细考量。博物馆是其"机制"性关注与"自治"性关注的叠合点[①]。

（二）中文语境下的文化治理理论

我国学者对"文化治理"的研究涉及政治学、经济学、文化学、文学等诸多学科。把"治理"引入到文化领域，肇始于我国台湾地区。台湾地区学者王志弘等认为，"文化治理就是经由文化来治理，也可能以文化本身为对象，但也经常以经济发展或政治秩序稳定为目标"[②]。中国大陆学者对"文化治理"概念的研究从三个维度展开，一是从文化政策的维度，认为"文化治理"是为文化发展确定方向的公共部门、私营机构和志愿（非营利）团体组成的复杂网络[③]。二是从文化产业的维度，认为文化具有社会治理的功能与特征，文化产业具有治理性，其治理性是文化治理性的延伸与发展[④]。三是从公共文化服务的维度，认为公共文化服务涉及政府、社会和市场多元主体关系以及这些关系的协调和合作[⑤]。并从政治、社会和经济三个维度，对文化治理的概念进行了较为系统的阐释。学者们认为：从管理向治理的转变，意味着党和国家在社会经济文化的全面发展中，在权力配置和行为方式等方面正在经历一种深刻的转变[⑥]。要推动文化管理向文化治理和文化善治转变，需要协调处理好建立健全现代文化市场体系、构建现代公共文化服务体系和文化管理体制机制创新[⑦]三个方面的关系，在政府、市场和社会相统一的"三位一体"的发展路径中，形成国家文化治理的体制机制。

党的十八届三中全会提出"推进国家治理体系和治理能力现代化"，对文化行政部门的政策话语和文化管理相关学科的学术话语都产生了重要影响，

① 徐一超．"文化治理"：文化研究的"新"视域［J］．文化艺术研究，2014（7）．
② 王志弘．文化治理与空间政治［M］．台北：群学出版有限公司，2011．
③ 郭灵凤．欧盟文化政策与文化治理［J］．欧洲研究，2007（2）：64—76．
④ 胡惠林．国家文化治理：发展文化产业的新维度［J］．学术月刊，2012（5）：25—32．
⑤ 吴理财．公共文化服务的运作逻辑及后果［J］．江淮论坛，2011（4）：143—149．
⑥ 周晓菲．治理体系和治理能力如何实现现代化［N］．光明日报，2013—12—04，第4版．
⑦ 祁述裕．推动文化管理向文化治理与善治的转变［J］．人民论坛，2014（4）：172—173．

"文化治理"成为理论界和政府部门关注的热点。总的来看有两个侧重点：一是强调文化的治理作用。强调文化治理是国家治理的重要内容，国家治理需要文化导航引路。二是强调对文化的治理。重点是从"文化管理"向"文化治理"转变，主张突破传统单一的政府主体自上而下"文化管理"，走向由政府、企事业单位、社会组织和公民个人互动合作的"文化治理"①。

二、文化治理与文化治理体系

（一）文化治理的内涵

不同的研究维度，对文化治理的界定有所不同，但都集中在关系、机制、制度等范畴。从公共管理的视角，"文化治理"可视为将"文化"与"治理"理念相结合，来处理公共文化事务，进行公共文化决策，配置文化资源与权力的过程；也可以理解为各利益相关方在共同管理公共文化事务的过程中，通过力量博弈形成的一种复杂的"自组织"关系②。从政治学的视角，"文化治理"是文化政治场域，通过再现、象征和表意作用而运作和争论的权利操作和资源分配，以及认识世界与自我认识的制度性机制③。从文化学的视角，文化治理是国家通过采取一系列政策措施和制度安排，利用和借助文化的功能，用以克服与解决国家发展中的问题④。

按照全球治理委员会（Commission on Global Governance，CGG）在《我们的全球伙伴关系》研究报告中提出的"治理"的权威定义，"文化治理"是指各种公共的或私人的和个人的机构管理其共同的文化事务的诸多方式的总和。文化善治是文化治理的价值目标⑤。"文化治理"的核心是寻求政府、社会和市场三者之间的合作和互动，达到公共文化事务得以"善治"的方式。

（二）相关概念辨析

"文化治理"在很大程度上存在一个概念流变的过程，常常与"文化管理""文化政策"等概念互换，在此有必要通过概念辨析予以明确。

---

① 王前. 理解"文化治理"：理论渊源与概念流变 [J]. 云南行政学院学报，2015（6）：20—25.

② 毛少莹. 文化治理成为社会治理的重要部分 [J]. 人文岭南，2012（19）.

③ 王志弘. 台北市文化治理的性质与转变，1967—2001 [J]. 台湾社会研究季刊，2003（4）.

④ 胡惠林. 国家文化治理需让更多公民参与 [N]. 光明日报，2013-11-14.

⑤ 胡惠林. 文化治理中国：当代中国文化政策的空间 [J]. 上海文化 2015（2）：5—13.

用到文化领域，认为审美、治理和自由体现了文化治理的"自我"向度，文化既是治理的对象，又是治理的手段，强调"自治"与"他治"的共生。文化治理既是自我与他人的关联，又是主体与客体的关联。将自由视为联结审美与治理的纽带。本尼特认为：博物馆、艺术馆、图书馆等文化机构都具有文化治理的潜能，对理想公民的塑造起到了积极作用。这类机构的历史演变过程及其物质空间中渗透的各种微观技术都值得仔细考量。博物馆是其"机制"性关注与"自治"性关注的叠合点①。

（二）中文语境下的文化治理理论

我国学者对"文化治理"的研究涉及政治学、经济学、文化学、文学等诸多学科。把"治理"引入到文化领域，肇始于我国台湾地区。台湾地区学者王志弘等认为，"文化治理就是经由文化来治理，也可能以文化本身为对象，但也经常以经济发展或政治秩序稳定为目标"②。中国大陆学者对"文化治理"概念的研究从三个维度展开，一是从文化政策的维度，认为"文化治理"是为文化发展确定方向的公共部门、私营机构和志愿（非营利）团体组成的复杂网络③。二是从文化产业的维度，认为文化具有社会治理的功能与特征，文化产业具有治理性，其治理性是文化治理性的延伸与发展④。三是从公共文化服务的维度，认为公共文化服务涉及政府、社会和市场多元主体关系以及这些关系的协调和合作⑤。并从政治、社会和经济三个维度，对文化治理的概念进行了较为系统的阐释。学者们认为：从管理向治理的转变，意味着党和国家在社会经济文化的全面发展中，在权力配置和行为方式等方面正在经历一种深刻的转变⑥。要推动文化管理向文化治理和文化善治转变，需要协调处理好建立健全现代文化市场体系、构建现代公共文化服务体系和文化管理体制机制创新⑦三个方面的关系，在政府、市场和社会相统一的"三位一体"的发展路径中，形成国家文化治理的体制机制。

党的十八届三中全会提出"推进国家治理体系和治理能力现代化"，对文化行政部门的政策话语和文化管理相关学科的学术话语都产生了重要影响，

---

① 徐一超．"文化治理"：文化研究的"新"视域［J］．文化艺术研究，2014（7）．
② 王志弘．文化治理与空间政治［M］．台北：群学出版有限公司，2011．
③ 郭灵凤．欧盟文化政策与文化治理［J］．欧洲研究，2007（2）：64—76．
④ 胡惠林．国家文化治理：发展文化产业的新维度［J］．学术月刊，2012（5）：25—32．
⑤ 吴理财．公共文化服务的运作逻辑及后果［J］．江淮论坛，2011（4）：143—149．
⑥ 周晓菲．治理体系和治理能力如何实现现代化［N］．光明日报，2013—12—04，第4版．
⑦ 祁述裕．推动文化管理向文化治理与善治的转变［J］．人民论坛，2014（4）：172—173．

"文化治理"成为理论界和政府部门关注的热点。总的来看有两个侧重点：一是强调文化的治理作用。强调文化治理是国家治理的重要内容，国家治理需要文化导航引路。二是强调对文化的治理。重点是从"文化管理"向"文化治理"转变，主张突破传统单一的政府主体自上而下"文化管理"，走向由政府、企事业单位、社会组织和公民个人互动合作的"文化治理"①。

二、文化治理与文化治理体系

（一）文化治理的内涵

不同的研究维度，对文化治理的界定有所不同，但都集中在关系、机制、制度等范畴。从公共管理的视角，"文化治理"可视为将"文化"与"治理"理念相结合，来处理公共文化事务，进行公共文化决策，配置文化资源与权力的过程；也可以理解为各利益相关方在共同管理公共文化事务的过程中，通过力量博弈形成的一种复杂的"自组织"关系②。从政治学的视角，"文化治理"是文化政治场域，通过再现、象征和表意作用而运作和争论的权利操作和资源分配，以及认识世界与自我认识的制度性机制③。从文化学的视角，文化治理是国家通过采取一系列政策措施和制度安排，利用和借助文化的功能，用以克服与解决国家发展中的问题④。

按照全球治理委员会（Commission on Global Governance，CGG）在《我们的全球伙伴关系》研究报告中提出的"治理"的权威定义，"文化治理"是指各种公共的或私人的和个人的机构管理其共同的文化事务的诸多方式的总和。文化善治是文化治理的价值目标⑤。"文化治理"的核心是寻求政府、社会和市场三者之间的合作和互动，达到公共文化事务得以"善治"的方式。

（二）相关概念辨析

"文化治理"在很大程度上存在一个概念流变的过程，常常与"文化管理""文化政策"等概念互换，在此有必要通过概念辨析予以明确。

---

① 王前．理解"文化治理"：理论渊源与概念流变［J］．云南行政学院学报，2015（6）：20—25.
② 毛少莹．文化治理成为社会治理的重要部分［J］．人文岭南，2012（19）．
③ 王志弘．台北市文化治理的性质与转变，1967—2001［J］．台湾社会研究季刊，2003（4）．
④ 胡惠林．国家文化治理需让更多公民参与［N］．光明日报，2013—11—14.
⑤ 胡惠林．文化治理中国：当代中国文化政策的空间［J］．上海文化 2015（2）：5—13.

1. 文化治理与文化管理

文化治理强调自治和自由维度。"治"的本意，是以水的特征为方法进行修整、疏通，目的是解决问题，讲究的是具有弹性的因势利导、疏导通畅；文化管理强调他治、控制维度（见表12－2）。"管"的本意，是竹制的六孔乐器，引申为掌管、管摄、管领等意思，核心是价值尺度，讲究的是具有刚性的领导、组织、指挥、控制。

表12－2　文化治理与文化管理比较

	文化治理	文化管理
内涵	通过采取一系列政策措施和制度安排，利用和借助文化的功能，用以克服与解决国家发展中的问题	通过建立一系列规章制度对人、社会和国家文化行为的规范化
对象	政治、经济、社会和文化	文化行为及其整个生态系统
主体	政府和社会	政府
手段	能动性、自主性策略	基于价值尺度的规定
特征	文化分权，针对问题的解决与克服，具有很强的规训弹性	文化集权，具有强制性约束力及很强的惩戒刚性

2. 文化治理与文化政策

文化政策是有关国家文化意志和文化利益的一整套制度性规定、规范、原则和要求体系的总称[1]。文化政策是文化治理最重要的手段和工具，具有三个特征：①一种正式制度；②体现国家文化意志；③一种文化利益分配。[2] 文化政策反映了一个国家的政治体制、文化制度以及文化机制体系，具有强烈的政治敏锐性。作为文化治理的手段和工具，文化政策代表了特定时期对文化领域问题的相关主张和对策原则，是"元治理"的重要表征，具有主导作用。从我国的实际情况来看，党的历届代表大会报告和政府工作报告中涉及文化的部分，集中体现了社会主义文化的制度安排，是我国文化政策的根本遵循，通过文化政策的制定实施、引导推动，加快从文化管理向文化治理的转变。

（三）文化治理体系的构成和特征

1. 文化治理体系的构成

文化治理体系由治理主体、治理客体和治理方式构成。

---

① 胡惠林.文化政策学［M］.上海文艺出版社，2003.
② 刘彦武.当前我国文化政策设计中的不足与完善［J］.中华文化论坛，2009（4）：76－81.

第一，文化治理主体，指文化治理的责任承担者和参与者。从宏观主体看，市场经济条件下，文化治理体现为政府、市场和社会三个领域和范畴的共生互动，各主体系统的运行机制不同（见表12-3）。政府系统以行政机制为主，市场系统以市场机制即竞争与赢利为主，社会系统以社会机制即公益与合作为主。我国的历史背景和现实国情要求政府在文化治理中必须承担"元主体"的责任。三大宏观主体可以派生出政府（党委）、事业单位、企业、社会组织（第三部门）与公民等具体主体，共同参与文化治理。政府是文化治理的"元主体"，市场和社会为多元主体。

表12-3　文化治理宏观主体划分依据[①]

宏观主体	运行机制	系统内关系	价值优势
政府	行政机制，命令服从	不平等	公平
市场	市场机制，竞争赢利	平等	效率
社会	社会机制，公益合作	平等	人道

第二，文化治理客体，指文化治理的对象和内容。从传统视角看，计划经济时期，文化管理的对象和内容可统称为文化事业。随着"文化二分法"的提出，文化事业和文化产业成为文化管理的对象和内容。按照不同层次的文化需求，我国文化治理客体可以理解为国家文化需求和公民基本文化需求和私人文化消费需求（见表12-4）。

表12-4　我国文化治理客体及划分依据

要素	国家文化需求	公民基本文化需求	私人文化消费需求
治理客体	国家、民族	公民全体	公民个体
治理主体	政府＋社会	政府＋市场＋社会	市场＋社会
意识形态相关度	强	中	弱
实现机制	行政为主	综合	市场为主
业态表现	公益性文化事业	经营性文化事业	经营性文化产业

第三，文化治理方式，连接文化治理主体和客体的桥梁和机制是治理的方式和手段。文化治理的基本方式是法治。文化治理的具体手段包括：①法律手段。重视立法规划与布局，提高文化立法质量，完善和改进文化立法体制和程

---

① 景小勇.国家文化治理体系的构成、特征及研究视角［J］.中国行政管理，2015（12）：51-56.

序。②行政手段。加快推进政府文化职能转变，转变政府管理体制。③经济手段。既包括政府宏观调控中体现经济和市场规律的各种政策和指令，也包括市场运行和文化产业发展中各主体自觉自发运用的市场机制。④社会和公益手段。重视社会组织化过程中文化治理和文化服务的实践探索，倡导鼓励文化治理公益性发展路径。

文化治理主体　　　文化治理方式　　　　　文化治理客体

政府

市场

社会

法律手段、行政手段、经济手段和社会公益手段

国家文化需求

公民基本文化需求

私人文化消费需求

图 12-1　文化治理体系的构成

2. 文化治理体系的特征

与文化管理模式相比，文化治理体系具有以下特征：

第一，体系结构的复杂化与开放性。在管理模式下，政府是单一的管理主体，其他社会组织和公民个人都是客体和被管理者，主客体关系绝对化和不平等，管理与被管理关系是单一的自上而下，纵向层次较多。在治理模式下，强调政府、市场和社会的参与度和协同度，既是治理的主体，又是治理的客体，在治理体系结构上呈现纵向、横向以及网络化的复杂系统特点，按照一定的运行机制组成具有平等性、开放性治理功能的整体。

第二，运行机制的市场化与平等性。在管理模式下，政府是社会经济文化发展的权利和动力源头，行政机制是管理运行的主要机制，自上而下的命令和指挥是基础的管理方式。在治理体系中，政府、市场和社会分别提供不同的动力和运行机制，在不同领域起主导作用。市场机制很大程度上取代行政权力成为文化治理体系中起决定性作用的机制，平等地依靠协商和契约进行治理与合作成为常态。

第三，功能内容的复合化与包容性。文化治理的价值追求不仅是提升文化软实力，也承认不同主体即政府、企业、社会组织及公民个人的文化需求和期望，并给予积极回应。相应的各主客体之间的功能定位、内容任务、事权划分，甚至资金来源也更加复合多元。而总的治理目标、内容和不同主客体的具体需求、功能及事权的确立都是复合存在的，相互融合、相互接纳和相互支撑体现出包容性的特点。

第四，方式手段的协同化与参与性。文化治理体系尊重不同主体的价值诉求和利益诉求，政府负责统筹协调，构建政府、市场和社会多元主体参与协同机制，强调开放参与、需求表达、信息传递、处理反馈功能，从垄断的刚性管理方式向共谋共享的弹性治理方式转变，从单一的行政管理手段向行政、法律、经济、社会组合治理手段转变。

三、文化治理现代化的国际经验借鉴

文化治理是经济社会水平发展到一定阶段的产物。由于历史文化传统、政治经济制度和经济社会所处的发展阶段不同，各个国家和地区形成了不同的文化治理思路、模式，其做法也存在诸多差异，源自发达国家的文化治理国际经验值得我们借鉴学习。

（一）体现权力制衡的间接管理

发达国家通常将公共开支大约1%的比例用于公共文化投入，但政府一般不直接运作相关经费，而是通过建立国家艺术理事会的制度来进行经费的间接管理，承担国家文化艺术财政投入的分配工作[①]。艺术基金会制度源于"一臂之距"政策，体现了权力制衡理念。将艺术资助独立出来，在一定程度上分散了政府的权力。艺术基金会通常作为法定机构，吸纳文化艺术领域专家和社会各界知名人士，构建专家集合式管理体制，形成良好的共同治理结构。

（二）构建多元主体共治体制

发达国家大量公益性公办或私立文化机构的存在和运营，是公共文化服务水平与质量的重要保证。这些公共文化事务、文化产品相关生产供给机构和组织也是文化治理对象的主要构成。大多数公共文化机构（组织）普遍采用"理事会"（管理委员会）制度进行管理，通过权利让渡、权力制衡，建立政府、市场、社会和个体协同互动的共同治理体制，避免政府自由裁量权过大造成的公共资源错配。

（三）公民参与文化政策制定

发达国家文化治理理念还体现在每项文化政策制定过程中的公民参与。在公共文化政策，尤其是重大公共文化政策、项目的制定过程中，利益相关方均

---

① 毛少莹. 文化治理及其国际经验 ［J］. 中国文化产业评论，2014（2）：71—99.

是政策制定的主体，政策诉求、政策目标、政策手段通常以利益相关方参与互动的方式来确定。通过政策信息公开和新闻媒体搭建社会公众利益表达平台，在多元主体之间形成政策共识，体现公共政策的公众价值导向性。就具体的操作来说，如民意调查、"关键公众接触"、咨询委员会制度等做法值得借鉴，这些最终保证在公共文化决策中充分体现治理精神。

（四）非营利组织参与文化事务

非政府组织（NGO）也称非营利组织（NPO），是指不以营利为目的的组织。发达国家有大量的非营利文化团体、机构等组织，提供公共文化产品的具体生产和服务。凡登记为非营利组织的文化机构，均可以享受相关的税收等方面的优惠，并接受社会捐赠①。大量非营利文化组织的参与，极大缓解公共文化事务的资金压力，且能聚集更多人员参与，形成多元互补和良性互动。克服了政府作为单一主体的供给带来的效率低下、模式固化、资源浪费的问题，进而实现公共文化事务的"善治"。

（五）文化管理与服务适度"社会化"

公共文化管理与服务的适度"社会化"主要体现为政府与民间建立"公司合作伙伴关系"，典型的如"托管制"和"公私合作伙伴制"。"托管制"是始于英国的一项公共文化管理的标志性制度，即将大型公共文化设施或项目等交由非政府组织"托管"，政府部门及社会负责监管。"公司合作伙伴制"即政府主要扮演资助者的角色，具体事务的运作交由民间组织或专业团体完成。例如，大英博物馆是英国最早实行托管制的国家公共文化服务机构，意大利将公共歌剧院改组为私法性质的基金会组织形式，鼓励私人资本进入歌剧院等公共文化领域。

（六）评估公共文化机构和组织的绩效

绩效是衡量文化治理能力的重要内容。对接受公共财政资助的公共文化服务机构进行绩效考核，考核结果作为公共文化资源分配的重要依据。如美国的公共文化事业捐助率达到三分之一，由中介组织予以实施与评价。从发达国家的实践来看，公共文化行政部门的绩效评估与管理已经历了"财务导向""目标导向"的不同发展阶段，避免了政府"授权"指挥运作公共文化体系带来的

---

① 毛少莹. 文化治理及其国际经验 [J]. 中国文化产业评论，2014（2）：71-99.

资源浪费和供给低效，由公众需求决定政策取向，从精英意志走向公众意志，实现公共文化供给效率和效果的兼顾。

四、成都文化治理现代化演进历程和现状

综观新时期我国文化治理变革的轨迹，文化体制改革是一条清晰的主线，成都也不例外。深化文化体制改革的总命题，就是推进国家文化治理能力的现代化。文化体制改革是我国文化制度的自我完善和发展，本质上是政府、市场和社会三者之间权责关系与职能边界在文化领域的重大调整与重新建构①，其目的是建立与社会主义市场经济体制相适应的文化体制，提高政府文化治理能力和治理效率。可以说，成都文化体制改革的过程，也就是城市文化治理演进的历程。

（一）成都文化体制改革的历程

按照成都文化体制改革的进展时序，可大致分为两个阶段：起步探索试点阶段和全面深化拓展阶段。

1. 起步探索试点阶段（2003—2007年）

这一阶段以出台文化体制改革实施意见为标志，改革主要集中在微观层面，探索体制机制创新，推动文化事业单位改革，培育国有文化市场主体。

（1）建立文化体制改革的领导机制和工作机制。作为全省改革的重点城市，成都市在2004年出台了市委、市政府《关于加快文化体制改革和文化产业发展的实施意见》，成立了由市委、市政府主要领导牵头的成都市文化体制改革和文化产业发展领导小组，建立了"党委统一领导、政府大力支持、党委宣传部门协调指导、行政主管部门具体实施、有关部门密切配合"的文化体制改革领导体制和工作机制。

（2）启动文化事业单位体制改革。一是调整和改革文艺院团体制，对文化事业单位进行分类重组，组建成都艺术剧院，将川剧艺术中心并入川剧院。二是整合公益性文化事业单位，组建成都博物院，实现了成都博物院（成都市文物考古队和成都市考古研究所）"三块牌子、一套班子"的改革目标。三是改革文化事业单位人事制度，市文化局直属的32个事业单位完成全员聘用和全员参保。四是探索推进经营性文化事业单位转企改制，组建成都演艺（集团）

---

① 张良. 论文化体制改革的分析框架建构 [J]. 理论与现代化，2014（1）.

公司，经过市场化改革成为自主经营、自负盈亏和自我发展的股份制企业。

（3）培育国有文化市场主体。一是整合传媒资源，组建成都传媒集团，探索传媒业运行管理新机制，实行党委领导、政府管理、行业自律和依法经营的企业化管理方式，按照"集约经营"原则，对媒体资源和多元化产业资源进行整合，推动新闻事业和文化产业的发展。二是整合重组文化旅游资源，成立成都文旅集团，按照"发展大旅游、形成大产业、组建大集团"的思路，深化文化旅游体制改革，优化文化旅游资源配置，推动文化旅游产业发展。

2. 全面深化拓展阶段（2007 至今）

2007 年 2 月，成都市被确定为全国文化体制改革新增试点地区，以此为标志，改革进入第二阶段，集中在加快经营性事业单位转企改制，深化国有文艺院团改革，探索文化治理主体和客体的创新。

（1）出版和电影等经营性文化事业单位转企改制。完成成都市经营性出版单位和电影制作放映单位转企改革，分别成立成都时代出版社有限公司和成都音像出版社有限公司。2011 年撤销成都市电影发行放映公司、核销其 450 名自收自支事业编制，注册登记新公司——成都市电影集团有限责任公司。

（2）创新广播电视台管理体制。2009 年，成都广播电台和成都电视台合并，统一由成都传媒集团负责管理和运营。成都市有线广播电视网络整合全面完成，成立市场化专业运作机构"全媒体娱乐运营中心"，探索广播电视制播分离的有效模式。

（3）改革文化行政管理体制和文化执法体制。整合文化行政管理资源，2010 年，结合市政府机构改革，设立成都市广播电视和新闻出版局，同时，指导各区（市）县推行文广新"三局合一"。2012 年，组建成都市文化市场综合执法总队。2015 年，将市文化局、市广播电视和新闻出版局的职责整合，组建市文化广电新闻出版局，标志着成都探索"大文化"治理，转变文化行政职能迈出新的一步。

（4）深化国有文艺院团改革。2012 年，成都艺术剧院转企改制，组建成都艺术剧院有限责任公司。成都艺术剧院所属的曲艺、木偶皮影、民乐和交响乐四个文艺院团整体划入新设的"成都市非物质文化遗产保护中心"；市川剧院、市京剧团调整更名为"成都市川剧研究院""成都市京剧研究院"，均为公益性文化事业单位。

（5）推进首批非时政类报刊出版单位体制改革。成立成都市非时政类报刊出版单位体制改革工作联席会议，推动《公司》杂志社、《时代教育》报刊社、《新食品》杂志社、《建材与装饰》杂志社和《电焊机》杂志社等五家非时政类报刊出版单位的转制工作。完成新公司工商注册登记，注销原事业单位法人，核销原事业编制，新公司同职工签订劳动合同，按照企业办法参加社会保险。

这一阶段，作为文化体制改革的中心环节，政府文化行政职能转变和经营性文化事业单位转企改制的工作初见成效，国有文化市场主体缺失的状况得到明显改善，文化市场活力得到较大释放。

（二）成都文化治理现代化的演进特征

从文化体制改革的历程可见，成都文化治理现代化演进的特征是治理主体从一元到多元，治理客体由内部到融合，治理手段从单一到综合。

1. 治理主体从一元到多元

从治理实践来看，改革开放之后，随着文化市场地位的确立，成都文化治理主体历经从一元治理到多元治理的变迁，体现出"元治理"① 和协调治理② 的特点。"多元"包括政府是主导力量，国有文化企事业单位是关键依托，民营文化企业是重要支撑，社会组织是补充力量，市民群众是坚实基础。"十二五"期间，成都基本形成了党委、政府、社会、市场和个体等都共同参与文化治理的格局。探索"大文化"治理，实现了文化领域行政资源的整合。充分发挥市级文化产业发展专项资金的引导作用，支持社会力量通过兴办实体、资助项目、赞助活动和提供设施等形式参与公共文化服务和文化产业发展，公共文化服务的社会化程度得到提高。与此同时，大力培育城市文化志愿者，建立文化志愿服务常态化机制，使其在基层文化建设和群众文化活动中成为新生力量。

2. 治理客体由内部到融合

随着文化体制改革的深入推进，成都文化治理的对象和内容逐渐由体制内到体制外，治理范围也由小及大，从内循环到跨界融合。在治理主体关系重构的过程中，城市文化治理的客体呈现出"文化＋""互联网＋"的融合发展特征。一方面，文化治理开始服务于城市经济结构调整、产业转型和新动能培育，出台了《成都市文化创意和设计服务与相关产业融合发展行动计划（2014-2020）》；另一方面，成都积极实施文化"走出去"战略，文化治理服

---

① "元治理"理论由英国著名政治理论家杰索普提出，旨在对市场、国家、公民社会等治理形式、力量或机制进行一种宏观安排，重新组合治理机制。"元治理"，强调国家（政府）在社会治理中的重要作用。

② 协同治理指在一个既定的范围内，政府、经济组织、社会组织和社会公众等以维护和增进公共利益为目标，以既存的法律法规为共同规范，在政府主导下通过广泛参与、平等协商、通力合作和共同行动，共同管理社会公共事务的过程以及这一过程中所采用的各种方式的总和。

务于城市经济参与全球竞争，游戏业在我市对外文化贸易中的规模优势和先发优势明显。2014年，西部第一、全国第四个"成都（西部）文化艺术品保税仓库"正式揭牌。2015年，游戏企业服务贸易额占到全市对外文化贸易的三分之二，在对外文化贸易中发挥重要支撑作用。

3. 治理手段从单一到综合

在文化法治的前提下，成都文化治理的手段从仅靠红头文件和行政手段逐渐向行政、经济、社会和公益手段相结合的综合方式转变。①在行政手段上，成都改革文化行政管理体制，探索"大文化"管理体制。同时，转变政府文化行政职能，简化行政审批，实行清单管理，文化市场依法规范，建立全域覆盖和全市联动的监管系统和机制；②在经济手段上，成都积极探索文化金融创新，制定出台了《深入推进文化金融合作的实施意见》，搭建文化产业投融资平台，支持优势文化企业进入资本市场；③在社会和公益手段上，成都积极探索向社会力量购买公共文化服务的机制建设，首创"公共文化服务超市"，搭建高效、便捷和规范的采购服务平台。探索利用"互联网＋"模式，开展公益电影进影院—政府惠民补贴电影活动。

（三）成都文化治理存在的主要问题

对照建设文创中心的战略定位和时代要求，成都推进文化治理能力现代化主要还存在三个方面的问题。

1. 文化治理理念的认识有待深化

总的来看，成都文化管理仍然滞后于文化发展实践，以多方主体协商、共同意愿达成为核心的文化治理理念和治理方式尚不成熟。一方面，政府在推动文化发展的过程中，尚未摆脱传统观念。文化发展中缺少治理的多元化、法治化、民主化以及协商性、过程性等元素，集中多、民主少，灌输多、协商少，"公权"运用的自由裁量权过大。加之不擅长对社会各阶层主体活力的引导和激发，政府对微观领域要么直接干预较多，要么放任不管。另一方面，政府在变"管理"为"服务"的过程中，缺乏文化治理理念。以公共文化服务为例，遵循的还不是"服务的逻辑"，而是"行政的逻辑"。更多是当作自上而下推进的行政任务，对上级负责，而不是一项公共服务职能，以市民对服务是否满意作为评价的主要标准。在制度设计上，缺乏市民公共文化需求表达机制和民主参与的环节，从而造成了服务与需要的错位乃至脱节。

2. 多元主体参与文化治理的能力有待加强

一方面，市场主体参与文化治理的能力不强。成都虽然已形成成都文旅集团、成都艺术剧院公司和成都演艺集团等市属文化集团和转制企业，主要是在文化体制改革的背景下，剥离文化系统经营性资产，整合旅游文化资源形成的国有市场主体，虽然资产规模较大，但大多靠着特许经营和垄断资源生存，市场竞争力和可持续发展能力较弱。社会资本进入文化市场的积极性较高，但政策性歧视仍然存在，市场在文化资源配置中的积极作用发挥不够充分，民营企业和文化机构的进入门槛、进入成本较高，造成市场主体广泛参与、文化服务社会化的意愿不高、能力不强，文化治理体系缺乏弹性。另一方面，社会组织参与文化治理的能力较弱。文化体制仍局限于某种"权力导向型"的模式中，社会组织相对于政府而言仍处于从属和依附的地位。例如，在公共文化服务体系建设的城市实践中，文化资源配置、文化财政投入、政府采购等社会化转型机制缺失，社会组织参与公共文化供给的渠道不畅，文化建设主体仍然局限在国有文化机构，社会组织缺位。对于已经进入公共文化服务体系的社会力量，政府对其后续发展的监督、考评和服务手段比较薄弱。

3. 文化治理能力的现代化水平有待提高

一是公共文化服务效能和水平不高。公共文化设施配置存在区域不均衡、城乡不均衡和服务群体不均衡的现象，公共文化产品种类数量少、质量不高和供需脱节的问题仍然普遍存在，高能级、标志性的公共文化设施缺少，基础设施网络有待完善。不仅缺乏标志性的大型文化设施，能够开展常态化文艺和体育等活动的场馆设施也明显不足，设施短缺和资源闲置的问题并存，公共文化服务的效率、效果、效益不高。二是文化产业竞争力较弱。现代文化产业体系和现代文化市场体系的形成是文化治理现代化的重要标志，表现为文化生产要素和资源的充分流动和高效配置，市场主体能够平等、独立、自主地开展文化产品的创意、制作、生产和文化服务。成都文化产业总量规模较小，新兴业态发育较慢，文化要素市场缺乏活力，支柱性产业的支撑和带动作用有限，总体实力尚未进入国家第一方阵。文化产业的创新创意能力较弱，在国际国内的竞争优势不够突出。三是城市人文气质展现不够充分。国家历史文化名城的保护水平还不高，街巷、城市肌理和历史建筑物等城市文脉的梳理和展示不足，历史文化有待活化传承，新城区的公共空间还缺乏文态项目的"硬支撑"，市民留住乡愁的精神和物质载体较少，传承优秀传统文化的功能发挥较弱。四是对外文化贸易水平亟待提升。与其他的国家中心城市和部分副省级城市相比，国家对外文化出口基地和重点企业的数量少，文化产品进出口在全市进出口贸易中所占份额处在较低的位置。

五、成都推进文化治理现代化的策略和路径

（一）成都推进文化治理现代化的策略

政府主导策略。文化治理本质上是对城市社会文化资源进行分配和控制，政府依然是文化治理的主导者和主要参与主体，扮演引导者、倡导者和基本公共文化服务提供者的角色。要借鉴国际大都市文化治理经验，加快转变政府职能，建立科学有效的文化管理制度，在文化事业领域发挥政府的主导和主体作用，在文化产业领域发挥引导和监督作用，创新文化管理体制机制，推动文化行政从传统管理模式向现代治理模式转变。

城市观照策略。对于一个城市来说，文化治理不仅是对文化的治理，更是基于城市文化的治理，具有特定的问题意识和政策含义。针对城市文化资源配置中的失效，强调观照城市差异化特征，用适合的方法来协调而不是控制。一方面，要准确把握城市地域文化特质，向传统寻求文化治理的基石和意涵，维持城市的文化认同。另一方面，要立足当下，对城市社会结构、价值观念和科学技术等变革的影响，及时通过文化治理给予回应。要在城市治理架构中进一步提升文化要素的作用，提高市民参与文化治理的积极性，对城市文化事务做出及时而适当的引导，优化城市文化供需结构，利用和借助地域文化和传统文化的治理功能，克服和解决在城市发展中的问题。

社会参与策略。作为社会治理的一部分，文化治理不仅是发挥文化在国家治理中的特殊作用，也是对文化的治理，核心是通过"自治"与"他治"相结合的方式，实现多方主体共同参与、共同协商、共同意愿，实现文化善治，提升国家现代化治理水平。提升城市文化治理的现代化水平，就是要改变由政府单一主体进行文化建设的"自上而下"治理模式，构建发动社会、企业和市民参与到文化生活中去的"网络化"治理模式，政府扮演主导者和基本服务提供者的角色。在文化产业发展中，要鼓励社会力量参与文化建设，构建"以公有制为主体、多种所有制共同发展的文化产业格局"。

（二）成都推进文化治理现代化的路径

1. 树立文化治理理念，构建文化治理机制

治理的目标是趋向"善治"，城市文化治理体系现代化的目标就是通过政府、市场、社会和市民的参与互动有效解决城市文化发展的问题。对于成都来说，就是要在文化发展过程中贯穿文化治理的理念，构建文化治理机制，让多

元主体共同参与城市文化建设。

一是要建立城市文化"共同治理"的机制。核心是发挥党和政府的"元主体"作用，社会各主体以平等的身份共同参与到城市文化建设中，积极建构政府主导，企业、社会组织和市民参与、互动、协商的文化共同治理机制。变"文化管理"为"文化服务"，通过建立文化参与、需求表达、评价反馈、互动协商的机制，畅通多元主体的文化参与渠道。二是要加快完善文化事业单位法人治理结构。落实县级文化事业单位（文化馆、图书馆和博物馆等）法人自主权，减少对文化事业单位具体事务的干预，加强绩效管理和目标考核。逐步推行理事会制度，广泛吸纳社会代表参与管理，健全决策、执行和监督机制。三是探索多元共治的运行模式。支持专业团队、公益组织、NGO组织、社会企业、文化志愿者等机构和个人，参与文化馆、公共文化活动和公共文化设施的管理运营，创新体制机制模式，探索建立学者、企业家与文化名人共同参与的理事会集合管理体制。

2. 夯实文化治理基石，发挥市场在资源配置中的积极作用

提升文化治理能力的关键，从政府主导向政府和市场两种力量共同作用，打破自我循环、自我封闭式的文化生产系统，将文化生产、流通、消费融入国民经济大循环，提高要素配置效率，充分释放文化生产力和创造力。

一是构建现代文化产业体系，要围绕建设文创中心的功能定位，做强做大传统传媒、会展、创意设计等具有比较优势的传统文化产业，培育扶持大熊猫文化、诗歌文化、蜀锦蜀绣文化、美食文化等特色文化产业，建设中国音乐之都，打造优秀文艺作品重要原创基地，推动成都成为中国西部演艺交流中心。领先发展新兴文化产业，推动"文化+""互联网+"，大力发展新型文化业态。二是构建现代文化市场体系，发挥市场在资源配置中的积极作用，支持符合条件的文化创意企业上市融资，推动重点国有文化企业资产重组整合及转型发展，培育一批骨干文创企业和小微文创企业。支持行业协会、产业联盟等社会组织发展，引导社会资本依法依规进入文化产业。加快培育文化要素市场，发展文化产品中介服务。三是推进文化要素公共服务平台建设，完善"文化创意产业专家信息库"，充分发挥"菁蓉汇"在文化创业中的平台作用。加强文化投融资平台建设，设立文化产业引导基金，创新财政资金的投入方式，组建银行融资风险资金池，支持金融机构探索适合文化贸易特点的信贷产品和贷款模式。

3. 加强文化治理支撑，推动公共文化服务社会化

建立现代公共文化服务体系的核心，是提升公共文化产品和服务的供给质量和效率。其主攻方向是由单一供给主体向多元供给主体转变。应在政府主导

的前提下，对接市民文化需求，创新公共文化服务供给方式，通过政府采购、政府与社会资本合作、组织志愿服务等多种途径，引导社会力量参与，最大限度实现公共文化服务的有效供给。

一是鼓励和引导社会力量参与。将竞争机制引入公共文化服务政府采购，建立市民文化需求表达、互动、反馈机制，在需求对接的基础上，制定购买公共文化服务实施办法和公开采购指导目录。引导企业和社会企业、社会组织参与公共文化设施建设运营、公共文化产品和服务的供给，探索以乡镇（街道）综合文化站为重点整合资源，提升管理和服务效益的PPP模式，构建公私合作伙伴关系。建立财政补贴机制，对社会机构组织公益演出、电影、讲座、展览、培训、出版、阅读等公共服务、活动和项目进行经费补贴。二是培育和规范文化类社会组织。引导文化类社会组织依法依规开展公共文化服务，充分发挥文化协会、文化学会、群众文艺社团组织、社会企业等社会组织在资源整合、行业示范、规范管理中的积极作用，大力推进民办美术馆、画廊、图书馆和剧团的发展，促进规范有序发展。三是大力推进文化志愿服务。建立志愿服务与市民文化需求之间的供需对接机制，借助传统媒体和新媒体平台，建立文化志愿服务信息常态化传播机制，加大文化志愿服务的宣传普及力度。支持和鼓励专家型志愿者、专业型志愿者、特长型志愿者和爱好型志愿者参与文化志愿服务，完善文化志愿者队伍结构，为市民提供多样化和个性化的文化服务。

4. 拓展文化治理功能，提升城市文化品位

城市文化治理的价值追求不仅要提升城市软实力，更要注重回应市民的文化需求和期望。作为国家历史文化名城，成都应注重文化治理在功能上的复合包容，保护城市文化根脉和历史发展年轮，增强城市厚重感，让市民"记得住乡愁"，强化城市认同感和归属感，形成市民共有的精神家园。

一是加强城市文化保护传承。编制实施成都文物保护规划，实施文物资源动态管理，推进文物信息资源社会共享；加强成都大遗址保护和国家考古遗址公园建设，支持非国有博物馆的发展。深入实施历史名人研究及文化传承工程，大力弘扬当代价值和社会效益，引导非物质文化遗产生产性保护产业集群化发展。二是提升城市规划建设的文化品位。着眼延续城市历史文脉和塑造特色城市文态，将文化空间资源纳入法定规划，将文化元素融入城市空间、色彩、建筑和生态环境。三是打造城市文化景观体系。重点建设诗歌文化、三国文化、等城市主题文态核心区，打造"六河贯都、百水润城"水灵成都，构建传统内涵与现代精神相结合的多层次文化景观体系。四是彰显城市建筑文化特色。重要地段建筑物、城市标志性建筑物以及大型公共项目要实施文化评估，

体现成都文化特色；推动公共环境文化艺术与旅游结合，实现城市存量资源景观化、特色化和旅游化。做好历史文化街区、文物保护单位、优秀近现代历史建筑和历史文化名胜区建筑风貌的控制。

5. 强化文化治理驱动力，提高对外文化交流水平

成都作为全国重要的文创中心，提高需要坚定文化自信，主动加强世界文化交流，综合运用对外文化宣传、对外文化贸易和对外文化交往等多种手段，拓宽对外文化交流渠道，扩大对外文化交流范围，提升对外文化交流层级，以开放带动文化治理能力现代化水平的提升。

一是加强对外文化交往合作。实施"走出去"计划，制定支持对外文化交流的政策措施，整合对外文化交流的渠道和平台，充分发挥社会机构和企业的积极性，在"一带一路"沿线国家共建"文化中心"，打造"成都文化周"品牌，策划举办"南丝绸之路国际艺术节"等文化交流项目。实施"引进来"升级计划，支持各类文化机构和文化企业引进享誉世界的国外经典艺术作品，支持本土艺术团体和国际知名艺术团体进行互访演出。积极争取加入国际性文博组织。二是打造文化交流国际平台。提高中国（成都）非物质文化遗产节、创意设计周等重大节庆活动国际化水平，借助世界文化交流平台举办成都活动，提升全球知名度。引进国际重大赛事在成都举办，建立符合国际惯例的赛事组织模式，培育三国文化、诗歌文化、古蜀文化等城市文化智库机构，建立具有全球影响力高端学术交流平台，提升对外文化交流能级。三是拓展对外文化贸易，积极争创国家对外文化贸易基地，培育一批具有国际竞争力的外向型文化企业和行业商会、协会等中介机构，增强对外文化贸易的企业支撑。优化政策环境，在市场开拓、技术创新、海关通关、金融服务等方面创造有利条件，支持本地文化企业到境外开拓市场，推动成都文化产业在全球文化经济体系中的高端融入，形成国际竞争新优势。

参考文献

一、中文文献

[1] 阿尔弗雷德·韦伯. 工业区位论 [M]. 李刚剑，等译. 北京：商务印书馆，1997.

[2] 约翰·哈特利. 创意产业读本 [M]. 曹书乐，等译. 北京：清华大学出版社，2007.

[3] 王靖. 国际文化贸易 [M]. 北京：清华大学出版社，2015.

[4] 张胜冰. 文化产业与城市发展文化产业对城市的作用及中国的发展模式 [M]. 北京：北京大学出版社，2012.

[5] 陈少峰，张立波. 文化产业商业模式 [M]. 北京：北京大学出版社，2011.

[6] 艾伦·斯科特. 城市文化经济学 [M]. 北京：中国人民大学出版社，2010.

[7] 彭翊. 中国文化消费指数报告 [M]. 北京：人民出版社，2016.

[8] 邓宏兵. 区域经济学 [M]. 北京：科学出版社，2008.

[9] 杜肯堂，戴士根. 区域经济管理学 [M]. 北京：高等教育出版社，2004.

[10] 冀福俊. 我国现代文化市场体系的建设 [M]. 北京：经济日报出版社，2016.

[11] 魏鹏举. 中国文化贸易研究报告（2014—2015）[M]. 北京：社会科学文献出版社，2016.

[12] 蒋莉莉. 文化产业融合发展路径研究 [M]. 上海：中国出版集团东方出版中心，2016.

[13] 凯夫斯. 创意产业经济学 [M]. 北京：新华出版社，2004.

[14] 张晓明，王家新，章建刚. 中国文化产业发展报告（2015－2016）[M].

北京：社会科学文献出版社，2017.

[15] 奚洁人. 科学发展观百科辞典 [M]. 北京：社会科学文献出版社，2007.

[16] 希特，等. 战略管理：竞争与全球化（概念）（原书第 11 版）[M]. 北京：机械工业出版社，2016.

[17] 陈乐，蒋海君，蒋俊杰. 品牌资本 [M]. 北京：中国时代经济出版社，2002.

[18] 戴钰. 文化产业空间集聚研究——以中国湖南地区为例 [M]. 北京：经济科学出版社，2014.

[19] 汤莉萍，殷俊. 世界文化产业案例选析 [M]. 成都：四川大学出版社，2006.

[20] 向志强. 文化产业市场体系及竞争力研究 [M]. 长沙：湖南大学出版社，2015.

[21] 王宁. 全球化与文化：西方与中国 [M]. 北京：北京大学出版社，2002.

[22] 左鹏. 中国城市居民文化产品消费行为研究 [M]. 上海：上海财经大学出版社，2010.

[23] 范周. 中国城市文化消费报告 [M]. 北京：社会科学文献出版社，2011.

[24] 王亚南. 中国文化消费需求景气评价报告（2016）[M]. 北京：社会科学文献出版社，2016.

[25] 魏鹏举，李兵，等. 中国文化贸易研究报告（2014—2015）[M]. 北京：社会科学文献出版社，2016.

[26] 陈柏福. 我国文化产业"走出去"发展研究 [M]. 厦门：厦门大学出版社，2014.

[27] （美）Richard Florida. 创意阶层的崛起 [M]. 司徒爱勤，译. 北京：中信出版社，2010.

[28] 向勇. 中国创意城市（上、下）[M]. 北京：新世界出版社，2008.

[29] 陈少峰，赵磊，王建平. 中国互联网文化产业报告（2015）[M]. 北京：华文出版社，2015.

[30] 胡惠林. 我国文化产业政策文献研究综述 [M]. 上海：上海人民出版社，2010.

[31] 陈杰，闵锐武. 文化产业政策与法规 [M]. 青岛：中国海洋大学出版

社，2006.

[32] 孙安民. 文化产业理论与实践 [M]. 北京：北京出版社，2005.

[33] 江小涓. 经济转轨时期的产业政策——对中国经验的实证分析与前景展望 [M]. 上海：上海世纪出版集团格致出版社，2014.

[34] 邬义钧，邱钧. 产业经济学 [M]. 北京：中国统计出版社，2001.

[35] 胡惠林. 文化政策学 [M]. 上海：上海文艺出版社，2003.

[36] 胡惠林. 文化产业学 [M]. 北京：高等教育出版社，2006.

[37] 王志弘. 文化治理与空间政治 [M]. 台北：群学出版有限公司，2011.

[38] 诺思. 制度、意识形态和经济绩效 [M]. 上海：上海三联书店，上海人民出版社，2000.

[39] 黄阳，吕庆华. 西方城市公共空间发展对我国创意城市营造的启示 [J]. 经济地理，2011 (8).

[40] 于青. 日本课题化产业战略：聚合多方力量打造流行文化 [N]. 人民日报，2012−3−21.

[41] 胡惠林. 国家文化治理需让更多公民参与 [N]. 光明日报，2013−11−14.

[42] 杜献宁，王彦林，齐燕铭. 如何完善文化产业发展的政策扶持体系 [N]. 光明日报，2012−8−11.

[43] 周晓菲. 治理体系和治理能力如何实现现代化 [N]. 光明日报，2013−12−4.

[44] 毛少莹. 文化治理及其国际经验 [J]. 中国文化产业评论，2014 (2).

[45] 陈少峰. 以文化和科技融合促进文化产业发展模式转型研究 [J]. 同济大学学报：社会科学版，2013 (1).

[46] 陈虹. 试谈文化空间的概念与内涵 [J]. 文物世界，2006 (1).

[47] 蔡荣生，王勇. 国内外发展文化创意产业的政策研究 [J]. 中国软科学，2009 (8).

[48] 高红岩. 文化创意产业的政策创新内涵研究 [J]. 中国软科学，2010 (6).

[49] 巩艳芬，魏希柱. 中国创意城市发展的战略方法研究 [J]. 哈尔滨工业大学学报（社会科学版），2010 (6).

[50] 何序君，陈沧杰. 城市规划视角下的城市文化建设研究述评及展望 [J]. 规划师，2012 (10).

[51] 胡惠林. 关于区域文化产业战略与空间布局 [J]. 山东社会科学，2006 (2).

[52] 黄琳，张京成，刘利永. 中国创意城市发展的困境与出路 [J]. 中国软科学，2009（2）.

[53] 黄怡，吴长福，谢振宇. 城市更新中地方文化资本的激活——以山东省滕州市接官巷历史街区更新改造规划为例 [J]. 城市规划学刊，2015（2）.

[54] 汤培源，顾朝林. 创意城市综述 [J]. 城市规划学刊，2007（3）.

[55] 张景秋. 城市文化与城市精神：规划中的辩证统一 [J]. 规划师，2008（11）.

[56] 高红岩. 文化创意产业的政策创新内涵研究 [J]. 中国软科学，2010（6）.

[57] 张鸿雁，邵颖萍. 率先基本实现现代化进程中的文化传承与创新 [J]. 江苏社会科学，2013（1）.

[58] 曹世燕. 城市文化品牌的内涵及打造途径 [J]. 大家，2012（5）.

[59] 陈少峰. 关于文化产业发展模式的思考 [J]. 华中师范大学学报，2012（4）.

[60] 向勇. 转型期我国文化产业发展模式研究 [J]. 东岳论丛，2016（2）.

[61] 尹宏. 文化消费促进文化产业发展的机理、模式和路径——以四川省成都市为例 [J]. 成都行政学院学报，2016（5）.

[62] 杜小平. 发达国家城市文化产业发展模式启示与借鉴 [J]. 城市，2010（7）.

[63] 熊正贤，吴黎围. 国外经验与我国西部文化产业发展模式选择 [J]. 贵州民族研究，2014（4）.

[64] 芮明杰，巫景飞，何大军. MP3技术与美国音乐产业演化 [J]. 中国工业经济，2005（2）.

[65] 甘旭峰，一诺. 日本文化产业发展经验对我国文化产业振兴规划实施的启示 [J]. 当代财经，2010（6）.

[66] 唐敏敏. 文化产业发展模式和商业模式之比较 [J]. 中共青岛市委党校青岛行政学院学报，2015（6）.

[67] 白雪艳. 我国区域文化产业发展模式探究 [J]. 对外经贸，2012（7）.

[68] 韩美群. 当代西方文化产业区域发展模式评析 [J]. 文化研究，2009（11）.

[69] 胡惠林. 关于我国文化产业发展战略研究的思考 [J]. 东岳论丛，2011（2）.

[70] 胡惠林. 文化产业正义：文化产业发展的历史地理学问题——关于文化产业发展新战略理论思考 [J]. 上海交通大学学报（哲学社会科学版），2012（5）.

[71] 林秀梅，张亚丽. 文化产业发展影响因素的区域差异研究——基于面板数据模型 [J]. 当代经济研究，2014（5）.

[72] 向勇，李天昀. 国外文化产业发展的主要模式 [J]. 时事报告，2011（10）.

[73] 雷光华. 西方国家文化产业发展模式与发展趋向探析 [J]. 湘潭大学学报（哲学社会科学版），2004（2）.

[74] 宗明. 创新驱动融合发展——从上海的实践看现代文化产业体系的构建 [J]. 中共中央党校学报，2013（2）.

[75] 陈思琪，尚鸿雁. 从经济学角度看文化产业体系改革 [J]. 艺术科学，2016（6）.

[76] 洪明顺，杨婷婷. 构建福建省现代文化产业体系研究 [J]. 经济研究导刊，2013（16）.

[77] 王征国. 论现代文化产业体系建设 [J]. 邵阳学院学报（社会科学版），2013（1）.

[78] 张立伟. 提升成都文化产业竞争力的钻石体系 [J]. 西南民族大学学报（人文社会科学版），2015（5）.

[79] 赵奥博. 成都文化产业发展现状分析 [J]. 现代经济信息，2015（5）.

[80] 周锦，张苏秋. 空间集聚视角下城市文化创意产业的创新模式 [J]. 阅江学刊，2017（5）.

[81] 何勇军，傅利平. 基于系统动力学的文化产业集聚仿真模型 [J]. 求索，2013（10）.

[82] 洪涓，刘甦，孙黛琳，付建文. 北京—伦敦文化创意产业发展比较研究 [J]. 城市问题，2013（6）.

[83] 樊姝. 纽约文化创意产业集聚区发展经验及对北京的启示 [J]. 北京服装学院，2013（7）.

[84] 张京生. 伦敦—昆士兰创意产业集聚区发展分析 [J]. 投资北京，2008（11）.

[85] 阮婷，陶志梅，周一. 众包模式在文化创意产业园区运营管理中的应用——以天津棉3创意街区为例 [J]. 江苏商论，2017（17）.

[86] 贝兆健. 现代文化市场发展的上海实践及启示 [J]. 上海文化，2013

　(8).

[87] 陈名财. 构建现代文化市场体系的支撑点 [J]. 人民日报，2013-9-10.

[88] 惠鸣，张晓明. 创新推动现代文化市场体系建设 [N]. 人民日报，
　　　2013-11-26.

[89] 蒋建国. 建立健全现代文化市场体系 [J]. 求是，2013 (24).

[90] 陈登源. 文化产业市场体系培育研究——以福州市为例 [J]. 河北经贸
　　　大型学报（综合版），2014 (6).

[91] 张炳辉，田艳芬. 关于文化产权交易若干问题的探讨 [J]. 经济纵横，
　　　2013 (1).

[92] 张翼. 当前中国社会各阶层的消费倾向 [J]. 社会学研究，2016 (4).

[93] 张京成. 融合创新促进文化消费浅谈 [J]. 北京联合大学学报（人文社
　　　科版），2016 (4).

[94] 欧翠珍. 文化消费研究述评 [J]. 经济学家，2010 (3).

[95] 查志强. 浙江发展对外文化贸易新路径 [J]. 开放导报，2017 (1).

[96] 李怀亮. 文化"走出去"须统筹国际国内两个市场 [J]. 现代传播，
　　　2015 (7).

[97] 李怀亮，闫玉刚. 当代国际文化贸易综述（上）[J]. 河北学刊，2005
　　　(6).

[98] 李小兵. 美国文化产业的四大特点 [J]. 企业改革与管理，2011 (1).

[99] 于文夫. 我国对外文化贸易的发展现状及原因探析 [J]. 社会科学辑刊，
　　　2014 (3).

[100] 张蹇. 国际服务贸易与国际文化服务贸易之辨析 [J]. 江南大学学报
　　　（人文社会科学版），2011 (10).

[101] 肖明杰. 成都市文化创意产业环境下动漫专业学生初次就业调查报告
　　　[J]. 美术教育研究，2015 (5).

[102] 徐雪，侯初初. 人才创新筑梦成功之都 [N]. 成都日报，2015-8-31.

[103] 毛溪. 人才：上海构建国际文化大都市的瓶颈——上海文化创意产业人
　　　才的现状和危机分析 [J]. 中国文化产业评论，2013 (2).

[104] 尹明明. 文化创意人才队伍建设研究 [J]. 临沂大学学报，2014 (1).

[105] 陈恭. 国际文化大都市建设语境下上海文博人才发展战略思考 [J]. 科
　　　学发展，2013 (4).

[106] 张琳琳，高原，张勇正. 文化创意人才培养的现状分析与对策 [J]. 石
　　　家庄铁道大学学报（社会科学版），2016 (1).

[107] 易华. 日本继续教育文化创意人才培养的成功经验及其启示［J］. 继续教育，2014（8）.

[108] 冯臻. 无锡文化创意产业人才发展战略及对策研究［J］. 科技与产业，2016（8）.

[109] 冯旭，杨梅. 成都市创意人才聚集环境发展对策研究［J］. 技术与市场，2013（11）.

[110] 徐自立，谭元敏. 文化人才队伍建设的问题与对策研究——以武汉市为例［J］. 湖北理工学院学报（人文社科版），2017（1）.

[111] 邱瑛. 国内外文化产业人才队伍建设对辽宁的启示［J］. 合作经济与科技，2015（2）.

[112] 马凤芹. 文化产业的人才队伍结构及成长路径分析［J］. 焦作大学学报，2013（6）.

[113] 赵根亮. 我国创意产业发展的人才瓶颈与对策［J］. 经济与管理研究，2010（5）.

[114] 韩美群. 2001—2010 年我国文化产业政策演变与发展状况检视［J］. 重庆工商大学学报（社会科学版），2016（3）.

[115] 胡惠林. 关于我国文化产业发展战略研究的思考［J］. 东岳论丛，2009（2）.

[116] 祁述裕. 我国文化产业政策之展望［N］. 中国财经报，2016－10－27。

[117] 郑敏，周小华. 我国文化产业政策体系中存在的问题及原因分析［J］. 新西部（理论版），2016（18）.

[118] 江晓军. 关于文化产业政策问题的认识误区［N］. 中国社会科学报，2017－1－18.

[119] 管荟璇. 国外文化产业政策发展及其对我国的启示［J］. 法制与社会，2016（25）.

[120] 顾金俊. 韩国调整政策瞄准未来产业，支持文化创意业发展［J］. 经济日报，2012－3－28.

[121] 江凌. 中外文化产业政策基本特征比较［J］. 福建论坛（人文社会科学版），2010（12）.

[122] 李忠辉. 韩国文化产业政策调整对我国的启示［J］. 文化软实力研究，2016（4）.

[123] 罗以洪. 国外文化产业发展经验及对我国的政策启示［J］. 经营管理者，2014（25）.

［124］张秉福. 我国文化产业政府规制与现状探析［J］. 图书与情报，2012（4）.

［125］陶东风. 文化软实力建设刍议［J］. 中原文化研究，2013（1）.

［126］王景云. 我国文化产业政策体系创新路径解析［J］. 科学社会主义，2015（6）.

［127］惠鸣. 文化产业"软环境"及其优化［J］. 改革，2009（6）.

［128］杨炼. 文化产业立法的国际借鉴及启示［J］. 重庆社会科学，2012（5）.

［129］张军. 文化产业法律制度的困惑与思考［J］. 理论月刊，2011（12）.

［130］张晓玲. 完善我国文化产业法律环境的思考［J］. 经济纵横，2007（5）.

［131］陈霞. 论知识产权与文化产业的发展［J］. 首都师范大学学报（社会科学版），2012（6）.

［132］李泽华. 我国文化产业政策浅析［J］. 科技经济导刊，2017（3）.

［133］周建新，胡鹏林. 中国文化产业研究2016年度学术报告［J］. 深圳大学学报（人文社会科学版），2017（1）.

［134］王凤荣，夏红玉，李雪. 中国文化产业政策变迁及其有效性实证研究——基于转型经济中的政府竞争视角［J］. 山东大学学报，2016（3）.

［135］陈宇翔，郑自立. 中国文化产业政策的架构、效能与完善方向［J］. 南京社会科学，2016（1）.

［136］向勇，刘颖. 国际文化产业的政策模式及对中国的启示研究［J］. 福建论坛，2016（4）.

［137］王景云. 我国文化产业政策体系创新路径解析［J］. 科学社会主义（双月刊），2015（6）.

［138］戴俊骋，等. 北京与国内重点城市文化产业政策比较研究［J］. 北京社会科学，2011（5）.

［139］郭灵凤. 欧盟文化政策与文化治理［J］. 欧洲研究，2007（2）.

［140］胡惠林. 国家文化治理：发展文化产业的新维度［J］. 学术月刊，2012（5）.

［141］吴理财. 公共文化服务的运作逻辑及后果［J］. 江淮论坛，2011（4）.

［142］廖胜华. 文化治理分析的政策视角［J］. 学术研究，2015（5）.

［143］刘彦武. 当前我国文化政策设计中的不足与完善［J］. 中华文化论坛，2009（4）.

［144］景小勇. 国家文化治理体系的构成、特征及研究视角［J］. 中国行政管理，2015（12）.

［145］张良. 论文化体制改革的分析框架建构［J］. 理论与现代化，2014（1）.

［146］荆晓燕，赵立波. 社会力量参与公共文化服务体系建设研究［J］. 中共福建省委党校学报，2015（5）.

［147］陈家泽. 政府作用与文化产业政策设计［J］. 西南交通大学学报（社会科学版），2006（5）.

［148］祁述裕. 推动文化管理向文化治理与善治的转变［J］. 人民论坛，2014（4）.

［149］王前. 理解"文化治理"：理论渊源与概念流变［J］. 云南行政学院学报，2015（6）.

［150］毛少莹. 文化治理成为社会治理的重要部分［J］. 人文岭南，2012（19）.

［151］胡惠林. 文化治理中国：当代中国文化政策的空间［J］. 上海文化，2015（2）.

［152］范玉刚. 在全面深化改革中实现国家文化治理［J］. 湖南社会科学，2014（2）.

［153］张茹茹，薛东前，刘振峰. 文化产业结构演进特征及其机理分析—以西安市为例［J］. 文化产业研究，2006（1）.

［154］王国平，刘凌云. 新型文化业态是文化产业结构优化升级的先导［J］. 求索，2013（7）.

［155］万林媚，曾艳. 关于发展新兴文化产业的思考［J］. 决策，2014（4）.

［156］齐勇峰，吴莉. 特色文化产业发展研究［J］. 中国特色社会主义研究，2013（5）.

［157］于泽，章潇萌，刘凤良. 中国产业结构升级内生动力，需求还是供给［J］. 经济理论与经济管理，2014（3）.

［158］郭克莎. 我国产业结构变动趋势及政策研究［J］. 管理世界，1999（5）.

［159］陈晓涛. 产业结构软化的演进分析［J］. 科学学与科学技术管理，2006（1）.

［160］孙晶，李涵硕. 金融集聚与产业结构升级［J］. 经济学家，2012（3）.

［161］贺菊煌. 产业结构变动的因素分析［J］. 数量经济技术经济研究，1991

(10).

[162] 郑若谷，干春晖，余典范. 转型期中国经济增长的产业结构和制度相应——给予一个随机前沿模型的研究 [J]. 中国工业经济，2012 (2).

二、英文文献

[1] Charles Landry. *The Creative City：A Toolkit for Urban Innovations* [M]. Oxford：Earthscan Publications，2000.

[2] Richard Florida. *The Rise of creative Class* [M]. New York：Basic Books，2004.

[3] Howkins. *The Creative Economy：How People Make from Ideas* [M]. Allen Lane：The Penguin Press，2001.

[4] Althusser，Louis. *Lenin and Philosophy and Other Essays* [M]. London：New Left Book，1971.

[5] Foucault，Michel. "*Governmentality*" *in G. Burchill，C. Gordon and P. Miller（eds），The Foucault Effect：Studies in Governmentality* [M]. Chicago：University of Chicago Press，1991.

[6] Foucault，M. *Security，Territory，Population：Lectures at the CollegedeFrance*，1977—1978 [M] . Basingstoke and NewYork：Palgrave Macmillan，2009.

[7] Gramsci，Antonio. *Selection from the Prison Notebooks* [M]. New York：International Publishers，1971.

[8] Miles S H，Paddison R. Introduction：The Rise and Rise of Culture−led Urban Regeneration [J]. *Urban Studies*，2005：42 (5) .

[9] UNESCO. *UNESCO Universal Declaration on Cultural Diversity* [M]. Paris：UNESCO，2001.

[10] UNESCO−UIS. *The 2009 UNESCO Framework for Cultural Statistics* (FCS) [M]. Montreal：UNESCO Institute for Statistics，2009.

附录 1 《2009 年联合国教科文组织文化统计框架》文化统计涵盖领域

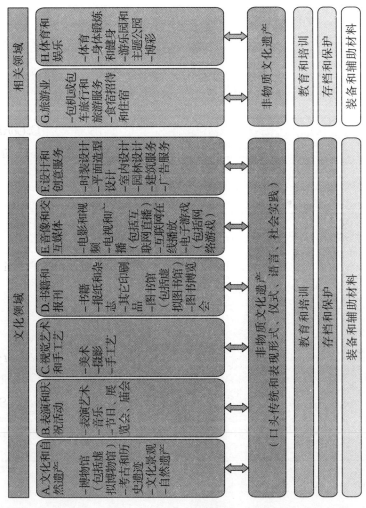

资料来源：UNESCO－UIS. The 2009 UNESCO Framework for Cultural Statistics (FCS) [R]. Montreal：UNESCO Institute for Statistics，2009.

附录2　我国《文化及相关产业分类（2012）》中的产业类别

领域	大类	中类
文化产品的生产	新闻出版发行服务	新闻服务；出版服务；发行服务
	广播电视电影服务	广播电视服务；电影和影视录音服务
	文化艺术服务	文艺创作与表演服务；图书馆与档案馆服务；文化遗产保护服务；群众文化服务；文化研究和社团服务；文化艺术培训服务；其他文化艺术服务
	文化信息传输服务	互联网信息服务；增值电信服务（文化部分）；广播电视传输服务
	文化创意和设计服务*	广告服务；文化软件服务；建筑设计服务；专业设计服务
	文化休闲娱乐服务	景区游览服务；娱乐休闲服务；摄影扩印服务
	工艺美术品的生产*	工艺美术品的制造；园林、陈设艺术及其他陶瓷制品的制造；工艺美术品的销售
文化相关产品的生产	文化产品生产的辅助生产*	版权服务；印刷复制服务；文化经纪代理服务；文化贸易代理与拍卖服务；文化出租服务；会展服务；其他文化辅助生产
	文化用品的生产	办公用品的制造；乐器的制造；玩具的制造；游艺器材及娱乐用品的制造；视听设备的制造；焰火和鞭炮产品的制造；文化用纸的制造；文化用油墨颜料的制造；文化用化学品的制造；其他文化用品的制造；文具乐器照相器材的销售；文化用家电的销售；其他文化用品的销售
	文化专用设备的生产	印刷专用设备的制造；广播电视电影专用设备的制造；其他文化专用设备的制造；广播电视电影专用设备的批发；舞台照明设备的批发

注："＊"表示新增的产业类别。
资料来源：国家统计局《文化及相关产业分类（2012）》。

附录 3　我国主要城市"十三五"时期的文化产业规划重点

比较城市		文化产业发展规划重点
国家中心城市	北京	1. 建设"高精尖"文化创意产业体系：激发传统行业活力，壮大优势行业，推进产业融合，发展高产出和高附加、高辐射的新型业态 2. 优化布局：产业差异化、特色化发展和布局；重点功能区和市级产业示范园区建设；京津冀区域协同联动发展
	上海	1. 重点产业：工业设计、建筑设计、时尚创意业、软件与计算机服务 2. 优化空间布局，加强产业载体建设：园区载体和渠道载体的集团化、品牌化建设；特色产业基地建设；众创空间建设 3. 跨界融合：创意设计与制造业、科技、旅游和都市农业融合 4. 营造创新环境：资本、人才、产业服务平台（公共和社会平台）和文化创意消费
	广州	1. 重点产业：文化创意、文化旅游休闲、文化会展、文化装备、动漫游戏等 2. 优化布局：推动特色文化产业集聚；围绕"一江两岸三带"的战略布局，高标准建设珠江两岸文化产业经济带、文化创意创新带和文化旅游景观带 3. 创新驱动、融合发展：实施文化科技创新工程和"互联网＋"融合创新工程 4. 打造品牌：打造一批具有浓郁岭南文化特色的文化活动品牌和一批具有国际影响力的文化产业、文化贸易、文化会展和文化旅游品牌
	天津	1. 壮大传统产业：广播影视、出版发行、演艺娱乐、文化会展和广告等 2. 发展新兴产业：文化创意、新媒体、数字出版、动漫游戏、文化软件服务等 3. "文化＋"战略：文化产业与制造、建筑、信息、旅游、农业、体育等融合 4. 优化布局：文化产业特色化、差异化和集群化发展；推进京津冀文化协同发展
	重庆	1. 做强传统产业门类：文化艺术、出版发行、广播影视等 2. 做大新兴门类：文化创意设计、文化用品生产、工艺美术品等 3. 依托城市五大功能区，优化文化产业布局：都市功能核心区打造文化资本聚集区（总部文化经济），都市功能拓展区打造新兴文化拓展区（建设国家级数字文化园区），城市发展新区打造文化生产配套区（"文化＋制造业"），其他区域（文化生态旅游区）

续表

比较城市		文化产业发展规划重点
国家中心城市	成都	1. 优势产业：信息、传媒、会展、创意设计 2. 特色产业：音乐、艺术品原创及演艺、非物质文化遗产生产性保护、广告、文化设备用品及服务 3. 融合发展：文化与科技、旅游、金融、贸易融合 4. 合理布局，形成特色功能区域：以成都中心城区和天府新区为"双核"，以龙门山文化产业带和龙泉山文化产业带为"两带"，以北片区、南片区和西片区为"三片区"
	武汉	1. 优势产业强化支撑：创意设计和数字内容服务 2. 核心产业转型升级：传媒产业、演艺及文化遗产艺术品业 3. 融合跨越发展：文化与金融、休闲、商贸、制造、农业融合 4. 空间布局：打造两带（文化商贸融合带和文化科技融合带）、各具特色的五大文化产业战略区域和十大文化产业功能板块
	郑州	1. 八大重点行业：文化旅游、演艺娱乐、影视制作、出版印刷、工艺美术、广告会展、动漫游戏和创意设计 2. 融合业态创新：文化+科技、旅游、制造、商贸服务、农业、金融等 3. 优化布局：打造重点文化功能区"一带四区"，提高文化产业规模集约化水平
副省级城市	深圳	1. 八大重点领域：创意设计、动漫游戏、数字视听、新媒体、现代印刷、文化旅游、演艺娱乐和高端工艺美术 2. 融合创新，重点扶持：强化文化创意和科技创新两大支撑，扶持文化与科技、互联网、创意、金融、旅游相融合的新型业态企业和项目，打造具有国际竞争力的创意文化产业集聚高地 3. 打造国际知名文化展会品牌 4. 完善国家级产业服务平台
	杭州	1. 八大重点行业：信息服务、设计服务、现代传媒、动漫游戏、文化休闲旅游、艺术品、教育培训和文化会展 2. 提升融合水平：文创与科技、金融、旅游、制造的行业融合；新型城镇化中的产城融合；主城区优势行业与县（市）块状经济融合，培育区域特色文创行业和四县（市）块状经济 3. 优化空间布局：推动产业园区从"要素集聚、企业集群"向"创客空间、创意社区（小镇）"转变，构建"两廊带动、三圈环构、多组团支撑"空间格局
	南京	1. 重点产业：以文化创意和设计服务业为主，包括文化软件服务、建筑设计服务、专业设计服务和广告服务等 2. 跨界融合 3. 优化产业空间布局：建设创意文化产业功能区，打造特色化品牌化园区基地 4. 加强国际交流与合作，培育文化出口重点企业

比较城市		文化产业发展规划重点
副省级城市	宁波	——重点提升优势产业：高端文化用品制造和创意设计 1. 壮大发展潜力产业：影视制作、文化休闲旅游和工艺美术 2. 创新发展新兴产业：现代传媒、会展业和信息传输服务 3. 优化产业格局："一核、一轴、一带、多中心"；重点布局 20 个文化产业发展功能区
	青岛	1. 推动八大重点产业：文化创意、影视制作、出版发行、印刷复制、广告会展、演艺娱乐、数字内容和动漫、工艺美术 2. 推进产业融合发展：文化与科技、旅游、金融、工艺美术、制造、体育等 3. 培育市场主体：引进和打造具有较强国际竞争力的骨干企业，扶持一批"专、精、特、新"的小微企业 4. 提升集聚发展：全力抓好"千万平米"文化创意产业园区建设工程
	哈尔滨	1. 重点文化行业：现代传媒、演艺娱乐、创意设计、民俗工艺、动漫游戏、文化旅游和节庆会展等 2. 产业融合：文化与科技、创意、金融、旅游 3. 重点发展产业集群：时尚创意、文化制造和文化服务
	厦门	1. 重点发展产业：文化创意和设计服务、数字内容、基于移动互联网的新媒体、艺术品展示交易、演艺娱乐、时尚创意 2. 融合发展：努力建成一个国家级文化和科技融合示范基地 3. 重点平台建设：文化保税、艺术品展示交易和数字内容集成平台
	大连	1. 重点打造八大产业：文化会展业、的文化旅游业、现代传媒业、动漫游戏业、出版印刷发行业、影视业、文化演艺休闲娱乐业、文化产品制造业 2. 融合发展：文化创意和设计服务与装备制造业、消费品工业、建筑业、信息业、旅游业、休闲农业等领域 3. 打造"四大文化产业集聚区"：文化创意产业集聚区、动漫游戏产业集聚区、文化旅游产业集聚区和影视产业集聚区
	沈阳	1. 产业重点：以工业创意设计和文化创意设计为龙头，发展文化创意产业 2. 以影视、歌舞、说唱艺术为基础培育骨干文化企业和文化品牌 3. 产业集聚：整合市内以及沈阳经济区各市的创意设计基地（创客空间）等资源，发展沈阳创意设计中心
	西安	1. 传统产业转型升级：文化旅游、出版传媒、影视产业、文体休闲、动漫创意、文化演艺等 2. 培育产业新形态：文化与互联网、金融融合发展，文化创意和设计服务与相关产业融合发展 3. 整合壮大曲江系列文化品牌，策划具有国际水准的文化活动

续表

比较城市		文化产业发展规划重点
副省级城市	济南	1. 重点产业：创意设计、影视制作、出版发行、演艺娱乐、广告会展、文化旅游、动漫游戏、艺术品生产经营等 2. 推动融合发展：文化创意和设计与相关产业、文化与科技、传统媒体与新兴媒体 3. 促进集聚发展：大力推进文化产业园区和文化品牌建设，构建文化产业聚集高地
	长春	1. 统筹发展重点行业：文化创意、研发设计等 2. 巩固壮大传统业态：出版发行、演艺娱乐、民间艺术等 3. 重点布局新兴业态：动漫游戏、视听传媒、数字内容等 4. 融合发展：文化与科技、创意、金融、旅游等 5. 重点推进四大产业集聚区和平台，构筑文创产业新高地
长沙		1. 特色文化产业：影视传媒、新闻出版、演艺娱乐、创意设计、动漫游戏 2. 文化产业品质化推广：休闲旅游 3. 地方文化产业特色化发展：传统工艺 4. 跨界融合发展：创意设计与制造业、湘湘文化与旅游业、文化创意与科技 5. 推进产业集聚重大项目建设 6. 依托大型品牌文化平台和节会，加强对外交流和传播

注：资料摘自各城市相关规划和政策，具体包括《北京市"十三五"时期文化创意产业发展规划》《上海创意与设计产业发展"十三五"规划》《上海市文化创意产业发展三年行动计划（2016—2018 年）》《广州市文化广电新闻出版事业发展第十三个五年规划》《天津市国民经济和社会发展第十三个五年规划纲要》《天津市文化广播影视"十三五"规划》《重庆市文化发展"十三五"规划》《成都市"十三五"文化产业发展规划》《武汉市文化产业发展"十三五"规划》《郑州市"十三五"文化事业产业发展规划》《深圳市文化发展"十三五"规划》《杭州市文化创意产业发展"十三五"规划》《南京市国民经济和社会发展第十三个五年规划纲要》《南京市政府关于促进文化创意和设计服务与相关产业融合发展的实施意见》《宁波市"十三五"文化产业发展规划》《青岛市文化广电新闻出版局"十三五"时期文化发展规划》《哈尔滨市文化产业发展规划（2016—2020 年）》《厦门市国民经济和社会发展第十三个五年规划纲要》《厦门市"十三五"战略性新兴产业发展规划》《大连市文化发展"十三五"规划》《沈阳市国民经济和社会发展第十三个五年规划纲要》《西安市国民经济和社会发展第十三个五年规划纲要》《济南市国民经济和社会发展第十三个五年规划纲要》《济南市人民政府关于进一步加快文化产业发展的实施意见》《长春市国民经济和社会发展第十三个五年规划纲要》《长沙市国民经济和社会发展第十三个五年规划》等。

后　记

　　本书是根据 2016 年成都市文化产业发展专项资金资助项目《建设文创中心背景下成都文化产业发展策略与路径》的研究成果深化拓展而成。意在回应国家对成都建设文创中心的定位要求，对其进行理论阐释和解读，科学分析在建设文创中心的背景下，成都文化产业发展的优势和潜力、制约和短板，并提出创新发展的策略与路径。课题由成都市社科院具体组织承担，并联合成都电子科技大学相关专家学者组成课题组。

　　参与本书写作的主要为成都市社会科学院经济研究所、历史与文化研究所的科研人员，以及成都电子科技大学经济管理学院的学者。本书的研究框架由阎星和尹宏拟定。全书的写作分工如下：第一章、第二章，鞠晴江、鞠鹏；第三章、第十二章，尹宏；第四章、第十章，冯婵；第五章、第六章，郭雪飞；第七章、第九章，余梦秋；第八章、第十一章，孙艳。最后，由阎星和尹宏对全书进行审定和修改。

　　在本书的撰写过程中，我们得到了中共成都市委宣传部、成都市文化体制改革和文化产业发展领导小组办公室、市委宣传部文化产业处等相关部门和处室的大力支持，同时，此书还被列为金沙智能研究成果，在此表示感谢。

　　本书的写作参阅了国内外许多学者的著作与论文，这些文献资料为我们的研究奠定了坚实的基础，在此致以最诚挚的感谢！参考文献已尽可能列出，但难免会有疏漏，若有不周，敬请谅解。